我国东部地区政策创新
向边疆民族地区扩散研究

朱光喜　等著

中国财经出版传媒集团

经济科学出版社
Economic Science Press

图书在版编目（CIP）数据

我国东部地区政策创新向边疆民族地区扩散研究/
朱光喜等著. —北京：经济科学出版社，2021.10
ISBN 978 - 7 - 5218 - 3009 - 5

Ⅰ.①我…　Ⅱ.①朱…　Ⅲ.①边疆地区 – 民族地区 –
公共政策 – 研究 – 中国　Ⅳ.①D601

中国版本图书馆 CIP 数据核字（2021）第 223090 号

责任编辑：李晓杰
责任校对：易　超
责任印制：张佳裕

我国东部地区政策创新向边疆民族地区扩散研究

朱光喜　等著

经济科学出版社出版、发行　新华书店经销
社址：北京市海淀区阜成路甲 28 号　邮编：100142
教材分社电话：010 – 88191645　发行部电话：010 – 88191522
网址：www. esp. com. cn
电子邮箱：lxj8623160@ 163. com
天猫网店：经济科学出版社旗舰店
网址：http：//jjkxcbs. tmall. com
北京密兴印刷有限公司印装
710×1000　16 开　15.25 印张　300000 字
2021 年 12 月第 1 版　2021 年 12 月第 1 次印刷
ISBN 978 - 7 - 5218 - 3009 - 5　定价：66.00 元
（图书出现印装问题，本社负责调换。电话：010 – 88191510）
（版权所有　侵权必究　打击盗版　举报热线：010 – 88191661
QQ：2242791300　营销中心电话：010 – 88191537
电子邮箱：dbts@ esp. com. cn）

　　本书为广西研究生教育创新计划项目（学位与研究生教育改革课题）"民族地区院校研究生《公共政策研究》课程本土化改革与实践"（编号：JGY2021108）阶段性成果；本书受桂林理工大学公共管理一流学科（特色培育）建设项目资助。

目
录
Contents

>   >   >   >   >   >

第一章　导论 ……………………………………………………… 1

第一节　问题提出 ………………………………………………… 1

第二节　概念界定 ………………………………………………… 4

第三节　文献述评 ………………………………………………… 13

第四节　研究方法 ………………………………………………… 25

第二章　东部地区政策创新向边疆民族地区扩散的治理要义 …………… 30

第一节　治理能力现代化进程中的政策创新 …………………… 30

第二节　地方政策创新能力的区域差异 ………………………… 33

第三节　边疆民族地区政策创新的
　　　　制约瓶颈 ………………………………………………… 43

本章小结 …………………………………………………………… 53

第三章　东部地区政策创新向边疆民族地区扩散的基本特征 ················· 55

第一节　东部地区政策创新向边疆民族地区强制性
　　　　扩散的基本特征 ················· 55

第二节　东部地区政策创新向边疆民族地区非强制性
　　　　扩散的基本特征 ················· 79

第三节　东部地区政策创新向边疆民族地区非强制性
　　　　大规模扩散的具体特征 ················· 96

本章小结 ················· 119

第四章　东部地区政策创新向边疆民族地区扩散的主要机制 ················· 121

第一节　东部地区政策创新向边疆民族地区
　　　　扩散机制的分析框架 ················· 121

第二节　东部地区政策创新向边疆民族地区扩散的
　　　　常规机制 ················· 127

第三节　东部地区政策创新向边疆民族地区扩散的
　　　　特殊机制 ················· 135

第四节　东部地区政策创新向边疆民族地区扩散的
　　　　混合机制 ················· 148

本章小结 ················· 154

第五章　东部地区政策创新向边疆民族地区扩散的影响因素 ················· 157

第一节　东部地区政策创新向边疆民族地区扩散
　　　　影响因素的分析框架 ················· 157

第二节　东部地区政策创新向边疆民族地区扩散
　　　　影响因素的实证分析 ················· 164

本章小结 ················· 180

第六章　东部地区政策创新向边疆民族地区扩散的效用问题 ·············· 182

第一节　东部地区政策创新向边疆民族地区扩散
　　　　效用问题的理论类型 ··················· 182

第二节　东部地区政策创新向边疆民族地区扩散
　　　　效用问题的实证分析 ··················· 185

本章小结 ·· 201

第七章　东部地区政策创新向边疆民族地区扩散的优化路径 ·············· 204

第一节　优化目标：边疆民族地区治理能力现代化 ············· 204

第二节　优化依据：东部地区政策创新向边疆民族
　　　　地区扩散的现实问题 ··················· 206

第三节　优化路径：完善东部地区政策创新向边疆
　　　　民族地区扩散的方略 ··················· 209

参考文献 ··· 213

后记 ·· 235

第一章

导　论

研究问题是课题研究的逻辑起点，而研究问题的明晰既依赖于关键概念的准确界定，也需要对已有研究状况和理论脉络进行梳理与定位。本章的目的是基于宏观背景提出具体研究问题，对政策创新、政策扩散等与研究问题相关的核心概念进行界定，并对政策创新扩散的已有研究文献和理论进行重点回顾，最后介绍本书的研究思路和具体研究方法。

第一节　问题提出

一、研究背景

国家之间以及国家内部的地区之间的竞争，从单纯的资源和技术竞争转向了制度创新以及以其为基础的政府治理创新的竞争。正如著名的诺斯悖论所言："国家的存在是经济增长的关键，然而国家又是人为经济衰退的根源"①。新制度主义在总结西方世界兴起与衰落的历史进程的基础上发现，能否进行制度创新决定国家的兴衰。因为好的制度能降

---

① ［美］道格拉斯·C. 诺斯. 经济史中的结构与变迁 ［M］. 陈郁，等译. 上海：上海三联书店，上海人民出版社，1994：20.

低交易成本，促进经济社会的发展，而不好的制度会增加交易成本，导致经济社会的衰退。通过制度创新来寻求更优的治理方式既是国家和政府的责任，也是衡量国家和政府治理能力的重要标准。因此世界各国都非常重视治理创新，比如美国在 1986 年就设立了"美国政府创新奖"（the Innovations in American Government Awards），旨在激励和推广包括联邦政府、州政府、县政府和市镇政府等各级政府的治理创新（俞可平，2012）。

在我国，党的十八届三中全会提出"推进国家治理体系和治理能力现代化"，而党的十九届四中全会则通过《中共中央关于坚持和完善中国特色社会主义制度、推进国家治理体系和治理能力现代化若干重大问题的决定》，对如何推进中国特色社会主义国家治理体系和治理能力进行了全面谋划。如果将国家具体化为政府体系，政府治理能力就是国家治理能力的现实体现。由于政府能力是建立政治行政领导部门和政府行政机构，并使他们拥有制定政策和在社会中执行政策的能力（加布里埃尔·A. 阿尔蒙德、小 G. 宾厄姆·鲍威尔，1987），因而政府的制度和治理创新能力就是能否创新地制定和有效地执行符合实际需要的政策的能力（汪永成，2001）。我国改革开放以来，之所以能取得被称为"中国奇迹"的经济社会的巨大发展，就是因为国家以"摸着石头过河"的方式在各个领域进行了政策制度和治理模式的自主创新（张成福，2018）。无论是"家庭联产承包责任制""经济特区""市场经济体制""自由贸易区""监察体制"等宏观层面的重大改革创新，还是"就业""国有企业""城镇住房制度""新型农村医疗保险""新型农村养老保险""河长制"等经济社会民生领域基本问题层面的改革创新，乃至"政务微博""政务微信""最多跑一次"等治理技术层面的改革创新，都是政策创新的典范。

更重要的是，由于我国各级政府面临的治理问题尤其是改革开放以来所面临的诸多问题，是没有经验可借鉴的，同时由于各地区之间的治理问题存在差异，政策创新需要逐步推广才能转化为现实的治理能力和治理绩效。实践也表明，中国的政策治理过程和治理机制包括政策试点中的创新和创新推广两个阶段。首先是政策试点中的创新。试点是我国各级政府政策创新的重要方式，即在没有国外的和先前经验可借鉴的情况下，由特定地方政府在实践中进行探索创新并总结经验，这种试点能够起到西方国家"政策实验室"（Karch Andrew，2007）的作用。政策试点可以是中央政府安排实施的，也可以是地方政府自主实施的（周望，2013）。其次是政策创新的推广。推广的方式既可以是中央（或上级）政府将创新方案和经验"吸纳"后向全国（或所辖区域）推广，也可以是地方政府之间因学习、竞争、模仿等机制驱动的推广。由此，近 10 年来政策创新及如何推广问题逐渐成为公共管理领域关注的重点问题①。

二、研究问题

在我国各地的政策创新及扩散过程中，非常值得关注的现象是政策创新及扩散在不同区域之间的"差序格局"现象。"差序格局"是费孝通提出的概念，描述中国社会结构中以自己为中心由近及远关系逐渐弱化的状态②。本书借用这个概念来描述我国不同地区政府之间的政策创新能力的差异及政策创新后的扩散形态。首先，我国治理和政策创新过程中存在相对突出的中心地带或者重心区域，如东部地区尤其是沿海较

---

① 以中文数据库 CNKI 和外文数据库 Web of Science 收录的文献为例：在 CNKI 中，以"政策扩散"作为关键词检索的中文文献截至 2020 年 12 月就有 399 篇，其中 2004～2010 年均只有零散篇数的文献，2011 年起快速增长，到 2020 年达到 104 篇，此外与"政策扩散"相近的"政策转移""政策移植"检索分别有 154 篇和 111 篇，并分别从 2007 年和 2012 年前后进入快速增长期；在 Web of Science 中仅以"Policy Diffusion"作为关键词精确查询，截至 2020 年 12 月有 566 篇，同样是 2010 年前后进入快速增长，其中 2019 年、2020 年分别有 54 篇和 36 篇。

② 费孝通的原文是："中国社会是差序格局——我们的格局不是一捆捆扎清楚的柴，而是如同把一块石头丢在水面上所发生的一圈圈推出去的波纹，每个人都是他社会影响所推出去的圈子的中心。在这样公和私是相对而言的差序格局下就产生了自我主义，人和人之间讲交情而不计较权利与义务……在差序格局里，社会关系是逐渐从一个一个人推出去的，是私人联系的增加，社会范围是一根根私人联系所构成的网络，因此，我们传统社会里所有的社会道德也只在私人联系里发生意义。"其基本含义是个人以自己为中心，从小家庭到大家庭、邻里、村落、市镇、区域，随着距离由近及远，关系也由亲到疏。参见费孝通（2012）。

发达地区。一方面，改革开放以来国家政策长期对东部地区给予了倾斜性支持。20世纪80年代，邓小平提出了"两个大局"的战略："沿海地区要加快对外开放，使这个拥有两亿人口的广大地带较快地先发展起来，从而带动内地更好地发展，这是一个事关大局的问题。内地要顾全这个大局。反过来，发展到一定的时候，又要求沿海拿出更多力量来帮助内地发展，这也是个大局"①。无论是国家政策改革的试点安排上，还是相应资源分配上，东部地区都有比较明显的优先性。另一方面，因地理位置、经济社会发展基础、观念思想优势的显现，东部地区自主性的政策创新或向国外的政策学习活动也比其他地区更为活跃。我国各区域的政策创新能力和水平呈现由东部到中部、西部，进而到边疆民族地区递减的"差序格局"。其次，以东部地区为中心进行的各领域政策创新，无论是中央政策的推广，还是自主学习的创新，推广的速度和程度也大致呈现从东部到中部再到西部以及边疆民族地区的"差序格局"。因此，有效促进东部地区政策创新向边疆民族地区扩散是提高其治理能力的重要途径。

由此本书的具体研究问题是：东部地区的政策创新是如何以及如何更好地向边疆民族地区扩散。具体研究内容包括：（1）东部地区政策创新向边疆民族地区扩散有何重要意义？（2）东部地区政策创新向边疆民族地区扩散的基本特征是什么？（3）东部地区政策创新向边疆民族地区扩散的机制有哪些？（4）东部地区政策创新向边疆民族地区扩散的影响因素是什么？（5）东部地区政策创新扩散到边疆民族地区后的实施适用性如何？（6）边疆民族地区如何更好地因地制宜扩散和实施东部地区创新政策？

第二节　概念界定

研究问题及范畴的明确需要对核心概念进行清晰界定。本书的核心

---

① 邓小平文选（第三卷）［M］. 北京：人民出版社，1993：277－278.

概念包括政策创新、政策扩散、东部地区和边疆民族地区。在界定概念时，对与政策创新、政策扩散相似或相关的概念也进行必要的相应分析。

一、政策创新

政策创新的概念最早源于经济学领域，熊彼特（1990）认为"创新是生产要素和生产条件的重新组合"。如果创新从经济领域扩展到所有领域，对创新进行一般意义上的界定，是指原创性的事物被第一次创造出来并加以应用（H. G. Barnett，1953），这个概念强调创新是新事物的发明。但美国著名创新扩散理论研究专家罗杰斯（E. M. Rogers，2016）并不认为创新必然是原创性的发明事物，提出了更为宽泛的界定，认为只要当一个观点、方法或物体被某个人或团体认为是"新的"的时候，它就是一项创新。依据罗杰斯的界定，创新可以是原创，也可以是在已有基础上的创新。

基于广义的创新概念范畴，公共政策学者对政策创新进行了界定。最初进行公共政策创新扩散研究的沃克尔（Jack L. Walker，1969）的经典定义是：政策创新（policy innovation）是指一个政府采纳一个对它而言是"新"的项目，而不论该项目以前是否在其他地区被采用过。显然，政策创新包括但不同于政策发明（policy invention），凡是相对现有政策有改革之处都可以视为政策创新行为，因此斯通（Diane Stone，1999）指出政策创新是一个非常宽泛的概念，包括经验汲取、政策模仿、政策协调、政策渗透、外部影响、政策合并和跨国的政策学习等现象。根据沃克尔和斯通的定义，政策创新可以分为政策发明创新和政策扩散创新两种：政策发明创新是指政府提出与实施原创性的政策理念、项目和方案（弗朗西斯·贝瑞、威廉·贝瑞，2004）；政策扩散创新是指某个政府采纳和实施其他政府已经实施的政策。

本书采用沃克尔广义上的政策创新概念，但对于东部地区语境下的政策创新，更偏重于政策发明意义上的原创性政策创新。当然，原创性也是相对的，东部地区的很多政策创新相对于中西部地区而言在国内是首先实施的，在相对意义上具有原创性，但也有不少政策创新是受国外政策的影响，甚至是直接学习国外的政策创新，在这个意义上，东部地区原创意义上的政策创新是世界更大范围内政策学习的结果。

与政策创新密切相关的概念是政府创新。政府创新（Government Innovation）是公共权力机关为了提高行政效率和增进公共利益而进行的创造性改革（俞可平，2019）。西方研究者认为政府创新可以分为产品创新、流程创新和辅助创新。沃克尔（2006）认为，产品创新即提供新的公共服务，包括为新的受众引入全新服务的整体创新、为已有服务扩大受众的扩展创新和为已有受众提供新服务的演化创新；流程创新是指在政府组织内部人员、角色、程序、结构、沟通、交流等方面的关系改革；辅助创新是指特定政府组织与其外部组织和角色间的关系改革。尽管从创新的范围来看，政府创新似乎比政策创新范围要更广泛，但从政策创新和政府创新的概念界定来看，两者并无实质性区分。由于政策的制定和实施是政府治理的直接途径，因此政策创新是政府创新的外在表现。如果按照戴伊（Thomas R. Dye）对公共政策的理解，"公共政策是关于政府所为和不所为的所有内容"[①]，凡是政府作为和不作为的都是公共政策，那么政府创新与政策创新就无差别。实际上，西方公共管理和公共政策研究者是在相同意义上交替使用这两个概念，本书也做相同的处理。

二、政策扩散

扩散是指一项创新通过某种渠道随着时间流逝在一个社会系统的成员之间被沟通的过程（E. M. Rogers，1983），或者说是某种创新从其发明和创造的发源地传输到创新的最终使用者或者采纳者的过程（Anelissa Lucas，1983）。相应地，政策扩散就是一项新的政策从其首先

[①] 托马斯·R. 戴伊. 理解公共政策（第十版）[M]. 彭勃，等译. 北京：华夏出版社，2004：2.

采用的政府传播到新的政府采纳者的过程，即某一政府的政策选择受到其他政府选择的影响的过程（Charles R. Shipan & Craig Volden，2012），并且这种影响经常是相互作用和依赖的（Dietmar Braun & Fabrizio Gilardi，1996）。可以看出，政策创新与政策扩散是相对的概念，一项被其他政府采纳的政策创新相对于原始创新或首次采用的政府而言是扩散，但对于后续采纳实施的政府而言是政策创新。正因为如此，政策扩散也称为政策创新扩散，只是在学术语言中习惯简称为政策扩散。

在文献中与政策扩散相关但又不完全相同的常见概念有政策转移和政策趋同。政策转移也称政策移植，是指一个时空中的公共政策、行政安排和制度被用于其他时空，转移的内容具体包括政策目标、内容、结构、工具（行政技术）、意识形态、观念和教训等（David Dolowitz & David Marsh，1996）。从概念上看，政策转移同样是指一个政府组织或地区的做法被推广到其他政府组织或地区（Evans Mark，2009；Edward，2000），与政策扩散极为相似。但政策转移概念产生的背景脉络和重点指向与政策扩散有明显差异：首先，政策转移源于比较公共政策研究（Bulmer S. et al.，2007），侧重于跨国公共政策研究，其使用范围扩展到国际政治和国际关系领域（肖芸，2019）。政策转移的主要原因有不同国家和地区面临的问题具有相似性、国际组织的倡导与推动、国际法或超国家法规对不同国家国内政策的协调、全球化导致不同国家间出现管制竞争进而造成国家之间的政策相互调适、跨国交流的增多等（Christoph Knill，2005）。相较于政策扩散而言，政策转移更强调国家之间、地区之间的政策推广。因此在分析框架上，政策转移更倾向于采用以国家为中心的视角，着重关注国家之间以及国际组织和国家之间的政策推广现象（Diane Stone，2003）。其次，在分析的对象上，政策创新扩散更关注政策扩散的过程和形式，而政策转移更关注扩散的内容（Adam J. Newmark，2002），前者重点分析如何扩散，后者重点分析扩散了什么。因此，政策扩散比政策转移的范畴更为广泛，政策转移是特定体系即国家之间、地区之间、国际组织与国家和地区之间的政策扩散。

政策趋同是指政策的目标、工具、环境等一项或多项特征在经过一段时间的发展演变后在另一些跨国组织、国家、地区、地方政府等政治辖区内表现出不断增长的相似性（Christoph Knill，2005）。政策趋同的表现包括目标、内容、工具、结果和风格等方面，形成政策趋同的途径包括模仿、精英网络和政策社群、协调以及渗透等（Colin J. Bennett，1991）。但是政策趋同与政策扩散、政策转移也有明显的差异：政策扩散或转移的结果有可能但不一定是政策趋同，因为政策在扩散或转移过程中可能发生变异，而政策趋同的原因也不一定是政策扩散或转移（陈芳，2013；朱旭峰，2014）。

　　基于以上比较，政策扩散、政策转移、政策趋同三者之间的关系可以用图 1−1 表示。政策扩散包含政策转移，政策转移是特殊类型的政策扩散；政策扩散和政策转移与政策趋同之间是交叉关系，体现为部分重叠但又有各自完全不同的内容，因为政策扩散或转移的结果部分是政策趋同，而政策趋同的部分原因是政策扩散或转移。由于本书重点分析国内不同区域之间的政策推广现象及过程，因此采用政策扩散的概念。

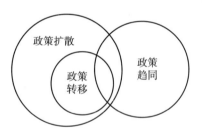

图 1−1　政策扩散、政策转移、政策趋同的关系

三、东部地区

　　20 世纪 80 年代改革开放后，基于经济社会发展和国家政策需要，1986 年第六届全国人民代表大会第四次会议通过的《中华人民共和国国民经济和社会发展第七个五年计划》中，在第三大部分"地区布局和地区经济发展政策"中首次进行了东、中、西部的划分，除港澳台地区外，东部包括北京、上海等 11 个省份，中部包括山西、内蒙古等 10

个省份，西部包括四川、贵州等 9 个省份①。之后国家统计局对东、中、西部的划分根据情况的变化进行了调整，将原来中部地区的广西划入东部地区。进入 21 世纪尤其是党的十六大以后为协调区域发展，国家更重视区域政策的制定和实施，先后出台了《国务院关于西部大开发若干政策措施的实施意见》（2001 年）、《中共中央、国务院关于促进中部地区崛起的若干意见》（2006 年），对中部和西部地区重新进行了界定，同时在 2002 年党的十六大还提出了"振兴东北地区等老工业基地"的战略，东北部地区被单独划分出来。重新调整后的四大区域为：东部地区包括北京、天津等 10 个省份，将广西调整为西部地区；中部地区为山西、安徽等 6 个省份，将内蒙古调整为西部地区；西部地区包括内蒙古、广西、重庆等 12 个省份②；东北地区为黑龙江、吉林、辽宁 3 个省份③。四大区域的具体划分如表 1-1 所示并沿用至今。

表 1-1　　　　　　　　东、中、西、东北四大区域划分

区域	包含省份
东部地区	北京、天津、河北、上海、江苏、浙江、福建、山东、广东、海南
中部地区	山西、安徽、江西、河南、湖北、湖南
西部地区	内蒙古、广西、重庆、四川、贵州、云南、西藏、陕西、甘肃、青海、宁夏、新疆
东北地区	辽宁、吉林、黑龙江

　　本书采用国家统计局的区域划分方法，其中东部地区覆盖北京、天

---

　　① 　具体划分为：东部地区包括北京、天津、河北、辽宁、上海、江苏、浙江、福建、山东、广东和海南 11 个省份；中部地区包括山西、内蒙古、吉林、黑龙江、安徽、江西、河南、湖北、湖南、广西 10 个省份；西部地区包括四川、贵州、云南、西藏、陕西、甘肃、青海、宁夏、新疆 9 个省份。

　　② 　在部分国家政策中还将吉林延边、湖北恩施、湖南湘西也划入西部地区，享受西部地区的政策倾斜或优惠。

　　③ 　国家统计局：《东西中部和东北地区划分方法》，国家统计局网站：http：//www.stats. gov. cn/ztjc/zthd/sjtjr/dejtjkfr/tjkp/201106/t20110613_71947. htm，2011 年 6 月 13 日。

津、河北、上海、江苏、浙江、福建、山东、广东、海南10个省份。

四、边疆民族地区

边疆民族地区首先是边疆地区，而边疆一般是指陆地边疆。国务院办公厅2017年印发的《兴边富民行动"十三五"规划》明确将实施范围划定为广西、云南、西藏、新疆、甘肃、内蒙古、黑龙江、吉林、辽宁9个省份的边境县级行政区划和新疆生产建设兵团的边境团场①，而海南省的自治县只是"比照享受兴边富民行动相关政策"，说明国家政策上一般不将海上边界作为边疆地区，常用的处理方式是使用"海疆"作为表述。本书也将边疆界定为陆地边疆范围。但需要注意的是，国家政策划定的"边境"使用县级行政区划作为单位，如果从"边境"扩展至"边疆"，应该以陆地上与外国接壤的省级行政区划作为单位（谢香方，1996），从"边境县"扩大至9个"边疆省份"。

民族地区是指少数民族聚居地区。民族地区的范围可以分为狭义和广义两种。狭义的民族地区是指《中华人民共和国宪法》和《中华人民共和国民族区域自治法》中规定的自治区、自治州、自治县（旗）等民族自治地方，我国现有5个自治区、30个自治州和120个自治县，其中自治州分布在9个省和自治区，120个自治县（旗）分布在18个省、直辖市、自治区②。但学术界普遍认为，除法律上的民族自治地方外，还应该包括云南、贵州、青海3个少数民族聚居的省份（焦书乾，1996）。云南省有8个自治州、34个自治县，贵州省有3个自治州、12个自治县，青海省有6个自治州、7个自治县，少数民族居民所占比例

---

① 国务院办公厅印发的《兴边富民行动"十三五"规划》第2自然段中规定："本规划实施范围为我国陆地边疆地区，包括内蒙古、辽宁、吉林、黑龙江、广西、云南、西藏、甘肃、新疆9个省份的140个陆地边境县（市、区、旗）和新疆生产建设兵团的58个边境团场（以下统称边境县）。"

② 自治州分布在吉林、湖北、湖南、四川、贵州、云南、甘肃、青海、新疆9个省份；自治县分布在河北、内蒙古、辽宁、吉林、黑龙江、浙江、湖北、湖南、广东、广西、海南、重庆、四川、贵州、云南、甘肃、青海、新疆18个省份。

很高，被称为"民族省"，国家诸多政策也将其全省视为民族地区①。据此，本书将民族地区界定为 5 个自治区、3 个民族省所在全部行政区划及这 8 个省份之外的自治州、自治县所在区划。

基于上述边疆地区和民族地区的范围界定可以划定边疆民族地区的范围，从逻辑上讲边疆民族地区是同时具有边疆地区和民族地区双重性质的地区②。具有这种双重性质的地区，对于广西、云南、西藏、新疆、内蒙古 5 个有边境线的自治区和民族省，其全域属于边疆民族地区在理论界和实践中都是没有争议的。但是对于甘肃、黑龙江、吉林和辽宁 4 个省份的边疆民族地区则情况复杂：一是存在大量属于边疆范围但不属于民族地区的行政区划，4 个省份都不属于省级民族自治地区，只有其中的自治州和自治县才属于民族地区；二是属于民族地区的行政区划很多离真正的边境线很远，典型的例子比如甘肃临夏回族自治州、甘南藏族自治州在甘肃南部，位于省会兰州与青海省之间的区域，离甘肃省与蒙古国的边境线十分遥远，而位于天水市的张家川回族自治县与陕西宝鸡接壤。如果将这些区域都视为边疆民族地区，显然不符合一般认知。实际上，尽管甘肃省属于边疆省份，但其辖区从东南部到西北部跨度非常大，实际边境线只有位于最西北段的酒泉市肃北蒙古族自治县才有。东北 3 省尽管辖区没有像甘肃一样狭长，但也存在很多行政区划远离边境线的状况。无论是从官方文件还是研究文献中对于这 4 个省份中的"边疆民族地区"实际上是指边境地区和民族地区，严格意义上直接称为边疆民族地区的只有个别地方，比如吉林省延边自治州，因为其既是民族自治地区，也是边境地区，与朝鲜接壤。

因此本书对于这 4 个边疆省份中属于边疆民族地区的范围做如下条件界定：（1）有民族自治地方；（2）与外国有直接接壤的边境线。本

---

① 云南、贵州、青海 3 个省份之所以没有称为"自治区"，是因为在这 3 个省份中尽管少数民族所占比例很高，但从全省范围来看没有在数量上占主导的少数民族。

② 也有学者认为："边疆民族地区"已成为主导性的概念和话语。在单独说到"民族地区"时，其实际内涵也是"边疆民族地区"，单独的边疆概念反而很少，因为现实当中我国边疆地区大多是民族地区。参见周平（2008）。

书按照这两个标准以地级行政区划作为基本判断单元，之所以地级行政区划而不是县级行政区划作为基本判断单元，一是因为以县级行政区划作为基本单元其辖区范围过小，二是本书后文的诸多分析都是以地级行政区划作为分析单元，能够与其他边疆民族地区保持一致。可以将 4 个边疆省份的所有民族自治地方及其所属的地级行政区划与边境线关系统计如表 1-2 所示，依据上述标准，甘肃省的酒泉市、吉林省的延边朝鲜自治州、白山市和辽宁省的丹东市属于边疆民族地区。

表 1-2 　　　　　　　　　4 个边疆省民族自治地方及其所属的
地级行政区划与边境线关系

省份	自治县/州	所属地级行政区划	地级行政区划与边境线关系
甘肃	肃北蒙古族自治县	酒泉市	有边境线
	阿克塞哈萨克族自治县		
	临夏回族自治州	/	远离边境线
	甘南藏族自治州	/	远离边境线
	东乡族自治县	临夏回族自治州	远离边境线
	积石山保安族东乡族撒拉族自治县		
	张家川回族自治县	天水市	远离边境线
	天祝藏族自治县	武威市	远离边境线
	肃南裕固族自治县	张掖市	远离边境线
黑龙江	杜尔伯特蒙古族自治县	大庆市	远离边境线
吉林	延边朝鲜自治州	/	有边境线
	长白朝鲜族自治县	白山市	有边境线
	前郭尔罗斯蒙古族自治县	松原市	远离边境线
	伊通满族自治县	四平市	远离边境线
辽宁	宽甸满族自治县	丹东市	有边境线
	桓仁满族自治县	本溪市	无边境线
	本溪满族自治县		

省份	自治县/州	所属地级行政区划	地级行政区划与边境线关系
辽宁	岫岩满族自治县	鞍山市	远离边境线
	阜新蒙古族自治县	阜新市	远离边境线
	喀喇沁左翼蒙古族自治县	朝阳市	远离边境线
	新宾满族自治县	抚顺市	远离边境线
	清原满族自治县		

因此，本书界定的边疆地区的范围为广西、云南、西藏、新疆、内蒙古 5 个省级行政区，以及甘肃酒泉市、吉林延边朝鲜自治州和白山市、辽宁丹东市 4 个地级行政区。同时，依据划定的边疆民族地区的区域分布特点，本书的分析将以西部边疆民族地区为重点。

第三节 文献述评

一、政策创新扩散研究基本脉络

正如赫克罗（Hugh Heclo，1974）所言，"政治发现它不仅源于'权力'，也源于应该如何行动的不确定性……因此政府不仅仅意味着是权力……它们也是迷思。政策制定就是有关社会行为的集体迷思解决方式……因而通过政策表达的政治互动就形成了社会学习的过程"。政府之间之所以相互学习借鉴，是因为政府经常面临相同的困境和问题，城市、地区和国家的决策者们可以从其他地区的政策借鉴经验教训（Richard Rose，1991）。在政治学领域，政治学的创始人意大利政治思想家马基雅维利（Niccolò Machiavelli，2009）在其名著《君主论》中关注了不同城邦国家之间统治之术的相互借鉴的问题，这实际上就是最早的政策创新扩散的研究（朱德米，2007），但没有形成理论体系。创新扩散理论发端于技术领域，后由美国学者沃克尔引入公共政策领域，近十年来我国学者才开始比较系统地关注政策创新扩散问题。

（一）早期技术创新扩散研究

现代政策科学中对政策创新扩散的研究源于技术和信息扩散的研究。1950 年，锡兰大学（University of Ceylon）的瑞安（Bryce Ryan）和明尼苏达大学（University of Minnesota）的格罗斯（Neal Gross）在艾奥瓦州立农业和商业艺术学院农业试验站的研究公报上发表《艾奥瓦两个社区中杂交玉米种子的接受与扩散》的论文，探讨了农业技术创新扩散的条件和过程的问题，分析了扩散的时间模式、机构在扩散中的功能和作用以及农场经营者的特征与扩散速度的关系（Bryce Ryan & Neal Gross，1950）。1968 年，瑞典学者哈根斯坦（Torsten Hägerstrand，1968）发表了英文版的《作为空间过程的创新扩散》一书①，提出了创新的空间扩散理论。哈根斯坦基于瑞典两项政府牧业补助项目创新扩散的事实，依据不同的假设提出 3 个模型并进行了仿真模拟分析②，发现了创新扩散的空间特征：初始扩散阶段只限于局部地方的采纳者，第二阶段则会呈现由局部迅速向外急剧扩散的特征，最后达到扩散饱和阶段。哈根斯坦的研究提出了不同扩散模型的共同空间特征，在创新扩散研究上取得了重大突破，为后续不断增长的创新扩散研究奠定了基础。

---

① 该书于 1953 年以瑞典语首次出版。

② 第一个模型的假设是：（1）所有人在一开始就能公开获得有关创新的知识；（2）相邻个体之间是否接受创新是相互独立的事件。第二个模型的假设是：（1）有关创新的知识只能通过私人资源获得；（2）信息从一个个体传给另一个个体会随着两者之间的距离增加而衰减；（3）个体在接收到创新信息后会立即采纳创新。第三个模型的假设是：（1）人们对创新的接受有不同的抵触程度；（2）个体的抵触程度可以用先于他的采纳者的数量来测量；（3）很少有人有非常高或非常低的抵触程度，大部分人的抵触程度处于中等水平；（4）处于不同抵触程度层次的人的频数在不同研究领域中是相同的。

（二）政策创新扩散研究

受到技术和信息创新扩散研究的启发，1969 年美国密歇根大学政治学者沃克尔率先将其引入到政策创新的扩散研究中。沃克尔不满足于将各州的政策制定视为仅仅是由州内部因素决定的产出，认为州与州之间的政策会产生相互影响，围绕为何有些州会成为采纳新政策的先驱以及之后这项政策是如何在州之间扩散的问题，初步探讨了政策创新在州之间扩散的过程、影响因素及动力机制。继沃克尔之后，对政策扩散研究的发展起关键作用的是美国佛罗里达州立大学的弗朗西斯·贝瑞（Frances Stokes Berry）和威廉·贝瑞（William D. Berry）夫妇 1990 年发表的标志性论文。贝瑞夫妇认为在各州政策扩散过程中，对于一个州是否采纳实施一项新的政策，单纯从州内部因素来分析的内部决定模型和单纯从外部因素分析的区域扩散模型都是不全面的，在借鉴莫尔（Lawrence B. Mohr, 1969）创新动机和克服创新障碍资源的组织创新分析框架基础上，提出内部影响因素和外部影响因素是兼容的，因为相邻区域其他州政府是否采纳一项新政策不仅会影响一个州是否也采纳的动机，也影响其实施的内部资源，如民众需求和压力，进而提出了综合内部和外部要素的统一模型，并首次引入事件历史分析法对博彩业在美国各州的扩散进行了分析。贝瑞夫妇提出的整合分析框架和引入的事件历史分析法成为后续研究的基本范式。

以沃克尔和贝瑞夫妇的研究为主线，西方政策扩散研究从美国扩散到世界各地并经历了 50 年的发展且呈现出不同时期的阶段特征。有研究者认为可以划分为第一阶段（1980 年以前）的单因素解释时期、第二阶段（1980~2000 年）的碎片化理论解释时期、第三阶段（2000 年以后）的整合理论解释时期（陈芳，2014），也有研究者提出 1970~1990 年单因素理论时期、1990~2000 年综合理论发展时期（使用 EHA 分析法）、2000 年至今整合理论发展时期（使用配对 EHA 分析法）（张克，2017）的划分形式。由于政策扩散研究发源于美国，所以美国之外的研究发展相对滞后并呈现不同的发展过程。例如，欧洲的政策扩散经历了不同的三代研究（Covadonga Meseguer，2005；Michael Howlett & Jeremy Rayner，2006）：1980 年之前的一代研究提出了政策扩散的相关概念和框架；1980～2000 年的第二代研究探讨了模仿、协调、教训汲取等政策扩散的基本机制；2000 年以来的第三代研究是利用成熟的定量方法进行大规模的实证研究。

（三）我国政策创新扩散研究

我国的政策扩散研究发展更晚，2010 年前后国内研究者开始关注政策创新扩散问题，主要在引介国外相关研究方式及理论的基础上[①]，描述或者尝试运用西方理论框架分析了政务中心建设、农村发展改革、政府信息公开改革、国家学科基地、户籍制度改革、社会保障改革、电子政务与政务微博、城市网格化管理、智慧城市、住房政策、公共自行车、"多规合一"、机关效能、公益创投、省直管县、社会组织管理、农业经营模式、土地储备制度、政府购买服务、行政许可改革、医药卫生体制、企业税负减免、"河长制"等领域政策创新的扩散现象。

二、政策创新扩散研究理论议题

尽管不同国家和地区政策创新扩散研究发展阶段不完全相同，但探讨的理论议题基本相同，主要围绕政策创新扩散的模式、机制及影响因素 3 个方面进行分析。

（一）政策创新扩散模式

政策创新扩散的模式是指创新在扩散过程中所表现的速度与规模的基本特征（朱旭峰，2014）。这个规模特征是政策创新扩散在时间、空间、层级和方向上的整体表现。已有研究主要从时间维度、区域空间和

---

① 主要引介文献有：朱德米（2007）；马亮（2011）；陈芳（2013）；陈芳（2014）；杨代福（2016）；张克（2017）；朱旭峰（2014）。

行政层级 3 个方面进行了考察和分析。

政策创新扩散的时间模式是指创新从开始扩散到扩散后期随着时间的推进采纳者在数量上的变化特征。布朗（Lawrence A. Brown，1971）和考克斯（Kevin R. Cox，1971）提出了 S 形曲线（S – Curve）模型，认为创新扩散在时间过程上的采纳者累积数量特征会形成近似于成长曲线（Logistic Curve）的形态，在初始阶段是平缓的长尾，紧接着是陡峭增长的中间阶段，之后又是平缓阶段。罗杰斯运用大量创新扩散案例对 S 形曲线进行了验证，并将 S 形曲线划分为创新者、早期采纳者、早期大规模采纳者、后期大规模采纳者和落后者 5 个阶段，早期采纳者和落后者在曲线上分布于曲线的两端长尾（E. M. Rogers，1983）。S 形曲线模型是包括政策创新扩散在内的创新扩散的时间维度上的基本模型，并在诸多后续国内外文献研究中得到检验。也有研究者根据特殊的政策扩散案例在 S 形曲线的基础上进一步提出了陡峭的 S 形曲线模型、R 形曲线模型和阶梯形曲线模型（Boushey Graeme，2010）。

政策创新的区域空间模式是指政策创新在地理空间上呈现的特征。布朗和考克斯（Lawrence A. Brown & Kevin R. Cox，1971）首先提出了邻近效应，即地理位置上相邻区域之间互相扩散，因为距离越近，越容易实现信息上的互动交流。贝瑞夫妇则更全面地提出了全国互动模式（全国性沟通网络）、区域模式（邻州模型和固定地区模型）、领导—跟进模式（弗朗西斯·贝瑞、威廉·贝瑞，2004）：全国互动模型是指因存在全国性沟通网络而产生全国范围内的扩散，区域模型包括近邻模型和固定区域模型，领导——跟进模型是指由处于重要位置的中心地带向落后地区扩散，越是重要位置的中心地带越早扩散，越是落后地区扩散越慢，落后地区因模仿先进地区而扩散，例如在我国公安微博也存在东部地区相对西部地区扩散更快的现象（马亮，2012）。我国研究者还观察到沿交通干线扩散的轴向扩散模型以及按等级顺序蛙跳式扩散的等级扩散模式等值得关注的模式（王家庭，2007）。

政策创新扩散的行政层级模式是指政策创新在不同行政级别的政府或行政区划上呈现的特征。在基本模式上可以分为纵向扩散和横向扩散

（马亮，2011；王浦劬、赖先进，2013；Charles R. Shipan & Craig Volden，2006），纵向扩散包括垂直方向的自上而下和自下而上的扩散，自上而下是上层级政府向下层级政府的扩散，自下而上是下层级政府向上层级政府的扩散，横向扩散是指水平方向上不相隶属行政区划或政府部门之间的扩散。此外，对于中国的政策创新扩散，还发现有一种独特的混合式扩散模式，即"试点——吸纳——推广"式扩散（韩博天，2008；周望，2012），某个地方进行政策创新试点后，由中央或上级政府吸纳"先行先试"经验并向全国或所管辖的行政区划各级政府推广，实现政策创新的"由点到面"扩散。这种扩散模式中既有纵向上的"吸纳"扩散也有横向上的"推广"扩散。

（二）政策创新扩散机制

政策创新扩散机制是指驱动政府采纳一项新政策的动力因素，这是政策创新扩散研究文献重点探讨的问题。不同国家的研究者及相同国家的研究者依据不同的案例对扩散机制进行了多种类型的分析。沃克尔（Jack L. Walker，1969）认为政策扩散源于地区间的学习、竞争和选民压力；道洛维兹和马什（David Dolowitz & David Marsh，1996）提出强制扩散和自愿扩散两种机制，其中自愿扩散机制包括经验总结和模仿等；贝瑞夫妇（Frances Stokes Berry & William D. Berry，1999；2007）总结出社会学习、经济竞争、政治规范、公民需求压力4种机制；什潘和威尔登（Charles R. Shipan & Craig Volden，2008）提出学习、竞争、模仿和强力推进或强制4种机制；海涅兹（Torben Heinze，2011）认为有学习、模仿、社会化和外部性4种机制，外部性机制包括竞争机制和强制机制；卡奇（Andrew Karch，2007）则提出了地理邻近、模仿、仿效等机制；也有研究者提出了学习、相互依赖的竞争合作、胁迫、普世标准（专业网络中的相互影响与相互作用导致了普遍的行为规范的发展）、理所当然（一些政策被视为很自然的选择）、象征性模仿（遵守社会共同价值的政策选择是有益的）6种机制（Dietmar Braun & Fabrizio Gilardi，2006）；韦兰（Kurt Weyland，2002）提出外部压力、形式模仿、理性学习、认知试探法 4 种机制。还有研究者关注的是国家间的政策创新扩散机制，霍尔津格和科尼尔（Katharina Holzinger & Christoph Knill，2005）提出了强制、国际协调、国际交流、平行独立解决问题 4 种机制，莱希特尔（Howard M. Leichter，1983）则基于英联邦国家之间的政策创新扩散提出平行国家行动、复制邻国行动等机制，以塑造本国政治制度、应对新情况、改变失败政策，也有研究者认为国家之间的政策创新扩散机制主要是外部强制、合法化构建、学习模仿和国际竞争（Frank Dobbin et al.，2007；刘洪波，2019）。鉴于不同的研究者提出的扩散机制各不相同，马什（David Marsh，2009）和沙尔曼（J. C. Sharman，2009）将其归纳为学习、竞争、模仿、强制、社会构建 5 种机制，国内研究者则认为这五种常见的扩散机制也适用于我国的政策创新扩散（王浦劬、赖先进，2013）。对于这些扩散机制，洛斯（Richard Rose，1991）认为可以依据外部力量介入的大小，构成从纯粹理性学习吸取教训的自愿扩散机制到完全直接强制扩散机制的连续统。同时，研究者认为现实中的政策扩散机制在相同的政策扩散事件中可以同时产生作用，所以在分析的时候多是同时纳入不同机制。

（三）政策创新扩散影响因素

政策创新扩散的影响因素是指影响政府是否采纳新政策的各种条件要素。已有文献对政策创新扩散影响因素的分析是沿着从内部要素模型到外部要素模型再到综合内部和外部要素的整合模型的发展轨迹。内部要素是一个政府及其辖区的现实状况和条件，常见的影响要素主要包括：经济水平、工业化水平、城市化程度、财政能力等经济方面的因素（Jack L. Walker，1969；Virginia Gray，1974），经济和财政能力越强越可能采纳新政策；联邦体制、分权体制等政治因素（Koleman S. Strumpf，2002；Christos Kotsogiannisz & Robert Schwagery，2004），西方研究者认为越是分权体制越有利于促进政策扩散；民选政客、政党、公务员、压力集团、政策推动者或专家、跨国组织等政策网络和政策活动家因素（David Dolowitz & David Marsh，1996；Michael Mintrom & Sandra

Vergari，1997；Michael Mintrom，1997；Andrew Karch，2007；刘晓亮等，2019），政策网络和政策企业家的积极推动能促进政策扩散；公民和企业需求形成的辖区公共压力，压力越大采纳新政策的可能性越高（Michael J. Ahn，2011），并且还发现辖区居民教育水平越高需求越高（Chung-pin Lee et al.，2011），网民比例越高需求也越高（Caroline J. Tolbert et al.，2008）等结论。对于外部因素，研究者认为上级政府压力和激励、府际竞争与府际学习等府际关系因素会影响政府是否采纳新政策（Dorothy M. Daley & James C. Garand，2005；Chung-pin Lee et al.，2011；马亮，2011），此外一个地区的政府官员与外地官员的交流、参加会议获取信息、政府间专业协会的交流等也会促进政策创新扩散（Heywood，1965；Virginia Gray，1973；Steven J. Balla，2001）。

戈洛尔（Eleanor D. Glor，2009）归纳总结出了影响政策创新及扩散的30种因素，而格汉姆（Erin R. Graham，2013）等总结出了104种因素。罗杰斯（E. M. Rogers，1983）将这些因素分为创新的特性、创新的种类、沟通的渠道、社会体制的性质以及代理人5种类型；文杰莱特（Barbara Wejnert，2002）则概括为创新本身的特征、创新者的特征、结构特征3种类型的因素，其中创新者本身的特征包括创新者的社会存在体、新密性、情形特征、社会经济特征、社会网络中的位置、个人素质等，结构特征因素包括地理环境、社会文化、政治条件、全球一致性等；还有研究者提出政府特征、创新特征、利益集团、行业组织、国民情绪5种因素（Boushey Graeme，2010）；国内学者朱旭峰（2014）则总结为扩散背景、扩散主体、扩散客体和媒介因素4大类，其中背景因素包括全球、国家和辖区层面的政治、经济、文化、社会、自然因素等，主体因素包括政府的财政收支、资金分配、人员流动、制度设计、党派关系、府际网络等因素；客体因素包括创新的类型、内容、特征等因素，而媒介因素包括媒体、社会网络、利益团体、个人（政策企业家）等因素。

由于因素众多并且不可穷尽，研究者在分析的时候往往是选择部分因素进行综合分析，尤其是运用事件史分析法（EHA）的模型（Frances Stokes Berry & William D. Berry，1990）。国内研究也基本是按照这种模式进行分析，依据分析的对象差异而选择重点因素。如对社会医疗保险城乡统筹的扩散分析了社会经济、财政能力、人口结构、人力资本、卫生事业发展和医疗保险发展等因素（侯小娟、周坚，2014），对城市低保政策的扩散分析了社会需求、财政资源、上级行政命令、上下级财政关系、同级城市的竞争等因素（朱旭峰、赵慧，2016），对智慧城市的扩散分析了环境污染、人口密度、市委书记支持、城市规模、城市性质、经济实力、府际竞争与学习、上级压力等因素（于文轩、许成委，2016；王洪涛、陈洪侠，2017），对省直管县财政改革的扩散分析了辖区面积、财政自给率、是否贫困县、管理幅度、邻居效应、省长经历等因素（张克，2017），对流动人口积分管理的扩散分析了政府资源与能力、上级政府的行政压力等因素（张洋，2017），对社会组织直接登记的扩散分析了中央垂直压力、既往试点经验、市场化水平、法制化水平、政治地位等因素（章高荣，2017），对政府购买服务的扩散分析了人均 GDP、人口规模、财政能力、万人社会组织数、城镇人口比例、邻近省份比例、全国采纳比例、媒体报道数对数等因素（李健、张文婷，2019），对住房限购政策的扩散分析了财政收支比、房地产开发投资占比、库存去化周期、房价增速、房价收入比、中央行政命令、同级别城市采纳数量、GDP 增速、金融机构存款余额、人口净流入、行政级别等因素（刘琼等，2019）。

正是由于对不同扩散案例的分析研究者是根据需要和判断纳入不同的影响因素，表明即使相同因素在不同的政策创新扩散中的影响也是不相同的，甚至还会存在由于纳入的具体因素组合结构及操作化和分析方法的差异等原因，即使是在相同领域政策扩散中，相同因素的影响也是不同的。以国内研究者对政务微博与电子政务扩散的 3 篇中文文献分析为例[①]，其所使用的方法、纳入的变量及变量的影响结果如表 1－3 所示，府际沟通、上级政府情况、政府财政和行政级别 4 个变量在不同分

---

① 3 篇研究文献依次为：马亮（2012a）；马亮（2013）；马亮（2012b）。

析中的影响是不同的，有的有影响，有的无影响，甚至有的在不同的分析中既有正面影响也有负面影响，比如上级政府情况和政府财政情况。这种情况不仅说明选择重点变量的重要性，以及变量与变量之间可能还会存在交互作用，也显示相同变量在不同具体扩散图景下的确会产生不同的影响作用。

表1-3　三项有关政务微博和电子政务扩散的影响因素分析比较

影响因素	公安微博扩散	政府微博扩散	电子政务扩散
	因变量：是否开通（0、1二元变量）	因变量：开通数量（政府所属部门开通数量）	因变量：发展水平（中国软件测评中心指标数据）
	回归方法：Logit	回归方法：负二项	回归方法：OLS
府际竞争			
邻近区域	相同省份其他地级市开通比例＋	相同省份其他地级市开通平均数＋	相同省份其他地级市平均得分＋
府际学习			
府际沟通	国外友好城市数量	国外友好城市数量	国外友好城市数量＋
上级政府压力			
上级政府情况	上级是否开通的二元变量＋	省级政府及其组成部门开通的数量－	所在省级政府网站的得分＋
公众压力			
公众压力	网民比例	网民比例	网民比例
	刑事案件率		
组织资源能力			
政府财政	财政收支差比重－	财政收支差比重＋	财政收支差比重＋
政府能力	政府网站测评得分＋	政府网站测评得分＋	中国信息化最受关注城市榜的城市信息化水平＋

影响因素	公安微博扩散	政府微博扩散	电子政务扩散
	因变量：是否开通（0、1 二元变量）	因变量：开通数量（政府所属部门开通数量）	因变量：发展水平（中国软件测评中心指标数据）
	回归方法：Logit	回归方法：负二项	回归方法：OLS
控制变量			
地区经济水平	人均 GDP 对数[+]	人均 GDP 对数[+]	人均 GDP 对数[+]
人口规模	人口对数[+]	人口对数[+]	人口对数[+]
行政级别	省会和副省级两个虚拟变量	省会和副省级两个虚拟变量	省会和副省级两个虚拟变量[+]
地理位置	东部和西部两个虚拟变量	东部和西部两个虚拟变量	东部和西部两个虚拟变量

注："＋"表示该因素有正面影响，"－"表示该因素有负面影响。

三、已有研究文献简评

已有研究文献尤其是以美国为中心的国外文献在政策创新扩散的模式、机制、影响因素等议题上进行了丰富的研究，其理论模式和基本结论为本书提供了非常有益的基础和参考，但已有研究还存在两个方面的不足。

首先，在研究对象和问题上，主流的政策创新扩散研究关注的是西方国家的政策创新扩散现象，而国内的研究主要关注的是东部地区和一般省份中的政策创新扩散，还缺乏专门分析我国东部地区政策创新向边疆民族地区扩散的研究。从我国国家治理体系和治理能力现代化的进程来说，边疆民族地区更需要完善治理体系和提高治理能力，因而东部地区政策创新向边疆民族地区扩散的问题更值得关注和探讨。同时，我国边疆民族地区呈现多元化格局，尤其是在经济水平、文化传统、民族结构、区域位置等方面与东部和中部地区差异很大，其社会治理和政策运行也会有很大不同，因而东部地区的政策创新向这些地区的扩散与向国内其他地区的扩散问题上会存在差异，已有研究包括国内已有研究的发现和结论不可能完全适用。因此对于诸如我国东部地区政策创新向边疆民族地区扩散这种一个国家内政策创新在经济社会发展存在梯度差异的区域之间的"差序格局"式扩散是需要专门研究的问题。

其次，在研究基础和理论范式上，国内研究文献还基本处于引介西方文献和运用西方理论分析中国政策扩散现象的阶段，因此无论是国外文献还是国内文献都是以美国为中心的西方国家的研究范式为模板。西方国家的研究是建立在西方政治体制的基础上，比如美国联邦体制、分权体制和所谓民主选举体制下的州与州之间的政策扩散。我国与以美国为代表的西方国家的政治制度和地方政府体制差异明显，因而政府和政策的运行过程也就不同，政策创新扩散的影响因素和扩散模式与国外的研究发现也就不会完全相同，因此在分析的时候直接照搬西方理论并不可取（朱旭峰，2014）。

实际上，东部地区政策创新向边疆民族地区扩散与向一般地区扩散相比有双重因素的影响：第一，由于我国的政治社会体制与西方主要国家以分权自治、自由市场主义为基本特征的政治社会体制不同，中央政府和上级政府的行为在政策扩散中发挥重要作用，如在扩散机制上除一般的学习模仿等扩散机制外，还存在行政指令型扩散、政绩竞争型扩散等与已有理论中提出的强制和竞争扩散不完全相同的机制模式，另外还有"试点辐射"型扩散等明显有中国特色的扩散机制模式；第二，边疆民族地区的经济、文化、社会条件由于与国内一般地区有着显著的差别，因而政策扩散的范围、机制模式和实施的适用性还会受到诸多特定因素的影响，例如在扩散机制上有对口支援型扩散、干部调任型扩散、市场转移驱动型扩散、边疆国际区域合作型扩散等其他地区少见的独特机制模式。

第四节 研究方法

一、研究思路

本书在分析东部地区政策创新向边疆民族地区扩散必要性及其意义的基础上，基于典型性政策创新扩散的大样本数据收集和小样本案例调查，运用定量分析和案例分析相结合的方法对东部地区政策创新向边疆民族地区扩散的现状特征如何、东部地区政策创新向边疆民族地区扩散的机制和影响因素有哪些、东部地区政策创新如何更有效地向边疆民族地区扩散3个核心问题进行研究。

本书采用的东部地区政策创新向边疆民族地区扩散的代表性案例包括网上政务大厅扩散、公安微博和微信扩散、旅游政务微博和微信扩散、公共自行车扩散、户籍改革政策扩散、"河长制"扩散、自由贸易区扩散、综合改革试验区扩散、功能性试验区扩散、经济技术开发区扩散、基层人大述职扩散、社会组织参与养老服务扩散、事业单位指纹考勤扩散、防疫"健康码"扩散以及"对口支援"中的政策扩散等。之所以选择这些政策案例主要是基于两个方面的原因：（1）案例类型的代表性。中国地方政府创新奖将地方政府创新分为行政改革、政治改革、公共服务、社会管理4种类型①。本书所选择的代表性政策扩散案例覆盖这4种类型，其中网上政务大厅、公安微博和微信、旅游政务微博和微信属于行政改革类型，乡镇人大述职属于政治改革类型，公共自

---

① 参见俞可平（2012）。"行政改革"包括：透明政府、责任政府、低成本政府、廉洁政府、依法行政、减少管制、公务员管理、绩效管理、政府间关系及其他；"公共服务"包括公益事业、经济发展、社会保障、公共卫生、环境保护、基础设施建设、弱势群体保护、增加就业、改善教育、改善住房及其他；"社会管理"包括社会服务、社区治理、事业单位改革、社会救助、社会治安、社会组织培育、社会工作管理及其他。

行车、户籍改革政策、"河长制"扩散、自由贸易区属于公共服务类型，社会组织参与养老服务、事业单位指纹考勤属于社会管理类型，同时这些政策创新扩散的案例都属于 2000 年以来的政策创新，具有很好的时效性和效度。（2）资料获取的可行性。由于近年来我国地方政府政策创新较多，边疆民族地区范围广且具有差异，资料收集的可行性是本书研究的关键问题，上述政策创新扩散案例大部分是基于公开渠道能够获取分析数据，其余部分通过作者实地调研获取。

与上述思路对应的全文章节安排如下：第一章为导论，介绍本课题的研究问题及方法；第二章为东部地区政策创新向边疆民族地区扩散的治理要义，从国家治理能力现代化的视角分析东部地区政策创新向边疆民族地区扩散的必要性及重要意义；第三章为东部地区政策创新向边疆民族地区扩散的基本特征，分析不同类型的政策创新以及不同性质的扩散方式下东部地区政策创新向边疆民族扩散的现状特征；第四章为东部地区政策创新向边疆民族地区扩散的主要机制，分析在中国特色体制背景和边疆民族地区具体背景下东部地区政策创新向边疆民族地区扩散的不同机制；第五章为东部地区政策创新向边疆民族地区扩散的影响因素，基于已有理论和案例总结以及常用的事件史方法分析东部地区政策创新向边疆民族地区扩散的影响因素构成并进行实证检验；第六章为东部地区政策创新向边疆民族地区扩散的效用问题，从扩散采纳的议程设置时的政策问题和方案实施的条件两个维度构建框架分析东部地区政策创新向边疆民族地区扩散存在的各种适用性问题；第七章为东部地区政策创新向边疆民族地区扩散的优化对策，在总结前述章节分析结论的基础上，提出优化东部地区政策创新向边疆民族地区扩散的政策建议。本书的基本研究思路见图 1 - 2。

二、资料获取方法

本书的政策扩散案例的实证资料获取方法有以下 4 种：

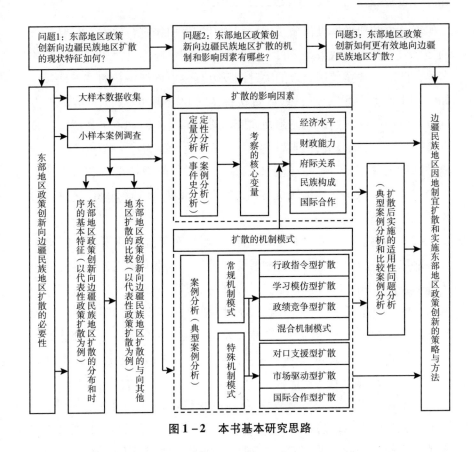

图1-2 本书基本研究思路

（1）政府文件。我国各级政府信息公开已经比较完善，很多地方政府门户网站及其职能部门网站都有很规范的政策文件专栏，有的还建立了数据库并提供查询功能，诸如户籍改革、"河长制"等政策创新的内容及其在各地区的扩散实施情况可以直接查询相应地方政府的文件。

（2）网络抽样。网络抽样即利用网络搜索引擎功能按指定的关键词进行资料搜索。鉴于一些地方政府文件公开不完全及部分政策创新是见于行动而不是见于文件的情况，可以网络搜索相应地区的各种新闻报道、办事流程等网络资料，以判断该地方是否采纳实施了某项政策或行动。比如网上政务大厅，可以在中文搜索引擎"百度"中用"**市"+"网上政务大厅"的方式进行搜索，而对于微博微信的开通与否等创新，则由作者首先注册微博微信账号后，利用其搜索引擎进行搜索。需要注意的是，对于相同的政策或项目，不同地区之间可能不是使用完全相同的名称，此时要注意使用相近的关键词反复搜索以确保信息的准确性。比如"网上政务大厅"，有的地方直接称为"网上政务大厅"，有的地方则没有专门的门户网站，而是在政府门户网站上开辟"网上集群式办事专栏"；又如各地公安开通微博微信，有的地方称为"＊＊公安"，有的地方则称为"平安＊＊"，实际上都是已经开通的微博微信。网络抽样方法在政策扩散研究文献中已经广泛应用（杨静文，2006；杨代福，2013）。

（3）专业数据。本课题研究的诸如影响东部地区政策创新向边疆民族地区扩散的影响因素等问题需要使用各地级市或地级行政区划的经济社会发展各领域的专业数据。对于这些数据使用国家和各省级统计局网站上的公开电子版的统计年鉴、统计专题数据，以及中国知网"中国经济社会大数据平台"等数据库中丰富的专业数据资源，还有部分数据来源不能直接获取的如《中国城市竞争力年鉴》等则通过购买图书的方式获得或者委托第三方获取。

（4）实地调研。对于无法公开渠道获得信息的小样本案例资料，诸如后文分析中使用的广西 PX 市社会组织参与养老服务、广西 YS 县乡镇人大代表述职以及"对口支援"中西藏、新疆等地的政策创新扩散，采用作者实地调研的方式获取资料，或者以实地调研的资料对公开获取的有限资料进行验证和补充。

三、主要分析方法

（1）案例分析。案例分析即采用东部地区政策创新向边疆民族地区扩散的代表性案例进行分析，运用个案分析使用的案例主要包括户籍改革政策扩散、"河长制"扩散、自由贸易区扩散、综合改革试验区扩散、功能性试验区扩散、经济技术开发区扩散、基层人大述职扩散、社会组织参与养老服务扩散、事业单位指纹考勤扩散、防疫"健康码"

扩散以及"对口支援"中的政策扩散等。案例分析主要用于贯穿于东部地区政策创新向边疆民族地区扩散的基本特点、主要机制、影响因素、效用问题等内容，其中在分析部分内容诸如扩散机制、效用问题等问题中会进行比较案例分析。

（2）定量分析。在分析网上政务大厅、公安微博和微信、旅游微博和微信、公共自行车等较大规模的东部地区政策创新向边疆民族地区扩散时，仅使用定性的描述性案例分析还不足以全面和准确地刻画问题的特征。定量分析主要用于分析东部地区政策创新向边疆民族地区大规模扩散的基本特征及影响因素等问题。其中在分析扩散的影响因素时采用事件史分析方法。公共政策创新扩散研究的代表性人物贝瑞夫妇（Frances Stokes Berry & William D. Berry，1990）首先引入事件史分析方法（Event History Analysis，EHA）。事件史分析方法的基本思想是用 t−1 时刻的条件因素预测 t 时刻是否采纳某项创新政策，在回归模型上采用逻辑（Logistic）回归方法，以代替线性概率模型，具体可使用 Logit 或 Probit 模型（Frances Stokes Berry，1994）。

（3）文本分析。对于涉及要使用政府文件作为具体分析材料时，使用文本分析方法分析文件出台的时间及主要内容。文本分析主要用于辅助判断政府采纳实施某项政策创新的时间节点及采纳的政策框架。

第 二 章

东部地区政策创新向边疆民族
地区扩散的治理要义

政府改革和政策创新既是国家治理能力现代化的必经途径，也是衡量国家治理能力现代化的重要标志。我国东部地区政策创新向边疆民族地区扩散不仅仅是为了推广创新政策在全国的实施，根本目的是促进边疆民族地区完善治理体系和提高治理能力，从而从整体上推进国家治理体系和治理能力的现代化。本章的目的是从国内实践分析政策创新在治理能力现代化进程中的重要作用，我国不同区域尤其是东部地区与边疆民族地区之间政策创新能力的差异以及制约边疆民族地区政策创新能力的现实原因。

第一节　治理能力现代化进程中的政策创新

如果将国家具体化为政府体系，政府治理能力就是国家治理能力的现实体现。由于政府能力是建立政治行政领导部门和政府行政机构，并使他们拥有制定政策和在社会中执行政策的能力（加布里埃尔・A. 阿尔蒙德、小 G. 宾厄姆・鲍威尔，1987），因而政府治理创新能力就是能否创新性地制定和有效地执行符合实际需要的政策的能力（汪永成，2001）。自现代化开启以来尤其是第二次世界大战以后，世界各国都将以政策创新为核心的政府创新作为提升治理能力的重要方式，并为此广泛设立组织机构和出台激励政策。

党的十八届三中全会提出"推进国家治理体系和治理能力现代化"，十九届四中全会通过《中共中央关于坚持和完善中国特色社会主义制度、推进国家治理体系和治理能力现代化若干重大问题的决定》，对如何推进中国特色社会主义国家治理体系和治理能力进行了全面谋划。国家治理体系和治理能力现代化，基本的要求就是能够不断用新的方法治理新的问题，对于社会主义大国而言更是如此。因为对于"怎样治理社会主义"的问题，尽管"马克思、恩格斯揭示了人类社会发展的普遍规律"，但"他们没有也不可能为各个不同国情的国家和民族进行社会主义建设提供现成的发展模式和方案"（王文，2020），因此我国社会主义建设过程中遇到的很多重大问题都是既无历史经验也无现成国际经验可循的新问题，解决新的问题必须进行治理创新。

事实证明，不断地进行改革创新是我国社会主义事业取得伟大成就的重要原因。改革开放以来，"家庭联产承包责任制""经济特区""市场经济体制""经济自贸区""监察体制"等宏观层面的重大改革创新，以及"就业""国有企业""城镇住房制度""新型农村医疗保险""新型农村养老保险""公共自行车""河长制"等经济社会民生领域基本问题层面的改革创新，以至"政务微博""政务微信""最多跑一次"微观治理技术层面的改革创新，都是我国政府治理和政策创新的典型代表。尤其是我国政府探索出了以"摸着石头过河"为基本特征的"政策试点"与政策创新的实验主义治理机制（韩博天，2008），政策的制定是在局部试点的基础上进行创新，然后选择典型"以点带面"边推广边修正完善，最后普及全国成为国家政策。实验主义治理本质上是一种递归决策，即多个公共行动主体为达成某种政策目标，在统一框架下分散决策、彼此互动，在不断的评估中相互学习，并根据自身环境及条件修正各自行动方案（章文光、宋斌斌，2018）。正是这种"异乎常规"的政策制定模式，使中国能在不引进外国现成改革方案的情况下

"内生性"地推动制度的演变和创新，又能避免因情况不明而导致的改革震荡（韩博天，2009）。尽管我国目前还没有诸如欧美发达国家那样正式的政策实验室，但"政策试点"事实上已经成为我国政策创新的实践性实验室，而且这种实践性实验室更有利于探索新的政策方案及检验政策方案的科学性。

受国外政府创新奖的影响和启发，为了更好地挖掘我国政府创新的案例、总结创新经验和推广治理创新，国内学术界自2000年开始尝试设立创新奖励项目。截至目前，全国性的政府治理创新奖励项目有3种，基本情况如表2-1所示。

表2-1 中国政府治理全国性创新奖基本情况

奖项名称	发起机构	设立年份	评选频次	共评选届数
中国地方政府创新奖	中央编译局比较政治与经济研究中心 中共中央党校世界政党比较研究中心 北京大学中国政府创新研究中心	2000	每2年评选1次	8届 （2015年奖项终止）
中国社会创新奖	中央编译局比较政治与经济研究中心 北京大学中国政府创新研究中心	2010	每2年评选1次	3届 （2015年奖项终止）
中国廉洁创新奖	中国管理现代化研究会廉政建设与治理研究专业委员会 清华大学廉政与治理研究中心	2018	每2年评选1次	2届

注：共评选届数截至2020年。

虽然我国学术界与政府事务界越来越重视在政策创新及扩散上的协作功能，但相对于国外尤其是发达国家的政府治理与政策创新奖而言，我国的奖项设置仍处于起步阶段，不仅全国性奖项数量少，而且奖项评选运作的持续性也不足。尽管如此，依然显示出政府的治理与政策创新在中国的影响力。

第二节　地方政策创新能力的区域差异

政府的治理和政策创新能力是经济社会发展的关键，也是治理体系和治理能力现代化的重要体现。然而，我国不同区域地方政府之间的治理和政策创新能力存在显著差异。鉴于目前还缺乏直接分析我国不同区域地方政府政策创新能力指标或指数及结论的研究，从已有相关研究结论、3 种创新奖分布及政策创新能力测量例证 3 个方面对这一基本判断进行具体分析。

一、政府管理创新能力区域差异

有研究对我国省级政府管理综合创新能力进行了实证测度（张剑娜、唐天伟，2013），测度的指标体系包括 3 个一级指标和 11 个二级指标，3 个一级指标分别为政府自身管理创新能力、政府社会管理创新能力和政府服务创新能力，并分别包括二级指标 3 项、4 项和 4 项①；3 个一级指标的权重分别为 20%、40% 和 40%。研究依据 2012 年的数据测度的结果如表 2 - 2 所示。

表 2 - 2　　　　　2012 年各省份政府管理创新能力差异

地区	省份	政府管理创新能力综合指数
东部地区	北京	1.060
	天津	0.717

---

①　"政府自身管理创新能力"的二级指标包括政府公开信息、政府网站承办单位热线、政府信箱；"政府社会管理创新能力"的二级指标包括网上居民办事、网上企业办事、社会管理创新数量、公民参与社会管理创新项数；"政府服务创新能力"二级指标包括新型农村社会养老保险参保人数、城镇基本医疗保险参保人数、失业保险参保人数、保障房建设数量。

续表

地区	省份	政府管理创新能力综合指数
东部地区	河北	1.267
	上海	1.016
	江苏	1.751
	浙江	1.560
	福建	1.117
	山东	1.275
	广东	2.103
	海南	0.916
东北地区	黑龙江	0.958
	辽宁（含1个地级边疆民族区划）	0.957
	吉林（含2个地级边疆民族区划）	0.744
中部地区	安徽	1.019
	湖北	1.217
	河南	1.326
	湖南	1.083
	江西	0.882
	山西	1.024
西部地区	陕西	1.237
	四川	1.247
	重庆	0.970
	贵州	0.780
	宁夏	0.449
	甘肃（含1个地级边疆民族区划）	0.551
	青海	0.471
	内蒙古（西部边疆民族省份）	0.628
	云南（西部边疆民族省份）	0.644
	广西（西部边疆民族省份）	0.807

续表

地区	省份	政府管理创新能力综合指数
西部地区	西藏（西部边疆民族省份）	0.437
	新疆（西部边疆民族省份）	0.802

注：本书定义的边疆民族地区包括内蒙古、新疆、西藏、云南、广西 5 个省份和自治区以及甘肃酒泉市、吉林白山市和延边朝鲜自治州以及辽宁丹东市，但由于本节所分析的数据均以省为单位，因此边疆民族地区均指西部 5 个边疆民族省份，东北地区作为单独区域，而甘肃省因只有酒泉市属于边疆民族地区，只计入西部地区。

从表 2 - 2 的结果可以看出，我国省级政府管理创新能力差异非常明显：以全国平均指数 1.0 为标准，东部地区 10 个省份中达到 1.0 以上的省份有 8 个，其中广东达到 2.103；中部地区 6 个省份中达到 1.0 以上的省份有 5 个，但最高的省份只有 1.326；东北 3 省份均没有达到 1.0 以上，全部在全国平均水平以下；西部地区 12 省份中达到 1.0 以上的省份只有 2 个，其中最高为四川 1.247，最低为西藏 0.437，西部地区中的内蒙古、新疆、西藏、云南、广西 5 个边疆民族省份则全部在 1.0 以下。因此，西部地区以及东北地区尤其是西部边疆民族地区与中部地区和东部地区尤其是东部地区相比，其省级政府管理创新能力存在明显差异。

如果进一步从不同区域的具体差异来看（见表 2 - 3），东部地区、中部地区、东北地区、西部地区、西部边疆民族地区的平均创新综合指数分别为 1.278、1.092、0.886、0.752 和 0.664，东部地区明显高于中部、西部地区，且将近边疆民族地区的 2 倍；相应地，东部地区、中部地区、东北地区、西部地区、西部边疆民族地区的平均排名分别为 9.8、11.8、19.7、22.3 和 25.4，前 10 名中有 6 个省份在东部地区，而东北地区和西部地区除四川、陕西外，排名都比较靠后，西部边疆民族地区各省份排名更为靠后。以东部地区为中心，不同区域之间的省级政府管理创新能力的"差序格局"体现明显。

表 2 - 3 　　　　　　2012 年各地区政府管理创新能力比较

地区	平均创新综合指数	平均排名
东部地区	1.278	9.8
中部地区	1.092	11.8
东北地区	0.886	19.7
西部地区	0.752	22.3
西部边疆民族地区	0.664	25.4

资料来源：根据 2012 年"省级地方政府管理创新能力"测度指标指数及排名数据计算。原始数据参见张剑娜、唐天伟：《我国省级地方政府管理创新能力测度及分析》，载《江西师范大学学报（哲学社会科学版)》，2013 年第 4 期，第 25 页表 2。

二、政府与社会创新奖区域差异

如果省级政府管理创新能力只是从理论层面部分反映政府治理和政策创新能力的区域差异，那么由第三方学术机构依据实践评选的创新奖的分布情况，则能够直接反映地方政府创新能力的区域差异。截至目前，我国有影响力的全国性创新奖有地方政府创新奖、廉洁创新奖和社会创新奖。地方政府创新奖从 2000 年到 2015 年共评选 8 届，每届评选出优胜奖 10 项和入围奖若干项；廉洁创新奖 2018 年到 2020 年共两届，评选出 16 项优胜奖和 22 项提名奖；社会创新奖从 2010 年到 2014 年共评选 3 届，评选出优胜奖 30 项和提名奖 39 项。鉴于第 8 届中国地方政府创新奖的具体获奖名单并没有公开发布，无法确定获奖项目的省份归属，因此下文分析时只分析前 7 届的获奖项目；同时考虑到地方政府创新奖的入围奖数量众多，入围奖代表的创新水平和质量不及优胜奖，因而入围奖不纳入分析，而廉洁创新奖和社会创新奖的数量本身偏少，在分析的时候将创新奖和提名奖都纳入。3 种创新奖按区域计算的省份平均数量如表 2 - 4 所示。需要说明的是，在计算的时候发现，3 种创新奖在西部地区中高度集中于四川省，如地方政府创新奖优胜奖四川占 7 项，占据总数 70 项的 10%，远高于西部其他省份甚至大部分东部地区省份，而廉洁创新奖四川省有 5 项，其他省份只有重庆和内蒙古各有 1 项，社会创新奖占 6 项，同样远高于西部其他省份甚至大部分东部地区省份。鉴于四川省属于西部地区的特例省份，为了不使特殊值影响平均数，在计算的时候不将其纳入西部地区，以更客观反映西部地区的状况。

表 2－4　　　2000～2020 年各区域 3 种创新奖省份平均数量

地区	地方政府创新奖优胜奖数量（A）	廉洁创新奖数量（创新奖＋提名奖）（B）	社会创新奖数量（优胜奖＋提名奖）（C）	广义政府创新奖数量（A＋B）	A＋B＋C数量
东部地区	4.0	2.6	4.5	6.6	11.1
中部地区	1.2	0.8	0.8	2.0	2.8
东北地区	1.7	0	0	1.7	1.7
西部地区（不含四川）	1.0	0.2	1.2	1.2	2.4
西部边疆民族地区	1.0	0.2	1.0	1.2	2.2

注：计算数值四舍五入保留一位小数。
资料来源：根据中国地方政府创新奖、中国廉洁创新奖和中国社会创新奖公布的历届获奖名单资料计算。

从地方政府创新奖优胜奖来看，东部地区、中部地区、东北地区、西部地区（不含四川）以及西部边疆民族地区省份平均获奖为 4.0 项、1.2 项、1.7 项、1.0 项和 1.0 项，东部地区领先优势明显，西部边疆民族地区平均获奖数量最少；廉洁创新奖和社会创新奖同样是东部地区领先，而东北地区和西部边疆民族地区处于末位；如果将地方政府创新奖和廉洁创新奖合并计算为广义的政府创新奖（A＋B），东部地区省份平均为 6.6 项，中部地区和东北地区省份平均分别为 2.0 项和 1.7 项，西部地区（不含四川）及西部边疆民族地区省份平均都是 1.2 项；如果将三种创新奖全部加总（A＋B＋C），东部地区、中部地区、东北地区、西部地区（不含四川）及西部边疆民族地区省份平均分别为11.1项、2.8项、1.7项、2.4项和2.2项，边疆民族地区和东北地区最少，同样体现出区域差距格局的特征。

进一步从具体各省份3种奖项总数的分布来看（见表2－5），东部地区的北京、浙江、广东遥遥领先，分别为21项、20项和21项，江苏和福建均达到12项；而西部边疆民族地区中，只有广西和内蒙古达到4项，其他省份均为3项及以下，西藏只有1项，而新疆为0项；即使把甘肃、黑龙江、吉林、辽宁4个边疆省份都纳入进来，分别只有2项、1项、2项、2项，而且7项当中只有1项真正来源于边疆民族地区，即吉林延边自治州，其他6项均在这4个边疆省份的非民族地区。东部地区与边疆民族地区之间获奖数量的差异是显著的。

表2－5　　　　　　　　　　各省份3种创新奖总数

地区	省份	数量
东部地区	北京	21
	天津	2
	河北	4
	上海	8
	江苏	12
	浙江	20
	福建	12
	山东	9
	广东	21
	海南	3
东北地区	黑龙江	1
	辽宁（含1个地级边疆民族区划）	2
	吉林（含2个地级边疆民族区划）	2

地区	省份	数量
中部地区	安徽	5
	湖北	3
	河南	3
	湖南	2
	江西	3
	山西	0
西部地区	陕西	5
	四川	18
	重庆	4
	贵州	2
	宁夏	1
	甘肃（含1个地级边疆民族区划）	2
	青海	2
	内蒙古（西部边疆民族省份）	4
	云南（西部边疆民族省份）	2
	广西（西部边疆民族省份）	4
	西藏（西部边疆民族省份）	1
	新疆（西部边疆民族省份）	0

三、政府政策创新能力区域差异测量例证

沃克尔（Jack L. Walker, 1969）在其代表作《美国各州之间的创新扩散》中为了衡量不同州的创新能力，提出用"创新得分"进行衡量。创新得分反映不同州采纳实施新的政策项目的速度，得分越高的州的创新能力越强，得分越低的州的创新能力越弱。其计算方法是：假定某个州在年份 Y_n 先实施某项新政策，截止年份 Y_m 有若干州先后采纳实施这项新政策，如果第 i 州是在年份 Y_j 采纳这项新政策，则其创新

能力得分的公式为：

$$S_i = 1 - \frac{Y_j - Y_n}{Y_m - Y_n}$$

任何州采纳的时间越早，其承担风险及执行的能力越强，S_i 值就越大，采纳的时间越晚，其承担风险及执行的能力越弱，S_i 值就越小。S_i 最大值为 1，对应最早实施的州，最小值为 0，对应最晚实施的州；对于截止年份 Y_m 仍未实施的州，S_i 值均为 0，且排名末尾。鉴于运用某个单项政策进行测量可能会有偏差，沃克尔采用了 88 项政策创新计算平均得分的方式对 48 个州的创新能力进行了测量。近年来，国内有研究者运用这种方法对地级市采纳实施城市低保政策的能力进行测量，并称之为"初建创新力"（赵慧，2018）。

本章以居住证政策为例对东部地区和西部边疆民族地区的省级政府政策创新能力进行测量。之所以以居住证为例，是因为居住证是中国最难改革的领域户籍改革的体现。居住证不同于暂居证，至少需要给予持证人部分本地居民待遇，正是因为实行居住证涉及外来人口享受本地的就业、教育、医疗、住房、社会保障等方面的同等待遇，相当于对符合条件的公民变相放开户籍，而放开户籍始终是地方政府最敏感的事项。因此对外来人口发放居住证能够充分体现地方政府的政策创新能力，尤其是对于处于经济社会发展和福利较高水平的地方而言，实行居住证制度需要改革魄力。同时，相对于较发达地区，欠发达地区由于人力资源和人才匮乏，加上福利水平也偏低，政府承担的成本也偏低，因而更有动力推行居住证制度，以吸引人力资源和人才。因此以居住证制度政策创新的实施来对比东部地区与边疆民族地区的政策创新能力差异具有很好的代表性。

本书作者通过"省份＋居住证""省份＋流动人口管理"进行百度搜索，以及利用"中国法律法规数据库""法邦网"[1]"北大法宝"[2] 等

---

① https：//www.fabao365.com/。

② http：//www.pkulaw.cn/。

数据库检索东部地区省份、西部边疆民族地区最早实施居住证的政策文件。判断各省份最早实施居住证政策的时间标准是：①必须是面向全省实施的省级文件，而不是某个省份所属市县的文件，如果某个省有个别城市先实施，但全省没实施，不将该城市出台文件的时间视为该省份实施的时间；②鉴于从20世纪90年代以来，尤其是21世纪以来，在中央和国务院的推动下，各省份对于流动人口的管理先后经历了暂住证、初期居住证以及2016年后为落实国务院《居住证暂行条例》多次出台过有关实施居住证的文件，必须以第一次明确实施的文件时间为准。按照此标准检索结果如表2-6所示。

表2-6 省级政府居住证文件出台时间及创新能力得分

省份	所属区域	首次文件出台年份	政策创新能力得分
北京	东部地区	2003	0.93
天津	东部地区	2004	0.86
河北	东部地区	2011	0.36
山东	东部地区	2003	0.93
江苏	东部地区	2011	0.36
上海	东部地区	2002	1.00
浙江	东部地区	2004	0.86
广东	东部地区	2003	0.93
福建	东部地区	2011	0.36
海南	东部地区	2012	0.29
广西	西部边疆民族省份	2005	0.76
云南	西部边疆民族省份	2012	0.29
西藏	西部边疆民族省份	2011	0.36
新疆	西部边疆民族省份	2011	0.36
内蒙古	西部边疆民族地区	2016	0
甘肃	含边疆民族区划的省份	2015	0.07
吉林	含边疆民族区划的省份	2016	0
辽宁	含边疆民族区划的省份	2013	0.21

表 2-6 中最开始实施居住证的是上海，2002 年就出台《引进人才实行〈上海市居住证〉制度暂行规定》，而最晚的省份是在 2016 年出台，实际上到 2016 年 31 个省份全部都实行了居住证制度。从表 2-6 中的省级政府居住证政策创新能力得分可以看出，东部地区的政策创新能力显著高于西部边疆民族地区以及包含边疆民族区划的 3 个省份。东部地区的平均创新得分为 0.69，其中北京、天津、山东、上海、广东、浙江等省份的得分均在 0.86 以上；西部边疆民族地区的平均创新得分为 0.35，只有近邻广东的广西的得分为 0.76；另外包含边疆民族区划的 3 个省份的平均得分则仅为 0.09，全部涉及边疆民族地区的省份的平均得分则为 0.26。实际上，东部地区最开始探索实施居住证制度都是在国家推动之前因经济社会发展的竞争而实施的政策创新①，而边疆民族地区绝大部分省份是由于国务院的直接推动而进行的落实性实施，政策创新能力的差序格局依然体现出来。2010 年 5 月国务院批转的发展改革委《关于 2010 年深化经济体制改革重点工作的意见》中提出要"逐步在全国范围内实行居住证制度"并随后开始在部分省份试点，2015 年国务院正式出台《居住证暂行条例》全面实施居住证制度，因此不少省份是在 2011 年前后甚至 2016 年前后才正式出台实施居住证的政策文件，但其创新性已经明显弱化，绝大部分边疆民族地区属于其中。

从以上已有相关研究结论、政府与社会创新奖的省份分布以及以居住证为例的省级政府创新能力得分的分析可以看出，我国不同区域地方政府间的治理与政策创新能力在客观上存在明显的差异：东部地区的创新能力最强，中西部地区较弱，尤其是边疆民族地区相对而言又处于最为落后的位置，整体上不同区域地方政府的政策创新能力

---

① 最早实施的省份全部是为在竞争中吸引人才而出台的文件，例如上海市 2002 年的《引进人才实行〈上海市居住证〉制度暂行规定》、北京市 2003 年的《关于实施北京市工作居住证制度的若干意见》、天津市 2004 年的《天津市引进人才居住证》、山东省 2003 年的《关于实施〈山东省外来人才聘用证〉和〈山东省人才居住证〉有关问题的通知》、浙江省 2004 年的《浙江省实行引进人才居住证制度暂行规定》、广东省 2003 年的《广东省引进人才实行〈广东省居住证〉暂行办法》；紧邻广东的民族地区广西壮族自治区在 2005 年出台《广西壮族自治区引进人才实行〈广西壮族自治区居住证〉制度暂行办法》。

"差序格局"存在，而这个"差序格局"的中心是东部地区，这种"差序格局"实际上反映了不同区域地方政府治理体系完善程度和治理能力强弱的差距。

第三节 边疆民族地区政策创新的制约瓶颈

我国不同区域地方政府之间的政策创新能力差异存在诸多原因，比如东部地区处于领先地位除了其经济社会条件相对优越外，在中央政府的政策试点安排中，东部地区承担了更多的政策试点和创新任务（杨宏山、李娉，2019）；此外，我国地方政府政策创新中存在"地区先进性假设"（刘晓亮等，2019），即东部地区在其政府治理过程中遇到更多先发展阶段的问题，因而需要率先进行政策创新并成为全国推广的经验。然而，这些因素都是外部原因，从根本上讲中央之所以更多地选择在东部地区进行政策试点和创新以及东部"地区先进性假设"的存在，是由于东部地区更具备政策创新的基础条件，而其他地区尤其是边疆民族地区之所以处于最为落后的位置，是因为更多受到政策创新瓶颈的制约。

一、政策创新的关键条件

无论是政策发明式的政策创新还是政策扩散式的政策创新，只要对某个政府而言是新的政策就是政策创新（Jack L. Walker，1969）。政策发明是指构建原创性政策的过程，政策扩散是指一项创新通过某种渠道随着时间流逝在一个社会系统的成员之间被沟通的过程。罗杰斯（Everett M. Rogers，2003）认为，任何形式的创新都需要经过认知、说服、决策、执行和确认阶段，其中认知和说服是指新思想观念的获得和认同，而决策、执行和确认则是指运用资源将新的思想付诸实施。思想和资源是贯穿创新的关键因素，政府创新也不例外，政策创新分为两个阶段：一是创新想法的引入，二是创新想法的具体实施（Fariborz Daman-pour & Marguerite Schneider，2009），因此行政人员在组织创新中的作用就是提出新的思想和寻找落实新项目的资源（Richard L. Daft，1976）。

政策创新首先需要新的政策思想。赫克罗（Hugh Heclo，1974）指出，政府不仅仅意味着权力，也意味着应该如何行动的集体迷惑，因为人类充满不确定性，政策制定就是要解决社会的集体困惑，政策制定者在决策阶段往往面临着认知性障碍（Mark Evans，2009）。因此任何新政策的制定都需要以关于所面临问题的知识和观念为前提，才能获得关于什么是创新、创新是怎么运作的以及创新为什么有效等基本认知（Everett M. Rogers，2003）。而只有获取了新的认知和思想，政策子系统中政策联盟由深层核心信念体系、政策核心信念体系和次要方面信念体系构成并且能够决定其政策行为的信念体系才会发生变化，从而政策变迁和改革才会产生（Paul A. Sabatier，1988）。为此，金登（John W. Kingdon，1997）认为，"政策之窗"的开启不仅需要问题流和政治流，同时必须具备由"政策原创"演化而来的政策流，政策制定是解决"智力难题"和走出"智力困境"的过程，因而"重要的是思想，而不是压力"。显然，如果缺乏新的政策思想和观念，政策创新活动就无法启动。

创新能否被采纳实施受资源状况限制。新的政策思想和建议发起之后，需经过采纳和执行以付诸实践才能完成政策创新的过程（Herbert A. Shepard，1967）。采纳和实施新的政策思想需要相应的政治、经济、技术等方面的条件，用于克服创新障碍的可用资源越多创新能力就越强（Lawrence B. Mohr，1969）。而对于相同国家内的不同地方政府，由于政治制度相同或相似，经济技术资源的可获取性就成为影响创新的众多因素中最重要的因素（Mary M. Crossan & Marina Apaydin，2010）。其中，经济财政资源是最常见的创新资源，经济越发达、财政越充裕的政府越容易采纳实施新的政策，我国的经验研究也显示"资金不足"成为制约地方政府政策创新的首要因素（陈雪莲、杨雪冬，2009）。同时，政府创新有服务创新、技术创新、管理创新和治理创新等多种类型（Wu Jinan et al.，2013），不同类型的创新对资源种类的需求重点也存在差异，例如对于公共服务类政策创新经济财政资源是重点，对于管理技术类政策创新信息技术资源是重点，而在有些情况下甚至还依赖于自然资源。

二、边疆民族地区政策创新的思想瓶颈

新的政策理念和思想是否丰富直接影响地方政府的政策创新能力，如金登（John W. Kingdon，1997）所言，政策议程的开启"重要的是思想，而不是压力"。但是在学术界还不存在直接测量某个地方的政策理念和思想的方法和结论，因此需要用间接的方法来观察。从我国地方政府公共政策决策过程来看，地方政府的政策决策很大程度上源于地方主要党政领导班子和研究机构，研究机构则主要是包括各级政府研究室或研究中心在内的官方和非官方的智库组织。因此地方主要党政领导自身的知识和能力情况更可能会影响新的政策理念和思想的产生。在此以东部地区和边疆民族地区县委书记的学历和进修情况进行对比分析，以从侧面反映边疆民族地区地方主要党政领导群体与东部地区的差距。本书对边疆民族地区和东部地区县委书记简历进行了全面调查，调查的方式是在政府网站或百度检索每位县委书记的官方公布的详细简历①，以获取其学历与进修培训的相关信息，其进修培训信息是指载入简历的正式进修培训，例如中央党校、省级党校脱产学习以及国外脱产学习等，而不是日常的短期会议培训。另外，这里县是指县区级行政区划，包括县、市辖区、县级市、自治县、（自治）旗等。调查的边疆民族地区包括5个西部边疆民族省份以及甘肃酒泉市、吉林白山市和延边朝鲜族自治州以及黑龙江丹东市4个本书界定的地市级边疆民族区划。东部地区因考虑到数量规模很大，就以山东、江苏、浙江、广东4省为代表，这也是东部地区经济社会发展程度的典型代表。同时，由于存在一些县委

---

① 调查时间是2018年12月的截面数据。

书记简历信息不全的问题，获得样本数量要少于实际各区域实际县级区划的数量。另外，边疆民族地区县委书记中剔除了从其他区域省份"对口支援"调任而来的部分官员，因为这部分县委书记本质上不属于边疆民族地区本地干部。

本书统计的东部地区与边疆民族地区县委书记学历构成如表 2 - 7 所示：从初始学历来看，东部地区本科以上学历占 54.5%，边疆民族地区占 42.4%，边疆民族地区低于东部地区 12.1 个百分点，而中专（高中）及以下的比例边疆民族地区则比东部地区高出 8.1%；从最后学历来看①，东部地区硕士研究生以上学历占 67.1%，边疆民族地区占 56.5%，边疆民族地区低于东部地区 10.6 个百分点，而大专（高职高专）及以下的比例边疆民族地区则比东部地区均高。

表 2 - 7　　　　东部地区与边疆民族地区县委书记学历构成

学历	地区	中专（高中）及以下	大专（高职高专）	本科	硕士	博士（博士后）
初始学历	东部地区（N = 383）	129（33.7%）	45（11.7%）	203（53%）	4（1.0%）	2（0.5%）
	边疆民族地区（N = 304）	127（41.8%）	48（15.8%）	118（38.8%）	10（3.3%）	1（0.3%）
最后学历	东部地区（N = 386）	1（0.3%）	9（2.3%）	117（30.3%）	235（60.9%）	24（6.2%）
	边疆民族地区（N = 363）	7（1.9%）	15（4.1%）	136（37.5%）	193（53.2%）	12（3.3%）

注：由于县委书记简历并不存在全国统一格式和写法，在不同方面存在信息缺失，因此分析结果中不同项目上的样本量 N 存在一定差异。

从参加正式进修学习的统计看（见表 2 - 8），东部地区县委书记参

––––––––––

① 只有一个学历的该学历同时视为初始学历和最后学历。

加过进修学习的占88.3%；边疆民族地区县委书记参加过进修培训的只有47.1%。

表2-8 东部地区与边疆民族地区县委书记参加进修学习情况

地区	参加过	未参加
东部地区（N＝281）	248 （88.3%）	33 （11.7%）
边疆民族地区（N＝272）	128 （47.1%）	144 （52.9%）

尽管学历与学习情况并不能完全反映县委书记的政策创新思想的水平和能力，但不可否认，学历与学习情况能够影响县委书记的知识结构尤其是接纳新知识和新思想的能力，因此边疆民族地区县委书记的学历学习情况与东部地区的差距，能够在一定程度上体现出边疆民族地区政策创新思想的"瓶颈"。

为政府培养具有新思想的人才，在我国主要是在高等院校。从我国大学的数量、质量的区域分布看，存在不均衡态势，其中边疆民族地区的数量和质量均明显偏低（见表2-9）。

表2-9 边疆民族地区与东部地区高校数量统计

省份	区域	本科高校数量	"211高校"数量	"985高校"数量	一流高校数量	一流学科高校数量
北京	东部地区	67	26	8	8	26
天津	东部地区	30	3	2	2	3
河北	东部地区	61	2	0	0	1
山东	东部地区	67	3	2	2	1
江苏	东部地区	77	11	2	2	13
浙江	东部地区	60	1	1	1	2
上海	东部地区	39	10	4	4	10

续表

省份	区域	本科高校数量	"211 高校"数量	"985 高校"数量	一流高校数量	一流学科高校数量
福建	东部地区	37	2	1	1	1
广东	东部地区	64	4	2	2	3
海南	东部地区	7	1	0	0	1
东部地区省份平均数量		50.9	6.3	2.2	2.2	6.1
甘肃	含边疆民族区划的省份	22	1	1	1	0
吉林	含边疆民族区划的省份	37	3	1	1	2
辽宁	含边疆民族区划的省份	64	4	2	2	2
含边疆民族区划的省份平均数量		41.0	2.7	1.3	1.3	1.3
广西	西部边疆民族地区	36	1	0	0	1
云南	西部边疆民族地区	32	1	0	1	0
西藏	西部边疆民族地区	4	1	0	0	1
新疆	西部边疆民族地区	18	2	0	1	1
内蒙古	西部边疆民族地区	17	1	0	0	1
西部边疆民族地区省份平均数量		21.4	1.2	0	0.4	0.8

资料来源：依据教育部公布的数据计算。其中"211 高校"数量包括"985 高校"数量，"双一流"高校为2017年9月教育部、财政部、国家发展和改革委发布的《关于公布世界一流大学和一流学科建设高校及建设学科名单的通知》中列入的高校，一流学科高校数量不包括一流高校数量。

与高校相比，能直接影响政府政策尤其是提供新的政策思想的是智库机构。我国的智库在很长时间里以官方智库诸如政策研究室和政府发展研究中心为主，民间智库的数量很少。自党的十八届三中全会提出"建设中国特色新型智库"和中共中央办公厅、国务院办公厅印发的《关于加强中国特色新型智库建设的意见》以来，我国智库的数量和结构都在不断提升和优化。但整体上看，我国智库的数量和质量分布很不均衡。

基于"中国智库索引"①（Chinese Think Tank Index，CTTI）中检索的各省份智库数量分布如表 2 – 10 所示。据 2020 年 12 月统计，东部 10 省份共有智库 542 个，占全国 836 个的 64.8%，其中，北京 218 个、上海 85 个、江苏 57 个、广东 50 个，在全国处于前列；5 个西部边疆民族省份共有智库仅 32 个，占全国 3.8%，仅有云南省超过 10 个，其他 4 个省份均在 6 个（含）以下；甘肃、吉林、辽宁 3 个包含边疆民族区划的省份共有 47 个，占全国 5.6%。从数量可以看出，边疆民族地区智库数量远低于东部地区省份。在影响力方面，由上海社会科学院智库研究中心发布的《中国智库报告 2018》显示，中国智库综合影响力排名前 50 的智库全部集中在东部地区②。边疆民族地区智库数量和质量的显著匮乏，会直接制约政策思想的供给。

表 2 – 10　　　　　　　　2020 年 12 月各省份智库数量分布

地区	省份	数量
东部地区	北京	218
	天津	47
	河北	18
	上海	85
	江苏	57
	浙江	29
	福建	10
	山东	19
	广东	50
	海南	9

---

① "中国智库索引"由江苏省委宣传部与南京大学共建的"南京大学中国智库研究与评价中心"打造开发，https：//ctti. nju. edu. cn/CTTI/index. do。

② 具体智库排名参见中国社会科学院网，http：//www. cssn. cn/xspj/pjcg/201907/t20190722_4937135_3. shtml。

地区	省份	数量
东北地区	黑龙江	14
	辽宁（含1个地级边疆民族区划）	14
	吉林（含2个地级边疆民族区划）	18
中部地区	安徽	10
	湖北	37
	河南	5
	湖南	45
	江西	17
	山西	3
西部地区	陕西	34
	四川	16
	重庆	23
	贵州	4
	宁夏	4
	甘肃（含1个地级边疆民族区划）	15
	青海	3
	内蒙古（西部边疆民族省份）	6
	云南（西部边疆民族省份）	16
	广西（西部边疆民族省份）	5
	西藏（西部边疆民族省份）	3
	新疆（西部边疆民族省份）	2

三、边疆民族地区政策创新的资源瓶颈

实施新的政策思想需要相应的政治、经济、技术等方面的条件，用于克服创新障碍的可用资源越多创新能力就越强（Lawrence B. Mohr，1969）。尽管边疆民族地区存在某些领域的独特资源，比如自然资源和

历史文化资源，但其最重要的经济、技术资源在不同区域当中是最为短缺的。

　　经济与财政资源是研究者普遍关注的关键的资源，大部分的研究表明经济和财政能力越强越可能采纳实施新的政策（Virginia Gray，1974），因为绝大部分创新政策的实施都需要政府直接支出费用。虽然相对于东部地区，边疆民族地区的人口少，从理论上讲在各项公共政策中政府承担的人均费用支出压力要小，但实际正是由于边疆民族地区地广人稀，再加上硬软件基础都很薄弱，实施新的公共政策需要的财政投入反而更大，边疆民族地区的现实财政能力就成为制约。以西部 5 个边疆民族省份与东部地区的河北、山东、江苏、浙江、广东、福建 6 个省份的比较为例（见图 2－1），2000～2019 年，东部地区的河北、山东、

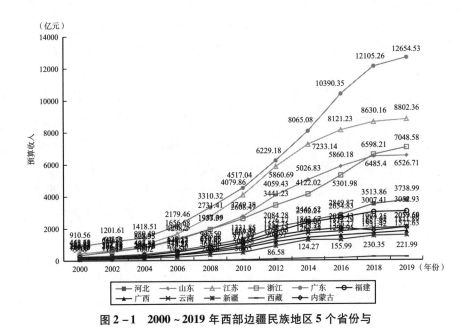

图 2－1　2000～2019 年西部边疆民族地区 5 个省份与东部地区 6 个省份财政收入

　　资料来源：根据国家统计局网站"中国统计年鉴"栏目历年"财政"项目数据整理。网址：http：//www. stats. gov. cn/tjsj/ndsj/。

江苏、浙江、广东、福建6个省份①的财政收入整体上始终显著高于5个西部边疆民族省份，而且东部6个省份的财政收入增长速度明显高于5个西部边疆民族省份，由此两者之间的差距越来越大，东部地区6个省份除河北、福建省外，其他4个省份都是远远高于5个西部边疆民族省份。2000年的时候，东部6个省份的平均财政收入为441.37亿元，而西部边疆民族5个省份平均为101.47亿元，相差3.3倍；到2019年，东部6个省份的平均财政收入为6970.68亿元，而西部边疆民族5个省份平均则为1548.96亿元，相差3.5倍，其中广东为12654.53亿元，西藏仅为221.99亿元。

政策创新除需要必不可少的财政资源外，技术也是常见的重要资源。如果以发明专利来衡量不同地区的技术力量，可以发现边疆民族地区的技术力量远不如其他区域尤其是东部发达地区。图2-2显示了西部边疆民族5个省份与东部6个省份2000年至2019年间获得授权的发明专利数量差异：东部6个省份除河北外，其他5个省份均高于西部边疆民族省份，而且除福建省外其他4个省份均是显著高于所有西部边疆民族省份；2000年东部地区的河北、山东、江苏、浙江、广东、福建获得的发明专利分别为221项、363项、341项、184项、261项、93项，而西部边疆民族省份的广西、云南、西藏、新疆、内蒙古分别为99项、140项、66项、6项和60项；到2019年东部地区的河北、山东、江苏、浙江、广东、福建获得的发明专利分别为5310项、20652项、39681项、33964项、59742项、8963项，而西部边疆民族省份的广西、云南、西藏、新疆、内蒙古分别为3413项、2174项、856项、79项和911项，即使数量最多的广西也未达到东部6个省份中最少的省份数量，且西藏、新疆、内蒙古3个省份则均未超过1000项。

---

① 考虑到北京、天津、上海3个直辖市及海南省的特殊性，此处不纳入比较。

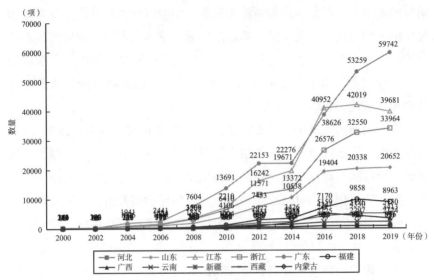

图 2 – 2　2000～2019 年西部边疆民族地区 5 个省份与

东部地区 6 个省份发明专利数量

资料来源：根据国家统计局网站"中国统计年鉴"栏目历年"专利"项目数据整理。网址：http://www.stats.gov.cn/tjsj/ndsj/。

本 章 小 结

　　政府改革与创新既是国家治理能力现代化的必经途径，也是衡量国家治理能力现代化的重要标志。如果将国家具体化为政府体系，政府治理能力就是国家治理能力的现实体现。第二次世界大战以后，国外尤其是西方主要国家都将以政策创新为核心的政府创新作为提升治理能力的重要方式，为此美国、加拿大、英国等国家以及联合国等国际组织均设立旨在激励和推广政府与政策创新的机构、奖项及专门的政策创新实验室。受国外政府创新奖的影响和启发，国内学术界也尝试设立政府与政策创新奖励项目，旨在挖掘我国政府创新的案例，总结与推广创新经验新的治理模式。

　　但是我国不同区域地方政府间的治理与政策创新能力在客观上存在

明显的差异：东部地区的创新能力最强，中西部地区较弱，尤其是边疆民族地区相对而言又处于最为落后的位置，整体上不同区域地方政府的政策创新能力存在"差序格局"，而这个"差序格局"的中心是东部地区。这种"差序格局"实际上反映了不同区域地方政府治理体系完善程度和治理能力强弱的差距。

政策创新的关键条件是要有新的政策思想和实施政策创新的资源。我国边疆民族地区政府的政策创新能力处于相对落后的位置，是因为边疆民族地区相对而言最缺乏新的政策思想，也最缺乏实施政策创新的资源。新政策思想的相对缺乏受到地方党政领导学历差距、高校及智库的数量和质量差距等影响，而实施资源缺乏则表现在财政资源、技术资源等方面。

鉴于边疆民族地区政府自身政策创新能力相对不足，我国东部地区政策创新向边疆民族地区扩散不仅仅是为了推广创新政策在全国的实施，根本的目的是促进边疆民族地区完善治理体系和提高治理能力，整体上推进国家治理体系和治理能力的现代化。因此，促进东部地区政策创新向边疆民族地区扩散具有重要的国家治理意义。

第三章

东部地区政策创新向边疆民族
地区扩散的基本特征

本章的内容是分析东部地区政策创新向边疆民族地区扩散的基本特征。由于政策创新的具体领域和案例及扩散形态不可穷尽，本书依据政策创新及扩散的性质类型划分，基于东部地区政策创新向边疆民族地区扩散的代表性案例进行分析。将政策创新扩散分为强制性扩散和非强制性扩散，分别以代表性扩散案例分析其基本特征，其中在分析非强制性扩散时进一步区分不同类型的政策创新向边疆民族地区扩散的特点，并同时对东部地区政策创新向全国大规模自由的扩散情形进行区域间的比较分析，以更充分地刻画东部地区政策创新向边疆民族地区大规模非强制性扩散的特征。

第一节　东部地区政策创新向边疆民族地区
强制性扩散的基本特征

道洛维兹和马什（David Dolowitz & David Marsh，1996）依据外部力量的介入程度将政策扩散分为自愿扩散和强制扩散两种基本类型。在自愿扩散中，政治决策者可以自由选择政策选项；在强制扩散中，一个政府或超国家机构会迫使或强推某个政府采取特定政策。自愿扩散和强制扩散均存在不同的具体类型和方式。洛斯（Richard Rose，1991）认为自愿扩散的经典模式是"教训汲取"，即政策制定者出于对现状的不满而主动向其他地区或同行搜寻并采纳更好的政策方案，其具体形式包括5种：（1）照抄，直接采用其他地区的政策实践细节作为模板；（2）模仿，选择一个能为自身的政策设计提供最佳标准的其他地区的政策实践项目作为参考并考虑不同环境因素的影响；（3）混杂，将两个不同地方的政策实践项目直接拼接起来；（4）综合，将3个或以上不同地方的政策项目中相似的要素综合起来以构成一个不同的政策项目；（5）启发，基于其他地区政策项目的灵感刺激而设计出新颖的政策方案。对于强制扩散，道洛维兹和马什（David Dolowitz & David Marsh，1996）则将其划分为直接强制扩散和间接强制扩散两种：直接强制扩散即一个政府强制另外一个政府采纳一项政策；间接强制扩散即外部的潜在力量或功能性交互影响因素迫使一个政府采纳某项政策，这些因素包括政府间的合作、科学技术的发展、世界经济一体化以及国际性共识等。需要注意的是，研究者认为依据外部力量介入程度划分的自愿扩散和强制扩散的两种基本方式，在实践中则是从完全自愿的教训汲取到直接强制扩散是一个连续谱（陈芳，2013）。

　　鉴于类型分析的可操作性，本书不对自愿性扩散到强制性扩散作连续谱划分，而是采用"自愿—强制"的二分法加以区分。对于源于东部地区的政策创新，凡是有中央政府（或上级政府）明确文件要求执行和落实的扩散均视为强制性扩散。同时，鉴于我国中央政府（或上级政府）的文件在要求上的刚性程度差异，强制性扩散还可以分为"硬强制性扩散"和"软强制性扩散"两种类型。"硬强制性扩散"是指中央政府（或上级政府）在文件中对于下级政府的采纳实施提出了明确的时限要求和详细的政策框架，并且有鲜明的"政治任务"特征；"软强制性扩散"是指中央政府（或上级政府）在文件中对于下级政府的采纳实施没有提出明确的时限要求，只是要求下级政府"尽快""抓紧""及时"落实，同时往往在政策框架上还赋予下级政府一定程度的自主空间。

一、东部地区政策创新向边疆民族地区"硬强制性扩散"的基本特征

"硬强制性扩散"是指在东部地区首先进行政策创新后，由中央政府吸纳为全国性政策并要求全国各地在规定的时间内必须采纳实施的过程。"河长制"的扩散是"硬强制性扩散"的典型代表。"河长制"是指各级党政领导直接负责担任"河长"，由水利、环保、农业、林业、国土、交通、科技、建设、财政、公安、司法、监察等相关部门联动并设置专门机构，以保护水资源、防治水污染、改善水环境和修复水生态为主要任务的体制机制（吴文庆，2019）。"河长制"的目的是解决我国河湖治理中长期存在的"九龙治水"且水资源环境不断恶化的问题。"河长制"的雏形最开始源于浙江省湖州市长兴县 2003 年城区河流党政领导责任制的探索实践，之后成型于 2007 年前后江苏无锡对太湖流域污染的治理。2007 年太湖因企业工厂排污和农业生产污染暴发蓝藻导致无锡市的供水危机，江苏省政府在分管领导的推动下决定强力治理太湖污染问题，无锡市委市政府要求各县市区党政主要领导担任"河长"，并将辖区各河流断面水质监测结果纳入县市区主要党政领导考核指标体系。无锡市尝试的"河长制"取得了明显的太湖治理效果。2008 年江苏省政府决定在所辖的整个太湖流域推广无锡市的"河长制"①。2012 年 9 月江苏省政府办公厅印发《关于加强全省河道管理"河长制"工作的意见》，向全省推广实施"河长制"，成为全国首个全面实施"河长制"的省份；2013 年 1 月天津市政府批转市水务局《关于实行河道水生态环境管理地方行政领导负责制的意见》，全市推广实施"河长制"；同年 11 月浙江省政府印发《关于全面实施"河长制"进一步加强水环境治理工作的意见》，全省推广实施"河长制"，随后福建、海南、江西等省也学习借鉴江苏、浙江等地的经验，全面在省域

---

① 参见《江苏省政府办公厅印发〈关于在太湖主要入湖河流实行双河长制〉的通知》。

范围内实施"河长制"。

鉴于江苏、浙江等地"河长制"的效果作用，中央政府决定将其上升为国家政策全国推广实施。2014 年 9 ~ 12 月，水利部在北京、天津、河北、山东、上海、江苏、浙江、福建、广东 9 个东部省份，安徽、江西、湖北、湖南、河南、山西 6 个中部省份，吉林、辽宁 2 个东北省份，重庆、四川、广西 3 个西部省份的 46 个市县（区）进行河湖管护体制机制创新试点工作。试点选择范围以东部和中部为主，是因为东部和中部地区诸多省份在水利部选择试点之前都有不同程度的局部范围探索实践。在总结试点经验的基础上，2016 年 11 月 12 日，经中央全面深化改革领导小组第 28 次会议审议通过，中共中央办公厅、国务院办公厅印发了《关于全面推行河长制的意见》。中央文件尽管在形式上是"意见"，但却属于"硬强制性扩散"部署：首先是文件由中央全面深化改革领导小组审议通过，目的是落实最高领导人有关环境治理的要求，具有明显的高规格政治性；其次是文件由中共中央办公厅和国务院办公厅联合印发，是非常严肃和权威的发文行为；再次是文件对于各地的执行和落实提出了明确的时限要求，即"抓紧制定出台工作方案，明确工作进度安排，到 2018 年年底前全面建立河长制"。随后"河长制"迅速在全国普遍推广实施，其扩散基本情况见表 3 - 1。

从表 3 - 1 及各省份相应文件的具体内容可以看出，东部地区政策创新向边疆民族地区的"硬强制性扩散"具有两个方面的显著特征：

第一，在扩散时序上整体迅速但相对迟缓。中央 2016 年 11 月出台文件要求各省份出台政策方案在 2018 年之前完成"河长制"的实施，边疆民族地区及包含边疆民族区划的省份全部在 2017 年 7 月 3 日之前完成文件出台，距离中央文件出台不超过 8 个月时间，且全部在中央要求的时间之前完成，对于涉及体制机制创新的政策创新采纳实施，整体上是迅速的。但是从不同区域的比较来看，边疆民族地区相对于其他地区又呈现出显著的相对迟缓的特征。在东部 10 个省份中，有 7 个省份

表 3 - 1 各省份扩散实施"河长制"基本情况

省份	区域	试点省份	文件名称	出台日期	首次全省域实施顺次	是否早于中央实施方案
北京	东部地区	是	北京市实施河湖生态环境管理"河长制"工作方案的通知（北京市人民政府市政府办公厅关于印发）	2016 年 6 月 3 日	8	是
			北京市进一步全面推进河长制工作方案（市委办公厅、市政府办公厅印发）	2017 年 7 月 19 日		
天津	东部地区	是	关于实行河道水生态环境管理地方行政领导负责制的意见（天津市人民政府转发）	2013 年 1 月 15 日	2	是
			天津市关于全面推行河长制的实施意见（天津市委办公厅、政府办公厅转发）	2017 年 5 月 11 日		
河北	东部地区	是	河北省实行河长制工作方案（河北省委办公厅、政府办公厅印发）	2017 年 3 月 1 日	15	否
山东	东部地区	是	山东省全面实行河长制工作方案（省委办公厅、省政府办公厅印发）	2017 年 3 月 31 日	19	否
江苏	东部地区	是	关于加强全省河道管理"河长制"工作的意见（省政府办公厅）	2012 年 9 月 11 日	1	是
			关于在江苏全省全面推行河长制的实施意见（江苏省委办公厅、政府办公厅印发）	2017 年 3 月 2 日		

续表

省份	区域	试点省份	文件名称	出台日期	首次全省域实施顺次	是否早于中央实施方案
浙江	东部地区	是	关于全面实施"河长制"进一步加强水环境治理工作的意见	2013 年 11 月 5 日		是
			浙江省全面深化河长制工作方案（2017～2020 年）（浙江省委办公厅、政府办公厅印发）	2017 年 6 月 22 日	3	
			浙江省河长制规定（2017 年 7 月 28 日浙江省第十二届人民代表大会常务委员会第四十三次会议通过）	2017 年 7 月 28 日		
上海	东部地区	是	关于上海本市全面推行河长制的实施方案（上海市委办公厅、政府办公厅印发）	2017 年 1 月 20 日	9	否
福建	东部地区	是	福建省"河长制"实施方案（福建省人民政府办公厅）	2014 年 8 月 26 日	4	是
			福建省全面推行河长制实施方案（福建省委办公厅、政府办公厅印发）	2017 年 2 月 27 日		
广东	东部地区	是	南粤水更清行动计划（2013～2020 年）（广东省环境保护厅印发）	2013 年 2 月 18 日	7	是
			关于印发《广东省山区五市中小河流试行"河长制"的指导意见》的通知（广东省山区五市中小河流治理工作领导小组办公室印发）	2016 年 1 月 29 日		
			广东省全面推行河长制工作方案（广东省委办公厅、政府办公厅印发）	2017 年 5 月 9 日		

续表

省份	区域	试点省份	文件名称	出台日期	首次全省域实施顺次	是否早于中央实施方案
海南	东部地区	否	海南省城镇内河（湖）水污染治理三年行动方案（海南省政府印发）	2015年9月17日	5	是
			海南省城镇内河（湖）"河长制"实施办法（省水务厅印发）	2016年8月17日		
			海南省全面推行河长制工作方案（海南省委办公厅、政府办公厅印发）	2017年3月30日		
安徽	中部地区	是	安徽省全面推行河长制工作方案（安徽省委办公厅、政府办公厅印发）	2017年3月6日	16	否
江西	中部地区	是	江西省实施"河长制"工作方案（江西省委、省政府办公厅）	2015年11月1日	6	是
			江西省全面推行河长制工作方案（修订）（江西省委办公厅、省政府办公厅印发）	2017年5月4日		
湖南	中部地区	是	湖南省关于全面推行河长制的实施意见（湖南省委办公厅、政府办公厅印发）	2017年2月17日	13	否
湖北	中部地区	是	湖北省关于全面推行河湖长制的实施意见（湖北省委办公厅、政府办公厅印发）	2017年1月21日	10	否

续表

省份	区域	试点省份	文件名称	出台日期	首次全省域实施顺次	是否早于中央实施方案
河南	中部地区	是	河南省全面推行河长制工作方案（河南省委办公厅、政府办公厅印发）	2017年5月19日	25	否
山西	中部地区	是	山西省全面推行河长制实施方案（山西省委办公厅、政府办公厅印发）	2017年4月14日	21	否
黑龙江	东北地区	否	黑龙江省实施河长制工作方案（试行）（黑龙江省委办公厅、政府办公厅印发）	2017年6月30日	29	否
吉林省	东北地区（含边疆民族区划）	是	吉林省全面推行河长制实施工作方案（吉林省委办公厅、政府办公厅印发）	2017年5月2日	24	否
辽宁	东北地区（含边疆民族区划）	是	辽宁省实施河长制工作方案（辽宁省政府办公厅印发）	2017年2月11日	12	否
四川	西部地区	是	四川省贯彻落实《关于全面推行河长制的意见》实施方案（四川省政府印发）	2017年2月22日	14	否
			四川省全面落实河长制工作方案（四川省委办公厅、政府办公厅印发）	2017年5月5日		

续表

省份	区域	试点省份	文件名称	出台日期	首次全省域实施顺次	是否早于中央实施方案
重庆	西部地区	是	重庆市全面推行河长制工作方案（重庆市委办公厅、政府办公厅印发）	2017年3月16日	17	否
陕西	西部地区	否	陕西省关于全面推行河长制的实施方案（陕西省委办公厅、政府办公厅印发）	2017年2月7日	11	否
贵州	西部地区	否	贵州省全面推行河长制总体工作方案（贵州省委办公厅、政府办公厅印发）	2017年3月30日	18	否
青海	西部地区	否	青海省全面推行河长制工作方案（青海省委办公厅、政府办公厅印发）	2017年5月27日	27	否
宁夏	西部地区	否	宁夏回族自治区全面推行河长制工作方案（宁夏回族自治区党委办公厅、政府办公厅印发）	2017年4月19日	22	否
甘肃	西部地区（含边疆民族区划）	否	甘肃省全面推行河长制工作方案（甘肃省委办公厅、政府办公厅印发）	2017年7月3日	30（并列）	否
广西	西部边疆民族省份	是	广西壮族自治区全面推行河长制工作方案（广西壮族自治区党委办公厅、政府办公厅印发）	2017年5月30日	28	否
云南	西部边疆民族省份	否	云南省全面推行河长制的实施意见（云南省委办公厅、政府办公厅印发）	2017年4月27日	23	否

续表

省份	区域	试点省份	文件名称	出台日期	首次全省域实施顺次	是否早于中央实施方案
西藏	西部边疆民族省份	否	西藏自治区全面推行河长制工作方案（西藏自治区党委办公厅、政府办公厅印发）	2017年4月1日	20	否
新疆	西部边疆民族省份	否	新疆维吾尔自治区全面实施河长制工作方案（新疆维吾尔自治区党委办公厅、自治区政府办公厅印发）	2017年7月3日	30（并列）	否
内蒙古	西部边疆民族省份	否	内蒙古自治区全面推行河长制工作方案（内蒙古自治区党委办公厅、政府办公厅印发）	2017年5月24日	26	否

注：（1）各省份中以出台面向全省域的文件作为该省全面实施"河长制"的时间节点，在此之前省域内局部性的市县范围的自主向上级安排的试点探索的时间不作为该省份全面采纳实施的时间。比如广东省环境保护厅2013年2月18日印发《南粤水更清行动计划（2013～2020年）》在珠三角地区实施"河长制"，此时属于局部性采纳实施，而在2016年1月29日由广东省山区五市中小河流治理工作领导小组办公室印发的《广东省山区五市中小河流域试行"河长制"的指导意见》，则在以粤北为主的其他剩余市县也实施了"河长制"，因而此文件标志广东全省域范围内全面采纳实施"河长制"；（2）尽管绝大部分省份出台的文件中均有明显的实施"河长制"的字词，但也有个别省份的文件并不是直接以"河长制"命名，但文件内容实际上是采纳实施"河长制"，比如海南省政府2015年9月17日印发的《城镇内河（湖）水污染治理三年行动方案》，出现这种情况以该省首次全面实施该文件作为省采纳全省域实施"河长制"的时间；（3）部分省份出现先后多次出台实施"河长制"的文件，具体检索或水利厅网站"河长制"专题中的文件时间。

资料来源：（1）中华人民共和国水利部网站"河长制"专题中汇总的各省区实施"河长制"文件，具体检索网址为http://www.mwr.gov.cn/ztpd/gzzt/hzz/gzjx/gzfa/；（2）各省级政府网站文件检索或水利厅网站"河长制"专题中的文件汇编。

已经早于中央要求实施了"河长制",而上海尽管不是早于中央要求实施"河长制",但很快在2017年1月20日就出台了文件,是剩下24个省份中在中央文件颁布后第1个实施的省份,东部地区只有山东、河北稍微迟缓,在2017年3月出台文件。在中部省份中,江西于2015年早于中央要求就全面实施了"河长制",而湖北则是紧随上海之后第二个按中央要求出台文件的省份,湖南、安徽、山西分别在2017年2月、3月、4月出台文件,河南于2017年5月出台文件。在东北省份中,辽宁、吉林、黑龙江分别在2017年2月、5月、6月出台文件实施。在西部非边疆民族地区省份中,陕西、重庆和四川、贵州在2017年2~3月完成文件出台,只有宁夏和青海是在2017年4月和5月完成;而在西部边疆民族地区省份及包含边疆民族区划的省份中,最早出台的是西藏,也是于2017年4月才出台,其他省份集中在5月和7月,其中边疆民族省份新疆和包含边疆民族地区的省份甘肃为全国最后两个出台文件的省份,直到2017年7月3日才出台。显然,所有边疆民族地区省份及包含边疆民族区划的省份除东北的辽宁是在2017年2月出台文件外,其他所有省份的扩散实施均相对迟缓,在2017年4月才开始逐渐出台。之所以在2017年4月才开始出台实施文件,很重要的原因是2017年3月由水利部牵头进行了第一次全面推行"河长制"工作督导检查,再次督促了以边疆民族地区为主的未出台文件的省份按照要求出台实施文件。

第二,在扩散内容上直接复制多再创新少。从各省份出台的实施"河长制"的方案来看,边疆民族地区省份的方案内容相对于其他省份而言是以直接复制中央文件的基本框架为主,进行再创新的成分很少。东部地区省份尤其是先于中央文件要求就全面实施"河长制"的省份,在中央全面推行"河长制"后,都在不同程度上进行了结合本地实际的再创新活动,呈现出一些政策允许范围内的细微的差别和特色。比如最开始探索实施"河长制"的浙江省,在2017年6月出台《浙江省全面深化河长制工作方案(2017—2020年)》,由于之前有长时间的经验和比较好的实践经验积累,因此是"全面深化",而不是"全面实施",

随后 7 月 28 日浙江省第十二届人民代表大会常务委员会第四十三次会议通过了《浙江省河长制规定》，出台了全国首个"河长制"地方性法规。中部地区省份在研制方案时也进行了广泛的试点探索。比如湖北省除水利部列入的国家级试点地外，该省水利厅还主动自行在国家级试点地之外进行了专门的省级试点①。这些试点为结合本地情况因地制宜地创新性地落实中央政策要求奠定了基础。而在边疆民族地区的省份中，在制定文件前进行充分试点探索的极少，只有云南和广西两个省份。云南省是所有边疆民族地区省份中最早探索实施"河长制"的省份，2008 年的时候昆明为了治理滇池污染实施了"河长制"②。但昆明的"河长制"实施具有很大的人为因素而非制度性探索：在江苏太湖流域探索实施"河长制"的江苏省副省长仇某 2007 年 12 月调任云南省委副书记、昆明市委书记，仇某将其在江苏的实践经验带到了昆明③。广西在中央出台文件之前在桂林市永福县进行了试点，是因为永福县被列入水利部 2014 年首批试点市县，广西也成为唯一一个进行事先试点的西部边疆民族地区省份，但其试点的效果有限。由于普遍缺乏深入的试点和探索研究作为基础，因此边疆民族地区省份在扩散实施"河长制"过程中鲜见再创新的成分。

东部地区政策创新向边疆民族地区"硬强制性扩散"的基本特征在最近的疫情防控"健康码"的政策扩散中也得到验证。2019 年 12 月尤其是 2020 年 1 月以来，中国暴发了"新冠肺炎"④ 疫情，到 2020 年 1 月底全国感染人数已超过 1 万人。为了控制疫情扩散，2020 年 1 月 23

---

① 参见湖北省水利厅发布的《省水利厅关于明确第一批省级"河长制"试点单位的通知》《关于进一步推进省级"河长制"试点工作的通知》。

② 昆明市滇池管理局：《云南"河（湖）长制"十年实践 另辟中国绿色发展蹊径》，昆明市滇池管理局网站：http://dgj. km. gov. cn/c/2018 - 07 - 09/2689717. shtml，2017 年 7 月 9 日。

③ 2015 年 7 月 31 日，中共中央纪委对第十八届中央候补委员、云南省委原副书记仇某严重违纪问题进行了立案审查；2016 年 12 月 15 日，贵州省贵阳市中级人民法院公开宣判云南省委原副书记仇某受贿案，对被告人仇某以受贿罪判处有期徒刑十四年六个月，并处没收个人财产人民币二百万元，对仇某受贿所得财物及其孳息予以追缴。

④ "新冠肺炎"全称为"新型冠状病毒感染导致的肺炎"，或者"新型冠状病毒肺炎"（Corona Virus Disease 2019，COVID - 19），世界卫生组织命名为"2019 冠状病毒病"。

日武汉实行"封城"，关闭武汉进出口通道；2020 年 1 月 24 日，湖北省启动重大突发公共卫生事件一级响应；2020 年 1 月 25 日，党中央成立应对疫情工作领导小组；到 2020 年 1 月 29 日，31 个省份都启动了重大突发公共卫生事件以及响应，并以村和社区为单位实行最严格的"封闭"管理，防止人员流动导致病毒传播扩散。随着封闭式管理的延长和防控效果的显现，各地复工复产问题提上日程。2020 年 2 月 3 日，习近平总书记指出要在抓好疫情防控的同时推动复工复产[①]。但在全国严格封闭式管理下，如何解决复工复产中的有序人员流动是需要解决的问题，既要允许健康人员流动复工复产，又要防止感染或疑似感染人群流动导致病毒传播扩散。为此 2020 年 2 月 12 日中央政治局会议提出"突出重点、统筹兼顾、分类指导、分区施策"的方针[②]。为了使中央的政策方针更好地落实实施，2020 年 2 月 11 日浙江省杭州市在支付宝上首创了"健康码"管理模式，根据市民和外地返杭人员的不同健康状况信息分别发放"绿""黄""红"3 种颜色的"健康码"，且对持有不同颜色"健康码"的个人实行不同的流动管理措施[③]。随后，浙江省实行"一图一码一指数"防控措施："一图"是指以县区为单位根据其疫情严重程度划分为高风险、较高风险、中风险、较低风险、低风险 5 个等级并从红色到绿色标注不同颜色的"五色图"；"一码"是指市民及返杭人员申领的"健康码"，个人申领的"健康码"的颜色除与个人健康信息相关外，与其所在或来自县区的风险等级也相关；"一指数"是指

---

① 新华社：《中共中央政治局常务委员会召开会议 研究加强新型冠状病毒感染的肺炎疫情防控工作 中共中央总书记习近平主持会议》，中央政府网：http://www.gov.cn/xinwen/2020 - 02/03/content_5474309.htm，2020 年 2 月 3 日。

② 潘子获：《最吃劲的关键阶段，习近平@各级党委、政府》，中共中央党校，http://www.ccps.gov.cn/zl/yqzjz/202002/t20200214_138021.shtml，2020 年 2 月 14 日。

③ 杭州健康码实施"绿码、红码、黄码"3 色动态管理：即显示绿码者，市内亮码通行，进出杭州扫码通行；显示红码者，要实施 14 天的集中或居家隔离，在连续申报健康打卡 14 天正常后，将转为绿码；显示黄码者，要进行 7 天以内的集中或居家隔离，在连续申报健康打卡不超过 7 天正常后，将转为绿码。杭州市疫情防控工作领导小组办公室：《杭州"健康码"今日上线》，杭州市卫生健康委网站：http://wsjkw.hangzhou.gov.cn/art/2020/2/11/art_1665341_41906152.html，2020 年 2 月 11 日。

利用大数据信息依据"图"和"码"设置管控力指数和畅通度指数①。浙江省的"健康码"及相关创新方法为解决"分级分类防控"和复工复产中的人员流动管理问题提供了很好的方案，逐渐在其他地方被推广②。随后中央政府吸纳借鉴了浙江省的创新经验并要求全国实施：首先是 2 月 17 日国务院联防联控机制出台文件要求各地以县域为单位分级防控、逐步恢复生产生活秩序③。尽管国务院的文件此时并没有直接提出采用"健康码"，但除"健康码"外再没有更好的能落实"分级分类防控"的技术手段和流动人员管理模式，因此实际上是要求各地采用"健康码"；而 2 月 29 日国家政务服务平台正式推行"防疫健康信息码"，简称"国家健康码"，直接示范推广使用"健康码"；到 3 月 23 日西藏上线健康码为标志，除港澳台外全国 31 个省份全部采纳实施"健康码"。

各省份采纳实施"健康码"管理方式在 2 月 17 日之前属于自主性采纳，但 2 月 17 日之后尤其是国家政务平台推出"国家健康码"后则属于强制性扩散，并且属于"硬强制性扩散"。虽然国务院 2 月 17 日的文件是"意见"性质，但落实分级分类防控和恢复生产生活秩序是习近平总书记和党中央做出的重大决策部署，要求各地党委和政府以高度的政治责任予以落实，是全党全国的中心工作，因此在本质上属于"硬强制性扩散"。各省份采纳实施"健康码"的时间顺序如表 3-2 所示：

---

① 沈轩：《科学防治、精准施策就要加快构建以"一图一码一指数"为中心的精密智控机制，打赢防控阻击战发展总体战》，新华网：http：//www. zj. xinhuanet. com/2020 - 02/16/c_1125581325. htm，2020 年 2 月 16 日。

② 章卉：《杭州健康码全国推广》，人民网：http：//scitech. people. com. cn/n1/2020/0217/c1007 - 31591172. html，2020 年 2 月 17 日。

③ 根据县区疫情的不同情况划分为高风险、中风险和低风险 3 个级别。低风险地区要实施"外防输入"策略，全面恢复正常生产生活秩序；中风险地区要实施"外防输入、内防扩散"策略，尽快有序恢复正常生产生活秩序；高风险地区要实施"内防扩散、外防输出、严格管控"策略，根据疫情态势逐步恢复生产生活秩序。具体规定参见国务院：《关于科学防治精准施策分区分级做好新冠肺炎疫情防控工作的指导意见》，http：//www. gov. cn/xinwen/2020 - 02/18/content_5480514. htm，2020 年 2 月 17 日。

以首先全省采用"健康码"的福建省为起点①，计算其他省份全省采纳实施②"健康码"所需要的天数。

表 3 – 2　　　　各省份实施"健康码"的时间顺序

地区	省份	距离最先采纳省份（福建）的天数
东部地区	北京	16
	天津	15
	河北	33
	上海	3
	江苏	19
	浙江	2
	福建	0
	山东	10
	广东	2
	海南	4
东北地区	黑龙江	7
	辽宁（含1个地级边疆民族区划）	19
	吉林（含2个地级边疆民族区划）	20
中部地区	安徽	8
	湖北	25
	河南	32
	湖南	5
	江西	31
	山西	10

①　尽管浙江省杭州市是全国最早推行"健康码"的城市，但福建省是全国最早全省推行"健康码"的省份，于2020年2月14日全省实施。

②　如果某省份只有部分城市自主实施不视为全省推行。判断是否全省份推行及其时间的依据是省级疫情防控指挥部的实施文件或者权威性媒体的新闻报道，如果是新闻报道则要求新闻中有关于"全省份实施"和"实施时间"的关键信息。

地区	省份	距离最先采纳省份（福建）的天数
西部地区	陕西	11
	四川	2
	重庆	5
	贵州	6
	宁夏	19
	甘肃（含1个地级边疆民族区划）	7
	青海	6
	内蒙古（西部边疆民族省份）	27
	云南（西部边疆民族省份）	8
	广西（西部边疆民族省份）	21
	西藏（西部边疆民族省份）	38
	新疆（西部边疆民族省份）	29

　　表3-2中各省份名称后面的数字是指采纳实施"健康码"时距离全国最早全省份实施的天数。2020年2月17日之前首批自愿采纳实施的省份为福建、四川、浙江、广东、上海，均在3天之内采纳扩散实施，由于2020年2月17日国务院正式出台分级分类防控的文件，可视为第一次"强制点"，在此前的均属于自愿采纳扩散，其中4个东部地区省份，1个西部地区省份，无边疆民族地区省份。截至2020年2月29日"全国健康码"上线即第二次"强制点"之前，东部地区省份中有7个省份采纳实施，边疆民族地区省份只有云南省于2020年2月22日采纳实施。其他边疆民族地区省份以及包含边疆民族区划的省份在第二次"强制点"之后才实施，具体情况为辽宁省在第19天实施，吉林在第20天实施，广西在第21天实施，内蒙古在第27天实施，新疆在第29天实施，西藏全国最晚在第38天实施。显然，即使是"硬强制性扩散"，边疆民族地区也会体现出相对缓慢的特点，而且从其实施方案来看，基本都是直接采纳其他省份的方案。同时需

要注意的是，东部和中部地区有些省份采纳实施的时间也相对较晚，比如北京、湖北、河北、河南等省份，这些省份由于疫情严重或者与严重地区近邻，中央特别要求严格管控，因此采纳"健康码"允许人员流动的时间推后了，因为有中央政府的干预，其时间并不具有扩散时序上的意义；相反，边疆民族地区尤其是西部边疆民族地区的疫情相对要更为缓和，但采纳实施"健康码"的时间却更晚，这种状况更能体现东部地区政策创新向边疆民族地区"硬强制性扩散"的具体特点。

二、东部地区政策创新向边疆民族地区"软强制性扩散"的基本特征

"软强制性扩散"指中央政府（或上级政府）在文件中对于下级政府的采纳实施没有提出明确的时限要求，只是要求下级政府"尽快""抓紧""及时"落实，同时往往在政策框架上还赋予下级政府一定程度的自主空间。2014～2016年新一轮户籍政策改革在全国的扩散是"软强制性扩散"的典型例子。

中华人民共和国成立之后，为适应重工业优先发展战略及配套的计划经济体制的需要，1958年全国人民代表大会常务委员会颁布了《中华人民共和国户口登记条例》，确立了"农业户口"和"非农业户口"城乡二元结构划分和严格限制户口注册地点和分类转变的当代中国户口管理制度。我国严格管制的户籍制度虽然为我国工业化进程的快速推进以及城市和重工业优先发展战略的实现发挥了巨大的作用，但却造成了城乡分立、社会阶层固化以及由此而产生的生产要素无法自由流动问题，尤其是在改革开放以后，原有的户籍制度无法满足市场经济发展和快速城市化进程的需要。

改革开放以后，我国东部地区省份尤其是沿海经济快速发展的省份，为了解决户籍制度对经济发展和城市化过程中的制约问题，在中央政府的允许下纷纷进行了不同形式的户籍政策改革创新，其中代表性的

改革创新有暂住证、居住证、蓝印户口、积分落户、统一居民户口登记等。1984年上海市政府实行《外来人口寄居证》制度，方便流动人口异地合法就业和居住，以此为基础后续发展成为"暂住证"制度。2002年上海市政府又进一步实行《人才居住证》制度，此后北京、广东、浙江等省份纷纷学习借鉴并逐渐在全国大部分省份实行。自20世纪90年代至2000年，上海、天津、北京、广州、深圳等地还实施过"蓝印户口"①制度，以满足经济发展中对资金、技术、人才的迫切需要。为了更规范地设置落户条件和满足城市发展需要，2011年以来北京、广东、上海等省份又相继探索出"积分落户制度"。对于户籍制度中最难以突破的农业、非农业二元分立的问题，自2001年以来河北、江苏、浙江、福建等省份大胆探索统一的"居民户口"登记制度，取消农业户口和非农业户口的划分登记。

在地方政府不断进行探索创新改革的同时，中央政府也多次积极推动户籍政策改革尤其是好的创新性政策在全国的推广实施。2014年7月24日，《国务院关于进一步推进户籍制度改革的意见》出台。这份文件充分吸收了之前各地尤其是东部地区省份的创新实践，包括分城市级别明确户口迁移政策②、居住证制度、积分落户及取消农业非农业户口性质划分等。但是国务院的这份文件是"软"强制性要求，只是要求"各省、自治区、直辖市人民政府要根据本意见，统筹考虑，因地制宜，抓紧出台本地区具体可操作的户籍制度改革措施"，并未明确规定落实的时限要求，也未直接上升到政治任务高度，而且还特别指出"防止急于求成、运动式推进"，因此是典型的"软强制性扩散"。本轮户籍政策改革在全国实际推广扩散的基本情况如表3-3所示。

---

① "蓝印户口"是一种介于正式户口与暂住户口之间的户籍，因公安机关加盖蓝色印章，俗称"蓝印户口"。

② 参见《国务院关于进一步推进户籍制度改革的意见》。

表3-3　各省份扩散实施户籍改革政策基本情况（2014～2016年）

省份	区域	改革政策文件	出台时间	出台文件时序	超/特大城市市区人口（排序）
北京	东部地区	北京市人民政府关于进一步推进户籍制度改革的实施意见	2016年9月8日	30	1879.6万人（2）
天津	东部地区	天津市人民政府关于进一步推进户籍制度改革的意见	2016年4月28日	28	940.09万人（5）
河北	东部地区	河北省人民政府关于深化户籍制度改革的实施意见	2014年11月11日	5	
山东	东部地区	山东省省政府关于贯彻国发〔2014〕25号文件进一步推进户籍制	2014年11月19日	6	
江苏	东部地区	江苏省政府关于进一步推进户籍制度改革的意见	2014年12月29日	9	南京629.6万人（9）
上海	东部地区	上海市人民政府关于进一步推进本市户籍制度改革的若干意见	2016年4月15日	28	2115.0万人（1）
浙江	东部地区	浙江省人民政府关于进一步推进户籍制度改革的实施意见	2015年12月10日	26	杭州562.91万人（11）
福建	东部地区	福建省人民政府关于进一步推进户籍制度改革的意见	2015年2月11日	13	
广东	东部地区	广东省人民政府关于进一步推进户籍制度改革的实施意见	2015年6月24日	21	广州1334.14万人（3）深圳1190.84万人（4）
海南	东部地区	海南省人民政府关于进一步推进户籍制度改革的实施意见	2015年12月24日	27	

续表

省份	区域	改革政策文件	出台时间	出台文件时序	超/特大城市市区人口（排序）
安徽	中部地区	安徽省人民政府关于进一步推进户籍制度改革的意见	2015年5月8日	17	
湖北	中部地区	湖北省人民政府关于进一步推进户籍制度改革的实施意见	2015年9月6日	24	武汉705.75万人（7）
河南	中部地区	河南省人民政府关于深化户籍制度改革的实施意见	2014年11月4日	3	郑州596.45万人（10）
江西	中部地区	江西省人民政府关于进一步推进户籍制度改革的实施意见	2014年12月21日	8	
湖南	中部地区	湖南省人民政府关于进一步推进户籍制度改革的实施意见	2015年5月11日	18	
山西	中部地区	山西省人民政府关于进一步推进户籍制度改革的实施意见	2015年1月14日	10	
黑龙江	东北地区	黑龙江省人民政府关于进一步推进户籍制度改革工作的通知	2014年11月3日	2	
吉林	东北地区（含2个地级边疆民族区区划）	吉林省人民政府关于进一步推进户籍制度改革的意见	2015年1月21日	11	

续表

省份	区域	改革政策文件	出台时间	出台文件时序	超/特大城市市区人口（排序）
辽宁	东北地区（含1个地级边疆民族区划）	辽宁省人民政府关于进一步推进户籍制度改革的意见	2015年7月10日	22	沈阳536.21万人（12）
四川	西部地区	四川省人民政府关于印发四川省进一步推进户籍制度改革实施方案的通知	2014年11月22日	7	成都690.35万人（8）
重庆	西部地区	重庆市人民政府关于进一步推进户籍制度改革的实施意见	2015年8月25日	23（并列）	851.8万人（6）
陕西	西部地区	陕西省人民政府关于进一步推进户籍制度改革的意见	2015年3月19日	15	
青海	西部地区	青海省人民政府关于进一步深化户籍制度改革的实施意见	2015年1月27日	12	
贵州	西部地区	贵州省人民政府出台关于进一步推进户籍制度改革的实施意见	2015年5月19日	19	
宁夏	西部地区	自治区党委办公厅 人民政府办公厅关于印发《进一步推进户籍制度改革的实施意见》	2015年3月20日	16	

续表

省份	区域	改革政策文件	出台时间	出台文件时序	超/特大城市市区人口（排序）
甘肃	西部地区（含1个地级边疆民族区划）	甘肃省公安厅关于认真贯彻落实《甘肃省人民政府关于进一步推进户籍制度改革的实施意见》的通知	2015年8月25日	23（并列）	
广西	西部边疆民族省份	广西壮族自治区人民政府关于进一步推进全区户籍制度改革的指导	2015年2月25日	14	
云南	西部边疆民族省份	云南省人民政府关于进一步推进户籍制度改革的实施意见	2015年5月29日	20	
西藏	西部边疆民族省份	西藏自治区人民政府关于进一步推进我区户籍管理制度改革的实施意见	2016年5月19日	29	
新疆	西部边疆民族省份	新疆关于进一步推进户籍制度改革的实施意见	2014年9月30日	1	
内蒙古	西部边疆民族省份	内蒙古自治区人民政府关于进一步推进户籍制度改革的实施意见	2015年9月8日	25	

注：特/超大人口是指该市的城市常住人口的城区划区划人口而非全部行政区划人口，表格中的数据是2015年的数据。

资料来源：各省份文件源于各省省级政府文件检索；最后一栏中2015年城市城区常住人口数量源于中华人民共和国住房和城乡建设部网站《2016城市建设统计年鉴》（电子版），网址：http：//www. mohurd. gov. cn/xytj/tjzjsxytjgb/jstjnj/index. html。

　　从以上各省份出台文件扩散实施《国务院关于进一步推进户籍制度改革的意见》的情况来看，东部地区政策创新向边疆民族地区的"软强制性扩散"有两个与"硬强制性扩散"对应的基本特征。

　　第一，政策扩散整体滞后且时序分散。从全国各省份的推广实施来看，国务院文件出台后，最早出台实施文件的是属于典型边疆民族地区的新疆维吾尔自治区，时间是 2014 年 9 月 30 日，离国务院文件出台只有 2 个月零 6 天，而最后出台实施文件的省份是北京，时间是 2016 年 9 月 8 日，晚于国务院文件出台将近 2 年 2 个月。除北京外，东部地区的天津市、上海市也是直到 2016 年 4 月才出台实施文件。但实际上，这种情况并不能显示在"软强制性扩散"中，边疆民族地区比其他地区甚至东部地区省份扩散要快。原因有两个方面：一是较之于边疆民族地区，东部地区很多省份是户籍政策改革创新的探索地和试点地，相关政策早已比较成熟的实施多年，国务院的政策要求对这些省份而言并无本质创新性质，更多的是吸纳推广到其他地区省份，因此这些省份从必要性上看无须急于出台内容重复性质的文件；二是在国务院的文件中要求分城市级别分类制定具体户口迁移政策，并明确要求"严格控制特大城市人口规模"。根据国务院 2014 年制定的《国务院关于调整城市规模划分标准的通知》，市区常住人口 500 万以上的为特大城市，市区常住人口 1000 万以上的为超大城市。据此标准，截至 2015 年我国有 4 个超大城市和 8 个特大城市，4 个超大城市依次分别为上海、北京、广州、深圳，8 个特大城市依次分别为天津、重庆、武汉、成都、南京、郑州、杭州、沈阳。由于按国务院文件要求，市区常住人口 500 万以上的城市尤其是直辖市要严格控制人口规模，如何在控制人口规模和保持人口有序流动之间保持平衡，相对于其他等级的城市而言是更为复杂、更为谨慎的问题，同时在拥有特大和超大城市的省份内部，如何从全省域内平衡好这些城市和其他大中小城市户口迁移政策之间的平衡和衔接也是更为复杂的问题，因而方案的研制出台需要更长的时间。鉴于上述两个方面尤其是第二个方面的原因，北京、上海、广东、天津、重庆、湖北、四川、江苏、河南、浙江、辽宁 11 个省份的文件出台时间缓慢是正常现象。事实上这些省份大部分都在 2015 年 6 月以后才出台具体实施文件，但依然有河南、四川、江苏 3 个省很快在 2014 年内就出台了实施文件。

除去这 11 个特殊省份外再进行扩散实施的时序分析会更客观、更清晰地体现东部地区政策创新向边疆民族地区"软强制性扩散"的时序特征。东部地区省份除海南省比较晚外，其他省份均在 2015 年 2 月之前出台了政策；中部地区省份均在 2015 年 5 月之前出台了政策；东北地区则均在 2015 年 1 月之前出台了政策，其中包含边疆民族地区的吉林省是在 2015 年 1 月完成政策出台。与这些地区省份相比，西部地区中的边疆民族地区呈现出整体滞后且时序分散的特征。新疆在 2014 年出台，广西、云南、内蒙古分别在 2015 年 2 月、5 月和 9 月出台，而西藏是在 2016 年 5 月出台，为无特大和超大城市的省份中最后一个出台的省份，而包含边疆民族区划的甘肃省也是在 2015 年 8 月才出台。显然，边疆民族地区省份和包含边疆民族区划的省份在"软强制性扩散"中，相对于其在"硬强制性扩散"中的整体迅速但相对迟缓的特点，呈现出整体滞后且时序分散的特点。

第二，政策内容具有一定的再创新。"软强制性扩散"中中央文件建议地方因地制宜出台具体政策，不搞"一刀切"，给予了地方政府一定的自主再创新的空间，边疆民族地区省份也会利用这个空间进行因地制宜的再创新。例如，国务院在《关于进一步推进户籍制度改革的意见》第四部分"切实保障农业转移人口及其他常住人口合法权益"中分 3 点提出了"完善农村产权制度""扩大基本公共服务覆盖面""加强基本公共服务财力保障"的要求。但在各省份的推广实施过程中，诸如江苏、广东、福建、浙江、海南等东部地区省份以及安徽、湖北等中部地区省份均在国务院的文件内容之外因地制宜增加了"完善市民化管理机制"的专门段落，对如何推进农业转移人口的市民化根据本地情况出台了具体措施。值得关注的是，诸如广西、云南、新疆等边疆民族地区省份在文件中同样也自行增加了"完善市民化管理机制"的专门内容。此外，西藏在《西藏自治区人民政府关于进一步推进户籍制度改革的实施意见》中在国务院文件规定的分类调整户口迁移政策内容之外，还出现了"优先解决存量"和"有序引导增量"的创新内容①。由此表明东部地区政策创新向边疆民族地区的"硬强制性扩散"和"软强制性扩散"的差异：在"硬强制性扩散"中，边疆民族地区省份相对于其他地区尤其是东部地区省份表现得十分谨慎，往往表现为机械式地执行中央政策要求；而在"软强制性扩散"中，边疆民族地区省份则也会像其他省份一样尝试在中央给予的空间里进行不同程度的再创新。

第二节　东部地区政策创新向边疆民族地区
非强制性扩散的基本特征

东部地区政策创新向边疆民族地区非强制性扩散的基本特征与强制性扩散的基本特征的最大差异在于：边疆民族地区在强制性扩散中不存在采纳实施与否的选择，只能在采纳实施的时序和具体方案内容上从"硬强制性扩散"到"软强制性扩散"在中央政策规定的范围内有某些自主空间，其结果是尽管在时序上相对迟缓，但最终都会采纳实施；而在非强制性扩散中，边疆民族地区就存在是否采纳实施的自主权，采纳实施或不采纳实施可以根据所在地的需求和条件而定。但如果仅仅是拥有采纳与否的选择权而表现为有的地方采纳有的地方不采纳，还不足以深入刻画东部地区政策创新向边疆民族地区非强制性扩散的基本特征。正因为边疆民族地区相对特殊的治理环境和基础条件，同样是非强制性扩散，东部地区有的政策创新很快就能扩散，而有的却难以扩散，因此在非强制性扩散中不同类型的政策创新向边疆民族地区扩散还会呈现出差异。

---

① 《西藏自治区人民政府关于进一步推进户籍制度改革的实施意见》，http://www.xizang.gov.cn/zwgk/xxgk_424/zxxxgk/201902/t20190223_63056.html，2019年2月23日。

政策创新的特性和性质会影响其扩散情况。尼古拉斯－柯若提（Sean Nicholson－Crotty）基于沃克尔 1969～2006 年的政策扩散研究案例发现，美国各州之间并非所有的政策创新扩散都在时序上呈现出经典的 S 形曲线特征（Sean Nicholson－Crotty，2009）。经典的 S 形曲线模型认为政策创新扩散中的采纳者在决策时是渐进学习的过程，尤其是要看到其他州采纳实施的效果后才做出采纳决策，因为政策创新的扩散在时序上分为 3 个阶段：第一个阶段只有少量的州采纳，扩散非常缓慢；第二个阶段会出现大量的州竞相采纳；第三个阶段又进入平缓期，剩下未采纳的州会有零散的采纳。但尼古拉斯－柯若提发现在一些案例中，在相同的环境条件下政策创新的扩散却呈现出非常迅速的特征，而不是 S 形曲线的趋势。这种差异源于政策创新过程中政策问题的凸显性和复杂性的不同。凸显的政策或议题是指会影响辖区内绝大部分人群福利的问题，或者绝大部分人群表现出关切的问题。凸显性越强，辖区内的人群对议题的知晓程度越高，要求就越强烈，政府面临的政治压力就越大，采纳新政策的可能性就会明显提高。复杂的政策是指议题提出的问题无法由普通知识回答，而是需要专门的知识和培训，复杂政策需要大量的技术专家来为问题拟订方案，如果没有专家参与，决策者会面临巨大的不确定性。正因为复杂政策增加了政策学习的不确定性，所以扩散得非常缓慢。如果创新的政策是高凸显性和低复杂性，扩散就非常迅速；反之，如果是低凸显性和高复杂性，扩散就非常缓慢；如果是高凸显性且高复杂性或者低凸显性且低复杂性，扩散速度则处于中间水平。此外还有研究发现，越是能有效平衡利益相关者的政策创新就越容易扩散，而利益相关者的利益能否平衡则与行动者多寡及其类型，政策目标的清晰与模糊、单一或多元，以及代理人行动策略的自主性相关（张克，2015）。罗杰斯（E. M. Rogers，2016）总结出影响扩散的 5 个方面的创新属性，即创新的相对优势、相容性、复杂性、可实验性和可观察性。与现有方法比较的相对优势越明显、与现在及过去的价值和经验的兼容性越强、理解和使用的复杂性越低、可被实验和测试性越强、创新的效果越容易被观察到，创新就越容易被采纳接受，扩散性就越强。

　　也有研究者尝试将不同性质的创新类型化，并分析不同类型创新的扩散特征。理查德·沃克尔（Richard M. Walker，2006；Richard M. Walker et al.，2011）将公共部门的政策创新分为3种基本类型：产品创新、过程创新和辅助创新。产品创新是指提供新的产品和服务，公共组织的产品创新又可以分为完全创新、扩展创新和进化创新。完全创新是公共组织为新用户提供新的服务，扩展创新是公共组织将现有的服务提供给新的用户群体，进化创新是公共组织为现有的用户提供新的服务。过程创新影响管理和组织结构，是指改变组织内部成员间的关系进而影响组织成员间的规则、角色、程序和结构以及沟通和交流。过程创新与产品创新的差别是它不提供新的或质量更高的产品和服务，而是提供生产产品和服务的新的方法。过程创新可以分为技术性创新和组织性创新两种。技术性创新是指公共组织里的物理设备、技术方法的改变，包括采用的新的信息技术、硬件和软件等。组织性创新是指公共组织的结构、战略和行政管理的创新，诸如采用质量管理体系或引入新的组织结构等。辅助创新是指公共组织改变与其他组织或角色，包括其他的服务提供者、用户或者其他公共机构以及环境间的关系结构，也就是"组织——环境边界创新"。区分辅助创新与产品创新和过程创新的最大差别是辅助创新的采纳是由组织控制范围之外的主体来决定的。辅助创新并非独立的创新，而是与产品创新或过程创新重叠的。比如：公共组织可以通过改变与其他组织的关系来提供新的产品，此时就出现了产品创新；同样过程创新中的新的治理安排也会涉及公共组织与其他组织的联合决策问题。理查德·沃克尔在将政策创新详细分类的基础上，考察了不同类型政策创新扩散的特点：不同类型的政策创新在受到常见扩散变量影响的同时，辅助创新更受环境变量的影响，而产品创新和过程创新则更受组织性变量的影响。有国内研究者对政策创新进行了更简单的分类，分为规划型政策创新、试点型政策创新和产出型政策创新，并且发现规划型政策创新的创新性强但扩散性弱，而试点型政策创新和产出型政策创新的创新性弱但扩散性强（赵诣、王冰，2013）。在国内的研究中也有很多案例显示复杂的重大的政策改革创新的实施和扩散本身就比较困难①。

以上研究显示即使在其他条件相同的情况下不同类型和性质的政策创新的扩散情况也会存在差异，因为创新本身的复杂程度和要求不同，比如针对复杂问题的政策创新相对于针对简单问题的政策创新因其采纳者的模仿学习过程长和风险高因而其扩散缓慢，同样过程创新中的技术性创新比产品创新和辅助创新的扩散要更容易，因为在组织中采纳新的软硬件技术比引进一套复杂的行政管理方法尤其是改革组织与其他组织的战略关系更为容易。因创新自身的类型和性质差异导致的扩散差异在边疆民族地区的表现会更为明显，因为边疆民族地区与其他地区尤其是东部先进地区相比，制约其采纳和实施一项新政策的瓶颈是政策创新思想相对不足和创新实施资源相对短缺②。创新思想相对不足和实施资源相对短缺导致边疆民族地区采纳实施较为复杂的政策创新更为困难。

基于已有文献中政策创新类型和性质对扩散的影响以及边疆民族地区政策创新的制约瓶颈，本书提出从创新层面和所需资源两个维度对向边疆民族地区非强制扩散的东部地区创新进行类型划分。所谓创新层面是指政策创新的水平和复杂程度，分为体制机制层面和方法技术层面：体制机制层面创新是指政策创新不同程度上改革了特定领域现有的政府和社会治理的已有理念或基本运行模式，而方法技术层面创新是指现有的政府和社会治理中引入了新的管理流程和技术或治理方法和规范，并不涉及基本运行模式的改变。所需资源是指采纳实施新政策所需的主要条件，分为社会经济技术资源和历史地理自然资源：社会经济技术资源是指社会结构、财政能力及技术手段和设备等，历史地理自然资源是指既定的历史文化传统、地理条件及自然资源等。据此两个变量的不同情况，可以将向边疆民族地区非强制扩散的东部地区创新类型划分为重大改革型创新、方法优化型创新和优势深化型创新（见表3-4）。

---

① 参见朱光喜等（2017）；朱光喜、刘梦茹（2019）。
② 参见第二章第三节的内容。

表 3 - 4　　　　向边疆民族地区非强制扩散的东部地区创新类型划分

所需资源	创新层面	
	体制机制	方法技术
社会经济技术	**重大改革型创新** （自由贸易实验区） （综合配套改革试验区）	**方法优化型创新** （公共自行车） （政务微博/微信）
历史地理自然	**优势深化型创新** （民俗旅游区） （沿边功能性开放开发区）	—

重大改革型创新是体制机制层面的改革且主要需要社会经济技术资源的政策创新；方法优化型创新是指方法技术层面的改革且主要需要社会经济技术资源的政策创新；优势深化型创新是指体制机制层面的改革但主要需要历史地理资源的创新。另外从逻辑上讲，还存在"方法技术——历史地理自然"的情况，但现实中依靠历史地理自然资源来实施方法技术创新的情况并不常存在，即使个别领域存在也往往超出了本书分析的政策创新的范围，比如地理资源勘测中采纳新技术方法，在基本性质上属于自然科学领域的问题。因此对于本书的性质和范围而言，只分析"体制机制——社会经济技术""方法技术——社会经济技术""体制机制——历史地理自然" 3 种情况。

一、东部地区重大改革型政策创新向边疆民族地区扩散的特征

自改革开放以来我国很多重大改革型政策创新都是在东部地区试点探索然后逐渐向全国推广扩散。但由于重大改革型政策创新会涉及政府和社会治理体制机制的运行，而且需要充分的经济社会条件，因此中央

政府一般不会进行强制性扩散①，地方政府间的扩散主要是由于府际竞争和学习借鉴来驱动，甚至中央政府对于地方政府因竞争和学习而要求的扩散还会进行审慎的研究决定是否同意。也就是说，对于重大改革型政策创新的扩散，即使是非强制性扩散，中央政府依然会参与决策，以对地方政府采纳实施的必要性和条件进行评估，以维持创新政策运行的科学性和稳定性。在这种情况下，边疆民族地区由于相对敏感的政治因素和相对薄弱的经济社会技术条件，其扩散会受到更多的限制。下面以国家综合配套改革试验区和自由贸易区两种最具代表性的重大改革型政策创新的扩散为例进行实证分析。

改革开放后我国在东部选择了部分地区进行重大体制机制改革的试点探索，其中最为著名的就是"经济特区"的设立，1980 年正式设立了深圳、珠海、汕头、厦门 4 个经济特区，1988 年又设立海南经济特区。经济特区设立后在经济社会运行的基本机制体制方面进行了重大改革，其成功经验为后续的深化改革提供了有益的参考借鉴。在改革开放进入深化阶段尤其是 21 世纪以来，我国众多领域的改革逐渐进入了"深水区"，为了进一步探索经济社会发展的改革创新道路，中央决定在深圳等第一批"经济特区"的基础上进一步引导扩散实施第二批"新特区"，称为"国家综合配套改革试验区"②，在重大体制机制的改革创新意义上是"开启新一轮摸着石头过河"（罗科，2005）。国家综合配套改革试验区的扩散方式是地方政府自主申报后由中央政府审批，因此并非地方政府自由设立③。2005～2013 年全国共有 12 个国家综合

---

① 需要注意的是，对于地方试点探索已经被实践证明有显著成效且可复制性强的重大改革型政策创新，中央政府也可能会直接吸纳为全国性政策，然后强制性扩散推广，比如家庭联产承包责任制。

② 综合配套改革试验区设立的核心在于"综合配套"，其宗旨是要改变多年形成的单纯强调经济增长的发展观，要从经济发展、社会发展、城乡关系、土地开发和环境保护等多个领域推进改革，形成相互配套的管理体制和运行机制。

③ 例如：2005 年第一批设立时有上海、深圳等 4 个城市申报，上海市制定的是 7 个领域的综合改革，而深圳市依然是单项领域改革，因此上海市获批而深圳未获批；2006 年有 6 个城市申报获批 1 个，2007 年有 11 个城市申报获批 4 个。

配套改革试验区（见表3－5），此后国家原则上不再设立新的国家综合配套改革试验区①。

表3－5　　　　　　　国家综合配套改革试验区设置时序

综合配套改革试验区名称	批准时间	核心任务
上海浦东新区综合配套改革试验区	2005 年 6 月	开发开放
天津滨海新区综合配套改革试验区	2006 年 5 月	开发开放
重庆市统筹城乡综合配套改革试验区	2007 年 6 月	统筹城乡
成都市统筹城乡综合配套改革试验区	2007 年 6 月	统筹城乡
武汉城市圈"两型"社会建设综合配套改革试验区	2007 年 12 月	"两型"社会
长株潭城市群"两型"社会建设综合配套改革试验区	2007 年 12 月	"两型"社会
深圳市综合配套改革试验区	2009 年 5 月	开发开放
沈阳经济区新型工业化综合配套改革试验区	2010 年 4 月	新型工业化道路
山西省资源型经济转型综合配套改革试验区	2010 年 12 月	资源转型
浙江省义乌市国际贸易综合改革试点	2011 年 3 月	开发开放
厦门市深化两岸交流合作综合配套改革试验区	2011 年 12 月	开发开放
黑龙江省"两大平原"现代农业综合配套改革试验区	2013 年 6 月	农业现代化

　　将这些国家综合配套改革试验区按照省份和覆盖的具体城市区划显示统计（见表3－6），可以更清楚地看出其扩散情况：共覆盖上海、天津、重庆、四川、湖北、湖南、广东、辽宁、山西、浙江、福建、黑龙

---

　　①　国务院还设立多种区别于"综合配套改革试验区"的试验区，如金融试验区：浙江省温州市、广东省珠江三角洲、福建省泉州市、广西壮族自治区防城港市、山东省青岛市，以及广东汕头华侨试验区和江苏南通、广西东兴、内蒙古满洲里、云南瑞丽市国家级重点开发开放试验区等。但这些试验区都是单功能性质的试验区，均不属于国家综合配套改革试验区。国家发展和改革委每年都会安排国家综合配套改革试验区的重点任务，明确认定属于国家综合配套改革试验区的只有12个。参见《国家发展改革委关于印发〈2019 年国家综合配套改革试验区重点任务〉的通知》，国务院网站：http：//www. gov. cn/xinwen/2019 － 05/11/content＿5390633. htm，2019 年 5 月 11 日。

江 12 个省份，除上海、天津、重庆 3 个直辖市和山西全省①外，在其他 9 个省份覆盖 28 个城市。显然，12 个省份中东部地区有 5 个，中部地区有 3 个，西部非边疆民族地区 2 个，东北地区 2 个，尽管辽宁是含有边疆民族区划的省份，但其综合配套改革试验区位于沈阳，不在边疆民族区划内，因此所有国家综合配套改革试验区均无边疆民族省份及城市。

表 3－6 中国综合配套改革试验区分布

名称	所在城市
上海浦东新区综合配套改革试验区	上海市
天津滨海新区综合配套改革试验区	天津市
重庆市统筹城乡综合配套改革试验区	重庆市
成都市统筹城乡综合配套改革试验区	四川省成都市
武汉城市圈"两型"社会建设综合配套改革试验区	湖北省武汉市、黄石市、鄂州市、黄冈市、孝感市、咸宁市、仙桃市、潜江市、天门市
长株潭城市群"两型"社会建设综合配套改革试验区	湖南省长沙市、株洲市、湘潭市
深圳市综合配套改革试验区	广东省深圳市
沈阳经济区新型工业化综合配套改革试验区	辽宁省沈阳市
山西省资源型经济转型综合配套改革试验区	全省
浙江省义乌市国际贸易综合改革试点	浙江省金华市
厦门市深化两岸交流合作综合配套改革试验区	福建省厦门市
黑龙江省"两大平原"现代农业综合配套改革试验区	黑龙江省佳木斯市、鹤岗市、双鸭山市、七台河市、鸡西市、齐齐哈尔市、大庆市、绥化市、哈尔滨市、黑河市、宜春市

近年来我国地方治理中另一项重大体制机制改革创新是国内自由贸

---

① 山西省资源型经济转型综合配套改革试验区覆盖全省全部 11 个地级市。

易区（FTZ）的试点和扩散①。党的十八大报告提出要"实施自由贸易区战略，加强双边多边经贸合作"，将自贸区建设上升为国家战略。之后，中央有关部门亟待深化认知，形成可操作的政策方案。上海市快速予以响应，主动向中央政府申请先行先试。2013年上半年，上海市政府与商务部组成联合工作小组，会同国家发展和改革委员会等20多个部门，建立专题学习机制，组织编制自贸区建设总体方案。5月底，商务部和上海市政府向国务院上报总体方案。在国务院总理的支持下，国务院常务会议原则通过了总体方案。2013年8月，中央政治局常委会听取上海自贸区筹备工作报告，习近平总书记对总体方案给予肯定。2013年8月，国务院正式批准设立中国（上海）自由贸易试验区。2013年9月18日，国务院下发了《国务院关于印发〈中国（上海）自由贸易试验区总体方案〉的通知》，以此探索在扩大开放和经济升级上的重大政策创新。在上海自由贸易试验区之后，截至2019年全国的自由贸易试验区扩散到18个，其所在省份和覆盖的城市如表3-7所示：中国自由贸易试验区覆盖18个省份，除上海、天津、重庆3个直辖市以及海南省②外，包括其他14个省份的38个地市州。

表3-7　　　　　　　　中国自由贸易试验区覆盖城市分布

名称	覆盖城市
中国（上海）自由贸易区	上海市
中国（广东）自由贸易区	广州市、深圳市、珠海市
中国（天津）自由贸易区	天津市
中国（福建）自由贸易区	福州市、厦门市
中国（辽宁）自由贸易区	大连市、沈阳市、营口市

---

①　自由贸易区分两种：一种是FTA（Free Trade Area），是指签订自由贸易协定的成员相互彻底取消商品贸易中的关税和数量限制，使商品在各成员之间可以自由流动；另一种是FTZ（Free Trade Zone），是在某一国家或地区境内设立的实行优惠税收和特殊监管政策的小块特定区域。

②　中国（海南）自由贸易区的实施范围覆盖全岛所有区划。

名称	覆盖城市
中国（浙江）自由贸易区	舟山市
中国（河南）自由贸易区	郑州市、开封市、洛阳市
中国（湖北）自由贸易区	武汉市、宜昌市、襄阳市
中国（重庆）自由贸易区	重庆市
中国（四川）自由贸易区	成都市、泸州市
中国（陕西）自由贸易区	西安市、咸阳市
中国（海南）自由贸易区	全省
中国（山东）自由贸易区	济南市、青岛市、烟台市
中国（江苏）自由贸易区	南京市、苏州市、连云港市
中国（广西）自由贸易区	南宁市、钦州市、崇左市
中国（河北）自由贸易区	保定市、石家庄市、唐山市
中国（云南）自由贸易区	昆明市、红河哈尼族彝族自治州、德宏傣族景颇族自治州
中国（黑龙江）自由贸易区	哈尔滨市、黑河市、牡丹江市

从自由贸易试验区的扩散范围来看：东部地区除北京外，其余9个省份全部设立；中部地区6个省份中有河南、湖北2个省份设立；东北地区3个省份中有黑龙江和辽宁2个省份设立，其中辽宁省尽管是包含边疆民族区划的省份，但自贸区的实施范围在大连、沈阳、营口3个市，不在属于边疆民族区划的丹东市；在西部地区中，有5个省份设立，其中陕西、四川、重庆是非边疆民族地区，广西和云南属于边疆民族地区。因此自由贸易试验区尽管扩散到边疆民族地区，但只涉及2个省份的6个地市州，所占比例小。

以上国家综合配套改革试验区和自由贸易试验区的扩散表明，对于东部地区重大改革型政策创新向边疆民族地区的扩散具有两个方面的显著特征：第一，由于地理位置、民族成分、历史传统等因素以及由此导致的政治经济社会条件的差距，对于涉及体制机制改革的复杂政策创新，边疆民族地区采纳实施的地方政府明显少于其他地区，甚至无法扩散到边疆民族地区；第二，即使能少量扩散到边疆民族地区，在时序上也会明显晚于其他地区的扩散实施。比如自由贸易试验区的扩散，尽管目前有广西、云南 2 个边疆民族地区省份的 6 个地市州获批，但在时序上是截至目前最后设立的一批，直到 2019 年才设立（见表 3 –8），而在此之前东部地区、中部地区、东北地区和西部非边疆民族地区都已经有扩散实施。实际上，广西自 2014 年起就每年申报"中国（北部湾）自由贸易试验区"①，云南自 2016 年起就每年申报"沿边自贸试验区"（浦美玲、雍明虹，2015），但均是直到 2019 年才获批，并且分别更名为"中国（广西）自由贸易试验区"和"中国（云南）自由贸易试验区"。广西和云南之所以能扩散成为所有边疆民族地区中仅有的自由贸易试验区，很重要的原因是这两个省份在"一带一路"倡议和"中国—东盟自由贸易区"② 中处于重要位置，如果没有这个优势，是很难获得设置的。

表 3 –8　　　　　　　　　　中国自由贸易区设置时序

名称	批准时间	设立批次
中国（上海）自由贸易区	2013 年 9 月 27 日	第 1 批
中国（广东）自由贸易区	2015 年 4 月 20 日	第 2 批
中国（天津）自由贸易区	2015 年 4 月 20 日	第 2 批
中国（福建）自由贸易区	2015 年 4 月 20 日	第 2 批
中国（辽宁）自由贸易区	2017 年 3 月 31 日	第 3 批
中国（浙江）自由贸易区	2017 年 3 月 31 日	第 3 批
中国（河南）自由贸易区	2017 年 3 月 31 日	第 3 批
中国（湖北）自由贸易区	2017 年 3 月 31 日	第 3 批

---

① 黄婉：《广西北部湾自由贸易试验区加快申报进程》，搜狐网：https：//www. sohu. com/a/63973280_211507，2016 年 3 月 17 日。

② 中国—东盟自由贸易区，缩写 CAFTA，是中国与东盟十国组建的自由贸易区，2010 年 1 月 1 日贸易区正式全面启动。

名称	批准时间	设立批次
中国（重庆）自由贸易区	2017 年 3 月 31 日	第 3 批
中国（四川）自由贸易区	2017 年 3 月 31 日	第 3 批
中国（陕西）自由贸易区	2017 年 3 月 31 日	第 3 批
中国（海南）自由贸易区	2018 年 10 月 16 日	第 4 批
中国（山东）自由贸易区	2019 年 8 月 2 日	第 5 批
中国（江苏）自由贸易区	2019 年 8 月 2 日	第 5 批
中国（广西）自由贸易区	2019 年 8 月 2 日	第 5 批
中国（河北）自由贸易区	2019 年 8 月 2 日	第 5 批
中国（云南）自由贸易区	2019 年 8 月 2 日	第 5 批
中国（黑龙江）自由贸易区	2019 年 8 月 2 日	第 5 批

二、东部地区优势深化型政策创新向边疆民族地区扩散的特征

对于需要优越经济社会技术条件尤其是经济社会条件的重大体制机制改革的政策创新，因边疆民族地区的经济社会技术条件尤其是经济社会条件的限制，扩散的规模小、速度慢。但是对于涉及体制机制改革的政策创新，还有一些是单功能性的而非综合式的重大改革，比如2012~2014 年，由地方申请国家批准在东部地区设立金融试验区，包括温州、珠三角、泉州、青岛金融试验区等。在这些单功能性的体制机制改革政策创新中，某些特定的体制机制改革创新并不是重点需要成熟的经济社会技术条件，而是需要历史地理自然等方面的难以改变的客观条件，即充分发挥自身在历史地理自然方面等非经济社会技术条件优势的政策创新，这类政策创新称为优势深化型政策创新。这种类型的政策创新最开始也是源于东部地区的实践探索（见表 3-9），其中非常典型的是江苏南通陆海试验区和广东汕头华侨试验区。江苏南通陆海试验区的改革创新是利用其独特的"靠江靠海靠上海的区位优势"，进行"江

海联动"和"陆海统筹"的经济发展模式创新改革（丁晓春，2014）；汕头华侨试验区则是利用其"著名侨乡"和"侨乡经济"的历史文化资源来进行华侨经济合作改革创新①。

表 3 - 9　　　　　　　　东部地区功能性试验区城市分布

功能性试验区名称	所在城市
温州金融试验区	浙江省温州市
珠江三角洲金融试验区	广东省广州市、佛山市、肇庆市、深圳市、东莞市、惠州市、珠海市、中山市、江门市
泉州金融试验区	福建省泉州市
青岛金融试验区	山东省青岛市
汕头华侨试验区	广东省汕头市
江苏南通陆海试验区	江苏省南通市

相对于重大改革型政策创新，东部地区以单项功能性试验区为代表的优势深化型政策创新向边疆民族地区的扩散呈现出规模扩张和速度加快的特征，因为边疆民族地区在历史地理自然资源方面有着其他地区不可比拟的优势。其中沿边开发区和边境经济合作区的扩散就是典型代表，其分布分别见表 3 - 10、表 3 - 11。沿边开发区和边境经济合作区②顾名思义是要利用"沿边"和"边境"的地理位置优势，其在政策创新的性质上与南通陆海试验区和汕头华侨试验区是相同的，都是单项功能的优势深化型政策创新。

---

①　据不完全统计，目前我国约有 5000 万海外侨胞，潮汕籍侨胞近 1500 万，其中汕头籍侨胞 340 多万。汕头又是广东省距离台湾最近的城市，是台湾同胞的重要祖居地之一。至今汕头在吸引外资中，侨资和港澳台同胞占九成以上。参见华侨试验区管委会：《试验区概况：中国（汕头）华侨经济文化合作试验区——21 世纪海上丝绸之路重要门户》，http：//hqsyq. shantou. gov. cn/hqsyq/zjsyq/syqgk/content/post_778862. html。

②　沿边开发区全称为"沿边重点开发开放试验区"，边境经济合作区包括"边境经济合作区和跨境经济合作区"。参见：《国务院关于支持沿边重点地区开发开放若干政策措施的意见》，2015 年 12 月 24 日。

首先是扩散规模扩张。由于"沿边"和"边境"尤其是陆上"沿边"和"边境"的地理位置的显著优势，因此其采纳实施尽管需要在地方自愿申报的基础上还需要中央审批，但规模已经出现了明显的扩张趋势。截至目前共设立 8 个沿边开发区①，除黑龙江绥芬河——东宁沿边开发试验区外，其他 7 个全部在边疆民族地区，其中广西 3 个、云南 2 个、内蒙古 2 个，尽管在西部 5 个边疆民族省份中西藏和新疆没有，但相对于重大改革型政策创新的扩散已经明显扩大扩散规模了。

表 3 – 10 沿边开发试验区城市分布

名称	所在城市
广西东兴沿边开发试验区	防城港市
广西凭祥沿边开发试验区	崇左市
广西百色沿边开发试验区	百色市
云南勐腊（磨憨）沿边开发试验区	西双版纳傣族自治州
云南瑞丽沿边开发试验区	德宏傣族景颇族自治州
内蒙古二连浩特沿边开发试验区	锡林郭勒盟
内蒙古满洲里沿边开发试验区	呼伦贝尔市
黑龙江绥芬河—东宁沿边开发试验区	牡丹江市

沿边经济合作区采纳实施的规模更大。截至目前在地方自愿申请的基础上中央共批准设立了 17 个沿边经济合作区，除位于黑龙江省的 2 个外，其他 15 个全部在边疆民族地区范围内，其中广西 2 个、云南 4 个、新疆 4 个、内蒙古 2 个、辽宁省丹东市 1 个、吉林省延边朝鲜族自治州 2 个，在边疆民族地区省级区划中只有西藏没有。

---

① 最近的一个是 2020 年 4 月设立的广西百色重点开放开发试验区。参见：《国务院关于同意设立广西百色重点开发开放试验区的批复》，http://www.gov.cn/zhengce/content/2020 - 04/07/content_5499778.htm，2020 年 4 月 7 日。

表 3 – 11　　　　　　　　　沿边经济合作区城市分布

名称	所在城市
满洲里边境经济合作区	内蒙古自治区呼伦贝尔市
二连浩特边境经济合作区	内蒙古自治区锡林郭勒盟
丹东边境经济合作区	辽宁省丹东市
中国图们江区域（珲春）国际合作示范区、和龙边境经济合作区	吉林省延边朝鲜族自治州
黑河边境经济合作区	黑龙江省黑河市
绥芬河边境经济合作区	黑龙江省牡丹江市
凭祥边境经济合作区	广西壮族自治区崇左市
东兴边境经济合作区	广西壮族自治区防城港市
畹町边境经济合作区、瑞丽边境经济合作区	云南省德宏傣族景颇族自治州
河口边境经济合作区	云南省红河哈尼族彝族自治州
临沧边境经济合作区	云南省临沧市
伊宁边境经济合作区	新疆维吾尔自治区伊犁自治州
博乐边境经济合作区	新疆维吾尔自治区博尔塔拉蒙古自治州
塔城边境经济合作区	新疆维吾尔自治区塔城地区
吉木乃边境经济合作区	新疆维吾尔自治区阿勒泰地区

其次是扩散速度加快。相对于重大改革型政策创新向边疆民族地区的扩散非常缓慢的特点，优势深化型的政策创新向边疆民族地区的扩散呈现出提速的特征。在 2012 年前后东部地区开始探索金融试验区、陆海试验区和华侨试验区等特色功能性试验区时，这种功能性试验区创新同时逐渐向边疆民族地区扩散。例如，国务院在 2013 年就批准了广西东兴、云南瑞丽、内蒙古满洲里 3 个沿边开放试验区的方案，内蒙古二连浩特 2014 年设立、云南勐腊（磨憨）2015 年设立、广西凭祥 2016 年设立，只有广西百色是 2020 年设立的，但已经是广西辖区内第 3 个沿边开发区；而位于边疆民族地区的 15 个边境经济合作区在 2015 年就已设立完成。

　　沿边开发区和边境经济合作区等功能性开发区政策创新的扩散尽管是非强制性扩散，但是地方政府的采纳实施行为需要中央政府的批准，因此是在央—地互动中进行的扩散。除此之外，还有完全由地方政府决策是否采纳实施的优势深化型政策创新扩散，比如民俗旅游模式的扩散，能补充验证非强制性的优势深化型政策创新向边疆民族地区扩散的特征。民俗旅游是区别于自然景观旅游的旅游模式，是以民俗文化为体验对象的高层次旅游。显然，发展民俗旅游最重要的不是自然景观资源，而是民族民俗文化传统资源。正因为如此，民俗旅游在规划开发、投资建设、运营管理等方面的体制机制与传统旅游有着众多的改革创新，比如由于景区的相对开放性，民俗旅游区居民的日常生活行为要融入旅游产业发展。我国民俗旅游模式发端于 1991 年建设的"中国民俗文化村"，通过体验方式展示中国各民族的文化特色。此后民俗旅游的模式开始扩展，诸如山东、海南等地不仅将其作为文化展示项目，而是逐渐以民俗村寨为依托作为经济发展产业。随后民俗旅游模式这种优势深化型政策创新很快向民族地区尤其是边疆民族地区扩散，尤其是在2012 年国家民族事务委员会开始推动少数民族特色村寨保护与发展工作①后，民俗旅游模式在边疆民族地区得到比较广泛的学习借鉴实施，其中广西、云南、西藏、新疆、内蒙古 5 个边疆民族省份已经成为中国民俗旅游核心区域，甚至还再创新性地发展了民俗旅游基地②、民俗旅游区③等模式。民俗旅游模式的政策创新向边疆民族地区扩散的规模大，正是因为学习借鉴这种政策创新能充分体现边疆民族地区历史文化传统优势资源，边疆民族地区拥有的少数民族文化和边疆文化是其他地区不可比拟的。

---

　　① 参见：《少数民族特色村寨保护与发展规划纲要（2011－2015 年)》，国务院网站：http：//www. gov. cn/gzdt/2012－12/10/content_2287117. htm，2012 年 12 月 10 日。

　　② 郝雪飞：《新疆昌吉市力争将阿什里乡打造成民俗旅游基地》，搜狐网：https：//www. sohu. com/a/124988554_564600，2017 年 1 月 23 日。

　　③ 姚鹏燕：《喀赞其民俗旅游区的 5A 升级之路》，伊宁政府网：http：//www. yining. gov. cn/info/1098/9762. htm，2019 年 9 月 8 日。

三、东部地区方法优化型政策创新向边疆民族地区扩散的特征

方法优化型政策创新是指需要一定经济社会技术作为实施资源的治理技术层面的政策创新。方法技术层面创新是指现有的政府和社会治理中引入了新的管理流程和技术或治理方法和规范，并不涉及基本运行模式的改变。方法优化型政策创新较之于其他类型的政策创新有两个明显的特点：第一，政策创新的扩散性本身比较强。罗杰斯（E. M. 罗杰斯，2016）认为一种新的创新与现有方法比较的相对优势越明显、与现在及过去的价值和经验的兼容性越强、理解和使用的复杂性越低、可被实验和测试性越强、创新的效果越容易被观察到，创新就越容易被采纳接受，扩散性就越强。作为方法技术性政策创新，因其一般不涉及体制机制的变革，主要是依靠硬件、软件及方法流程的改革来优化治理方法，而且很多技术的引进对于政府而言是可以采取外包或直接采购的方式来解决，比较容易具备与现在及过去的价值和经验的兼容性强、理解和使用的复杂性低、可被实验和测试性强、创新的效果容易被观察到的特征，因而其扩散性相对更强；第二，采纳实施方法优化型政策创新尽管也是需要经济社会技术资源作为支撑，但主要是技术硬软件的购买和维护投资以及必要的财政配套投入，相对于重大改革型政策创新所需要的大规模的经济社会资源以及优势深化型政策创新所需要的事实上已经形成而且无法短期改变和选择的历史地理自然资源而言，具备实施资源的条件相对容易得多，投入相对小得多，如果是一些仅仅涉及方法流程的改革创新或者应用已经完全成熟并且在其他领域广泛使用的技术方法，采纳实施的成本更低。由于方法优化型政策创新的这两个特点，其向经济社会技术条件相对落后的边疆民族地区的扩散也会更为容易。

在政府治理领域最广泛的方法优化型政策创新是以互联网信息技术的发展尤其是"互联网＋"的发展为基础的治理技术方法的采用，并以此为基础形成的"电子政务2.0"和"互联网＋政务服务"的发展。

本书基于公共自行车、网上政务大厅、政务微博微信 3 个领域典型的政策创新扩散的数据分析显示，方法优化型政策创新向边疆民族地区的扩散呈现出比较明显的大规模甚至普及化特征。但同时由于所需的资源仍然存在一定的差异，从公共自行车到网上政务大厅再到政务微博微信的采纳实施，除单纯的技术条件外，需要政府投入的财政资源是不同的，因此扩散的具体特征上也存在一定的差异。鉴于本部分的分析内容较多，且案例都是大规模扩散，下面用专节进行分析。

第三节　东部地区政策创新向边疆民族地区
非强制性大规模扩散的具体特征

　　本节以方法优化型政策创新为例分析东部地区政策创新向边疆民族地区非强制性大规模扩散的特征。一方面方法优化型政策创新的扩散基本都是非强制扩散，另一方面方法优化型政策创新因其扩散性较强呈现大规模扩散的特征。具体选择公共自行车①、网上政务大厅、政务微博微信 3 个近 10 年来典型性的方法优化型政策创新的扩散作为案例。之所以选择这 3 个案例是因为：3 种方法优化型政策创新都是以利用信息技术为基础，具有很强的共性特征；同时 3 种方法优化型政策创新又存在一定差异，即所需政府财政投入的大小不一样，公共自行车需要的财政投入较大，网上政务大厅需要的财政投入较低，而微信微博需要的财政投入是最低的。因此这 3 个案例可以很好地体现东部地区政策创新向边疆民族地区非强制性大规模扩散的共性的和差异性的具体特征。特征分析的内容包括扩散的曲线形态、规模分布及时序差异 3 个方面。

---

　　① "公共自行车"是指政府直接运营或者政府与企业合作运营的城市自行车项目，不包括"小黄车""小蓝车"等各种完全由企业市场行为实施的"共享单车"项目。

一、东部地区较高成本方法优化型政策创新向边疆民族地区扩散特征

公共自行车是较高成本方法优化型政策创新的代表。为解决城市交通拥堵和出行问题，我国在 2008 年前后开始学习国外的创新引入"公共自行车"模式。北京市在 2008 年奥运会之前最早尝试运行"公共自行车"，而杭州市自 2008 年 3 月提出向法国巴黎学习后最早建立公共自行车交通系统。公共自行车由于能极大地解决城市出行"最后一千米"的问题，被视为城市公共服务创新的典型代表（马亮，2015）。公共自行车的运行是以信息技术为基础的管理系统①。但公共自行车是投资成本较高的服务创新。除信息管理系统和自行车设备外，还需要建设智能站点、分区运营中心等设备设施，并需要一定数量的人员进行调度和管理，单车的实际购买和管理成本达到 5000～10000 元。在各个城市的实践中都是采用政府采购或者企业运营政府补贴的方式，"没有政府的支持和补贴，自行车公共服务系统很难运行"，例如公共自行车的典范城市杭州自 2008 年到 2012 年投放 6.5 万辆公共自行车就累计投入财政 4 亿元，其他城市也投入了规模不同的财政资金②。因此公共自行车是较高成本的方法优化型政策创新。

从 2008 年杭州市率先正式开通公共自行车以来截至 2019 年 12 月，以地级行政区划为统计单位③，公共自行车在边疆民族地区扩散开通的

---

①　该系统通常以城市为单位进行部署、建设，由数据中心、驻车站点、驻车电子防盗锁、自行车（含随车锁具、车辆电子标签）及相应的通信、监控设备组成。

②　周广现等：《发展公共自行车难吗?》，山西省公安厅交通管理局网站：http://jgj.gat.shanxi.gov.cn/2013/dcyyj_10/4785.html，2013 年 10 月 8 日。

③　具体统计方法是：如果地级行政区划本级政府在中心城区开通公共自行车，视为该地级行政区划开通；如果地级行政区划本级政府没有开通但所辖下级行政区划政府开通也视为该地级行政区划开通，即只要该地级行政区划任何部分有政府开通公共自行车均为视为该地级行政区划开通；另由于直辖市的特殊性，市辖区之间邻接紧密，如有某部分开通则视为全部开通。各省份中的省级直辖县级区划不计算在内。

分布如表 3-12 所示：广西 14 个地级区划中有南宁、柳州、桂林 3 个地级区划开通；云南省 16 个地级区划中有昆明、玉溪、普洱、丽江、红河哈尼族彝族自治州、楚雄彝族自治州 6 个地级区划开通；西藏 7 个地级区划中有拉萨市 1 个地级区划开通；新疆 14 个地级区划中有乌鲁木齐、阿克苏、昌吉回族自治州、伊犁哈萨克自治州 4 个地级区划开通；内蒙古 12 个地级区划中有呼和浩特、赤峰、鄂尔多斯 3 个地级区划开通；另外甘肃、吉林、辽宁的 4 个地级边疆民族区划中有吉林省的白山市、延边朝鲜族自治州 2 个地级区划开通。边疆民族地区中共有20 个地级区划采纳实施了公共自行车，尤其是在西部 5 个边疆民族省份全部都发生了扩散。公共自行车作为较高成本的方法优化型政策创新，相对于重大改革型政策创新，向边疆民族地区呈现出大规模扩散的特征。

表 3-12　　　　公共自行车在边疆民族地区扩散开通情况

省份	所包含地级边疆民族区划	
	开通	未开通
广西	南宁市、桂林市、柳州市（3 个）	梧州市、北海市、防城港市、钦州市、贵港市、玉林市、百色市、贺州市、河池市、来宾市、崇左市（11 个）
云南	昆明市、玉溪市、普洱市、丽江市、红河哈尼族彝族自治州、楚雄彝族自治州（6 个）	曲靖市、保山市、昭通市、临沧市、文山壮族苗族自治州、西双版纳傣族自治州、大理白族自治州、德宏傣族景颇族自治州、怒江傈僳族自治州、迪庆藏族自治州（10 个）
西藏	拉萨市（1 个）	日喀则市、昌都市、山南市、林芝市、那曲市、阿里地区（6 个）
新疆	乌鲁木齐市、阿克苏地区、昌吉回族自治州、伊犁哈萨克自治州（4 个）	克拉玛依市、吐鲁番市、哈密市、喀什地区、和田地区、博尔塔拉蒙古自治州、巴音郭楞蒙古自治州、克孜勒苏柯尔克孜自治州、塔城地区、阿泰勒地区（10 个）

省份	所包含地级边疆民族区划	
	开通	未开通
内蒙古	呼和浩特市、赤峰市、鄂尔多斯市（3个）	包头市、乌海市、通辽市、呼伦贝尔市、巴彦淖尔市、乌兰察布市、兴安盟、锡林郭勒盟、阿拉善盟（9个）
吉林	白山市、延边朝鲜族自治州（2个）	—
辽宁	—	丹东市（1个）
甘肃	—	酒泉市（1个）

注：2016年前的数据源于中国公共自行车信息网：www. publicbike. net；2017之后的数据来源于永安行公共自行车网：http://www. ibike668. com/。

但同时要注意到，较高成本的方法优化型政策创新向边疆民族地区的扩散规模只是相对较大。从各省份地级区划开通率来看（见图3－1），边疆民族地区省份的开通率依然较低：在5个西部边疆民族省份中，开通率最高的是云南省的38%，而新疆为29%、内蒙古为25%、广西为21%、西藏为14%，均未超过30%；而开通率超过50%的省份中有8个省份是东部地区省份，4个是中部地区省份，2个是西部非边疆民族地区省份。由于采纳实施公共自行车项目的成本较高，边疆民族地区由于财政能力相对不足，导致整体开通率不高。从边疆民族地区省份开通的具体区划来看，5个西部边疆民族省份的省会城市南宁、昆明、拉萨、乌鲁木齐、呼和浩特全部开通，正是由于省会城市相对于其他区划其财政能力相对雄厚。这也说明财政能力制约了较高成本方法优化型政策创新向边疆民族地区的扩散。

另外从扩散的速度来看，较高成本的方法优化型政策创新向边疆民族地区的扩散呈现出相对缓慢的特点。图3－2显示了截至2016年各省份公共自行车的扩散情况。之所以选择截至2016年，是因为自2016年起，纯商业性质的共享单车在全国迅速发展，一定程度上会影响公共自行车的扩散，因此2016年之前更能显示公共自行车扩散的真实状况。

在图 3-2 中，以西部 5 个边疆民族省份为例，其开通率尽管略高于湖北等省份，但只有广西刚超过 20%，其他 4 个省份均在 10% ～ 17% 之间，其扩散速度远低于浙江、江苏、山东等东部地区省份，也低于湖南、安徽、江西等中部地区省份。

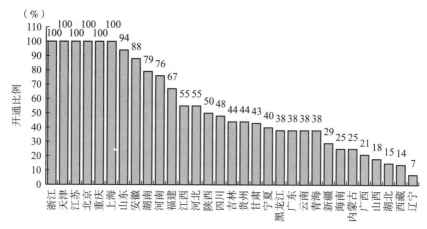

图 3-1　截至 2019 年全国各省份公共自行车开通比例

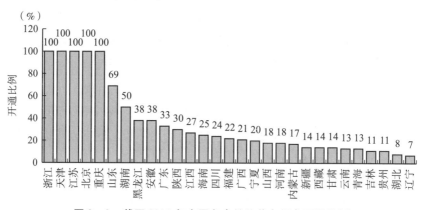

图 3-2　截至 2016 年全国各省份公共自行车开通比例

二、东部地区较低成本方法优化型政策创新向边疆民族地区扩散特征

自 20 世纪 90 年代以来，网络信息技术的发展推动世界各国"电子政务"的发展，我国政府也积极利用信息化技术给政府治理带来的机遇，1999 年成为我国"政府上网年"[①]。2005 年 10 月国务院网站正式上线，标志着政府上网工程全面启动。但是我国"电子政务"在发展过程中长期存在"有电子、无政务"的问题，即政府上网主要是单向向社会提供信息，无法实现"政民互动"和"政务办理"[②]。鉴于这种情况，东部地区省份尤其是以浙江省为代表不断进行政策创新，大力发展网上"政务"，将原本线下的政务事项逐渐迁移到网上办理，创建了我国第一个"网上政务大厅"[③]。各地纷纷向浙江等东部地区省份学习，逐渐建设和开通"网上政务大厅"，尤其是 2016 年起国务院积极引导"互联网 + 政务服务"[④]后，"网上政务大厅"加快扩散。采纳实施"网上政务大厅"的成本主要是集成式计算机系统的硬件和软件购买及维护费用，根据建设的标准差异和功能范围大小，成本从 100 万~1000 万元不等，但整体上相对于"公共自行车"的投资成本明显降低[⑤]，属于

[①]　任建民：《1999：中国政府上网年》，人民网：http：//www.people.com.cn/GB/it/306/7002/7005/20011205/619991.html？pvt36，2001 年 12 月 5 日。

[②]　国脉电子政务研究：《电子政务应杜绝"有电子无政务"怪现象》，国脉电子政务网：http：//www.echinagov.com/news/7735.htm；杨文全：《特别策划：电子"无病"政务"有恙"》，新浪网：http：//news.sina.com.cn/o/2004 - 08 - 16/00513399620s.shtml，2004 年 8 月 16 日。

[③]　陈东升、王春：《浙江 4000 多个政府机构一网联起》，新浪网：http：//news.sina.com.cn/o/2014 - 06 - 27/070030430995.shtml，2014 年 6 月 27 日。

[④]　国务院：《加快推进"互联网 + 政务服务"工作的指导意见》，国务院网站：http：//www.gov.cn/zhengce/content/2016 - 09/29/content_5113369.htm，2016 年 9 月 29 日。

[⑤]　例如上海市宝山区 2016 年网上政务大厅建设项目采购的预算报价是 288 万元。参见：《宝山区网上政务大厅建设项目采购的公开招标公告》，中国政府采购网：http：//www.ccgp.gov.cn/cggg/dfgg/gkzb/201606/t20160622_6938291.htm，2016 年 6 月 22 日。

较低成本的方法优化型政策创新。

本书以地级行政区划为单位通过网络搜索浏览政府网站，获取地级政府是否开通"网上政务大厅"及其开通具体时间的信息。之所以选择以地级为单位而不是以省级或县级为单位进行分析，是因为国务院要求各省级政府在2017年前建成网上政务服务平台，已经属于强制性扩散性质，不以县级为分析单位是因为我国县的数量多达3000多个，信息获取比较困难，而且在实践中很多地方是市县联动的集成式"网上政务大厅"，县级的网上政务大厅要么纳入市级建设框架，要么是由市级政府直接规划建设的。分析数据截至2018年，因为2019年国务院正式上线"国家政务服务平台"，将全国县级以上政府的网上政务大厅中的办理事项全部集成到平台框架上，也具有明显的强制性质。因此本部分以地级区划为单位分析2018年之前"网上政务大厅"向边疆民族地区扩散的情况，以其作为较低成本方法优化型政策创新向边疆民族地区扩散的代表性案例。

截至2018年，网上政务大厅向边疆民族地区扩散的情况如表3－13所示，在边疆民族地区中共有62个地级行政区划政府开通了网上政务大厅[①]：其中广西14个地级行政区划中有13个开通，云南16个地级行政区划中有8个开通，新疆14个地级行政区划中有3个开通，内蒙古12个地级行政区划中有6个开通，另外甘肃酒泉市、吉林白山市和辽宁丹东市3个地级边疆民族区划也开通了网上政务大厅。相对于以公共自行车为代表的较高成本方法优化型政策创新的扩散，以网上政务大厅为代表的较低成本的方法优化型政策创新向边疆民族地区的扩散范围和规模更大，但是向边疆民族地区的扩散整体水平仍低于向其他地区的扩散水平。

---

① 判断是否开通政务大厅的方法是检索地级行政区划政府网站查看其是否有专门栏目或链接，同时在百度中以"地级区划名称＋网上政务/办事大厅"进行搜索验证；同时此处定义的网上政务大厅必须是能在线办理事务的网站，而不是仅仅是办事指南介绍性的网站。

表 3 – 13 网上政务大厅向边疆民族地区扩散情况

省份	所包含地级边疆民族行政区划	
	开通	未开通
广西	南宁市、桂林市、柳州市、梧州市、北海市、防城港市、钦州市、贵港市、玉林市、贺州市、河池市、来宾市、崇左市（13个）	百色市（1个）
云南	昆明市、昭通市、丽江市、曲靖市、保山市、玉溪市、临沧市、普洱市（8个）	红河哈尼族彝族自治州、楚雄彝族自治州、文山壮族苗族自治州、西双版纳傣族自治州、大理白族自治州、德宏傣族景颇族自治州、怒江傈僳族自治州、迪庆藏族自治州（8个）
西藏	（0个）	拉萨市、日喀则市、昌都市、山南市、林芝市、那曲市、阿里地区（7个）
新疆	乌鲁木齐市、吐鲁番市、哈密市（3个）	阿克苏地区、昌吉回族自治州、伊犁哈萨克自治州、克拉玛依市、喀什地区、和田地区、博尔塔拉蒙古自治州、巴音郭楞蒙古自治州、克孜勒苏柯尔克孜自治州、塔城地区、阿泰勒地区（11个）
内蒙古	呼和浩特市、包头市、通辽市、鄂尔多斯市、巴彦淖尔市、乌兰察布市（6个）	赤峰市、乌海市、呼伦贝尔市、兴安盟、锡林郭勒盟、阿拉善盟（6个）
吉林	白山市（1个）	延边朝鲜族自治州（1个）
辽宁	丹东市（1个）	—
甘肃	酒泉市（1个）	—

图 3 – 3 显示了截至 2018 年全国各省份采纳实施网上政务大厅的比例情况。在 5 个西部边疆民族省份中，以地级行政区划政府为单位，广西的开通率为 93%、云南和内蒙古的开通率均为 50%，显著高于公共自行车的开通率，但相对于其他地区省份尤其是东部地区省份仍然有明显差距，在全部开通的省份中有 9 个是东部地区省份，2 个是中部地区省份，1 个是西部非边疆民族地区省份；在开通率倒数 5 个省份中有 4

个边疆民族地区省份，另外新疆的开通率仅为 21%，而西藏则没有任何地级行政区划开通，说明不仅向边疆民族地区的整体扩散规模不如向其他地区扩散的规模，而且在边疆民族地区内部之间的扩散差异也较大。这种情况仍然显示，成本投入依然是政策创新向边疆民族地区扩散的影响因素，因为网上政务大厅尽管是技术方法问题，但可以采取采购建设的方式而不需要政府完全掌握其技术，因此成本和财政投入成为关键。与公共自行车扩散的情况相似的是，西部 5 个边疆民族省份的省会城市除拉萨市外同样全部开通了网上政务大厅，与公共自行车扩散类似，显示出财政优势对扩散的影响，因为省会城市相对于其他地区而言具有财政能力上的相对优势。

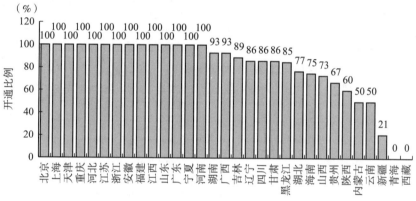

图 3 - 3　截至 2018 年全国各省份开通网上政务大厅比例

三、东部地区低成本方法优化型政策创新向边疆民族地区扩散特征

低成本方法优化型政策创新的典型代表是近 10 年来政务微博微信的采用与扩散。在互联网技术的飞速发展时代，更多信息基于互联网的传播平台走进我们的生活，而微博就是重要的信息传播平台之一。2009年，以新浪为代表的一批门户网站开展微博业务，2010 年被视为"中

国微博元年"。微博以其互动性、参与性、实时性和开放性获得了公众的青睐，近10年的发展速度迅猛、势头强劲。伴随着微博平台的蓬勃发展，越来越多的公众人物、企业、社会团体和非营利组织以及政府等机构进军微博领域。他们都致力于挖掘并发挥微博的最大潜能，是他们宣传公众形象、打造企业文化和个人网络发言的平台，更是政府机构传播信息、与民互动、为民办事的阵地。政务微博作为一种权威公众沟通渠道，与公民进行信息的传播和沟通交流，不仅让公众对政府公共管理事务有进一步的认识和了解，并对其进行监督，同时也为政府及时获取民意、发布有效信息、提高工作效率提供了有效帮助，因此政务微博作为一种政策工具创新，利用信息技术手段很大程度上解决了政民实时互动和信息发布的问题。自2011年起政务微博进入快速发展的时期。

信息技术的竞争很快产生了新的互动平台，在微博产生并大规模扩散后不久，更具有互动性和功能性的微信平台诞生。微信是腾讯公司于2011年1月推出的一个为智能终端提供即时通信服务的免费应用程序。而微信公众平台是从微信中衍生的一个可以进行信息聚集、订阅、推送多种功能集合的功能模块，注册者在微信公众平台上申请公众号后，可以通过公众号组织管理成员，向成员发送文字、语音、视频等多媒体信息，在公众号里实现一对多的信息交流模式（蒋天民、胡新平，2014）。随着微信的爆炸式发展和社会发展需要，政务微信应运而生，许多社会团体和非营利组织以及政府等机构争先恐后进驻微信，很快掀起政务微信的热潮，政务微信很快成为炙手可热的政务新媒体。政府部门纷纷利用微信平台发布政务信息、回应社会关切、推动协同治理、不断提升地方政府信息公开化、服务线上化水平。政务微信是指政府机关及其相关部门基于政务需要推出的，用来发布政务性、事务性、服务性信息，沟通公众，管理社会，服务民众的官方微信公众号（王勇等，2018）。

尽管政务微博和微信在政府信息发布、政民互动及事项办理方面相对于传统模式进行了极大的改革创新，但却属于低成本方法优化型政策创新。首先，微博微信在本质上是政民之间的互动信息技术，并不涉及政府治理体制的改革；其次，采用这种技术的成本非常低。政府部门开设微博微信的模式有两种：第一种是政府部门以自有的人员力量开设账号并进行维护，因为这种信息技术并不复杂，对于架构相对简单的政务微博微信平台政府部门中负责宣传或公共关系的人员就可以操作运行；第二种是对于架构相对复杂或者对信息互动品质要求较高的政务微博微信平台，往往是采用外包或采购的方式运营，但年度成本一般只在 10 万～30 万元之间①，这个价格成本对于政府部门尤其是地级以上政府部门而言属于低成本。正是由于政务微博微信是低成本方法优化型政策创新，因此其扩散相对于其他类型的政策创新更为容易。

本书以公安政务微博微信和旅游政务微博微信为例分析低成本方法优化型政策创新向边疆民族地区的扩散特征。之所以选择公安微博微信，是因为其采纳开通具有较强的普适性和行政性，所有的公安机关都有必要并且适合采用；之所以选择旅游政务微博微信，是因为其采纳具有较强的竞争性和市场驱动性，因为旅游政务微博微信不仅是起到信息发布和政民互动作用，而且还具有旅游资源的宣传和营销功能。因此公安政务微博微信和旅游政务微博微信是两种性质不同的微博微信，具有分析意义上的比较性和代表性。

本书以地级行政区划为单位来分析公安、旅游政务微博微信的扩散。地级行政区划包括自治州、盟、省直管地级市和地区以及直辖市下的各区、县。直辖市属于省级行政区划，直辖市下面的区、县的行政级别相当于其他省份的地级行政单位，因此本书将直辖市下的县、区纳入研究的样本。同时本书也将副省级城市和计划单列市归类于地级行政单位，但省直管的县级市和县不列入分析范围。政务微博开通数据的获取

---

① 例如有的政府部门采购的政务微博微信年度总运营价值是 28 万元。参见：中国政府采购网：《关于政务微信、微博平台运营采购项目的采购结果公告》，http：//www.ccgp.gov.cn/cggg/dfgg/cjgg/201908/t20190813_12666645.htm，2019 年 8 月 13 日。

来自对新浪和腾讯微博平台的检索。国内比较著名的微博平台有新浪、腾讯、新华、人民、搜狐等，但在收集资料中发现地级行政单位的公安部门和旅游部门在新华、人民、搜狐这3个微博平台的注册率远低于新浪和腾讯，并且这3个平台的微博活跃度低，因此我们只选择新浪和腾讯的数据进行分析。采集数据的方式是用"地级行政区划名称＋平安/公安""地级行政区划名称＋旅游"等关键词进行检索①，且检索出来的微博平台必须是有官方认证标记的微博，才作为正式的公安政务微博或旅游政务微博。最终的研究数据是将新浪平台和腾讯平台上的数据合并而成，即同一个地级行政单位如果在2个平台都注册了公安或旅游政务微博，选择开通时间早的作为研究数据。公安微信和旅游微信的数据都是从腾讯微信官方网站中收集而得，收集的方法是在微信平台上进行与搜索政务微博相同的"关键词"法进行检索②，且采用的都是通过官方微信认证过的微信公众号，如果同一个政府部门开通的多个性质相同的微信公众号，选择开通时间最早的作为研究数据。为了更好地显示以政务微博微信为代表的低成本方法优化型政策创新向边疆民族地区的扩散特征，本书对每类平台进行扩散规模、扩散比例及扩散时序的分析（见表3-14），以累计扩散数量的S形曲线分析扩散规模，以各省份地级行政区划开通率分析扩散比例，以各省份地级行政区划开通时间与全国首个地级区划开通的时间平均间隔天数分析扩散时序。同时为了更好地比较向边疆民族地区扩散的特征，S形曲线分析中纳入了非边疆民族地区和全国分析结果，而在扩散比例和扩散时序中直接显示全国扩散的结果。

---

①　在检索的时候需要使用相近的关键词进行搜索，尤其是公安政务微博，不同行政区划的政务微博名称各不相同，例如平安温州、石家庄公安网络发言人、海淀公安分局、雪城警网_牡丹江公安、宣城公安在线、厦门警方在线、广州公安、广西梧州公安在线警务、曲靖警方发布、和谐林芝。

②　政务微信公众号的名称尤其是公安政务微信平台的名称呈现多样化，例如枣庄公安、威海警方在线、襄阳公安、平安石家庄、株洲警事、白城公安宣传、泰安警方等。

表 3 - 14   微博微信扩散分析要素

分类	扩散规模 （累计开通个数）	扩散比例 （开通率，以省份 为单位平均计算）	扩散时序 （平均间隔天数， 以省份为单位平均计算）
公安政务微博	S形曲线图 1. 全国 2. 非边疆民族地区 3. 边疆民族地区	全国各省份统计表	全国各省份统计表
公安政务微信	S形曲线图 1. 全国 2. 非边疆民族地区 3. 边疆民族地区	全国各省份统计表	全国各省份统计表
旅游政务微博	S形曲线图 1. 全国 2. 非边疆民族地区 3. 边疆民族地区	全国各省份统计表	全国各省份统计表
旅游政务微信	S形曲线图 1. 全国 2. 非边疆民族地区 3. 边疆民族地区	全国各省份统计表	全国各省份统计表

（一）公安微博、旅游政务微博向边疆民族地区扩散

自 2011 年 11 月 26 日全国首个地级市公安微博"平安温州"开通到 2018 年 12 月 31 日，全国有 398 个地级行政区划采纳开通了公安微博，其中边疆民族地区 64 个，非边疆民族地区 334 个。边疆民族地区地级行政区划开通公安微博的数量占全国的 16.08%，与边疆民族地区地级行政区划数量占全国地级行政区划的比例基本相当。但从以半年为时间单位的公安微博扩散的 S 形曲线来看（见图 3 - 4），政务微博快速增长的 2010~2012 年，公安微博向边疆民族地区的扩散速度要低于向其他地区扩散的速度，且从 2013 年开始扩散增长极其缓慢，基本处于停滞状态，之后与全国的扩散态势基本相同。具体从各地区的扩散比例

来看：全国有 27 个省份所有地级行政区划均开通公安微博，只有 4 个省份没有 100% 开通，其中西藏的开通率为 57%，高于海南，低于辽宁和北京。因此从扩散的规模和分布来看，公安微博向边疆民族地区的扩散与向其他地区的扩散基本相似。

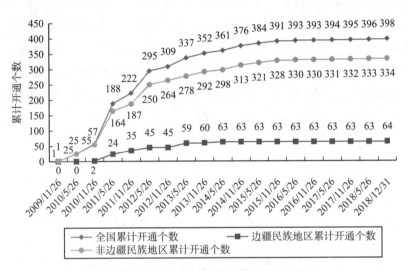

图 3-4　截至 2018 年公安微博扩散 S 形曲线

自 2009 年 10 月 6 日宿州市旅游局开通全国首个地级市官方微博①至 2018 年 12 月 31 日，全国有 317 个地级行政区划采纳开通了旅游政务微博，其中边疆民族地区 53 个，非边疆民族地区 264 个。边疆民族地区地级行政区划开通旅游政务微博的数量占全国的 16.7%，与边疆民族地区地级行政区划数量占全国地级行政区划的比例基本相当。但从以半年为时间单位的旅游政务微博扩散的 S 形曲线来看（见图 3-5），旅游政务微博快速增长的 2011～2012 年，旅游政务微博向边疆民族地

①　"宿州市旅游局"微博于 2009 年 10 月 6 日开通后，在 2014 年又正式重新开通，本书以首次开通时间为准。宿州市虽然位于安徽省，但与山东省和江苏省相邻，可以视为广义上的东部地区，实际上安徽省靠近东部的部分区划在经济社会发展方面已经积极融入"长三角"地区。

区的扩散速度也要低于向其他地区扩散的速度，且从 2013 年开始扩散增长缓慢，之后与全国的扩散态势基本相同。具体从各地区的扩散比例来看（见表 3 – 15），全国各省份的平均开通率为 80%，有 7 个省份开通率为 100%，其中东部地区有河北、浙江、山东、福建 4 个省份，中部地区有湖北、安徽 2 个省份，西部地区有陕西 1 个省份，广西、云南、西藏、新疆、内蒙古 5 个西部边疆民族省份的开通率分别为 93%、81%、57%、79%、92%，整体开通率低于东部地区，其中西藏为全国最低。因此从扩散的规模和分布来看，旅游政务微博向边疆民族地区的扩散与向其他地区的扩散基本相似但略有差异，向边疆民族地区的扩散规模要略低于向其他地区的扩散规模。

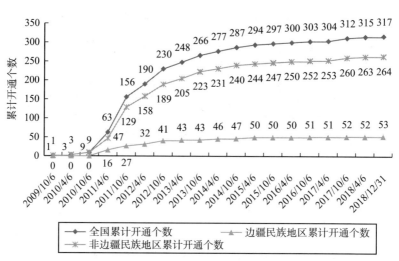

图 3 – 5　截至 2018 年旅游政务微博扩散 S 形曲线

表 3 – 15　　　　　　　　各省份旅游政务微博扩散比例

地区	省份	扩散比例（1 = 100%）
东部地区	北京	0.94
	天津	0.50
	河北	1.00

续表

地区	省份	扩散比例（1 = 100%）
东部地区	上海	0.56
	江苏	0.85
	浙江	1.00
	福建	1.00
	山东	1.00
	广东	0.76
	海南	0.25
东北地区	黑龙江	0.85
	辽宁（含1个地级边疆民族区划）	0.50
	吉林（含2个地级边疆民族区划）	0.89
中部地区	安徽	1.00
	湖北	1.00
	河南	0.88
	湖南	0.93
	江西	0.91
	山西	0.73
西部地区	陕西	1.00
	四川	0.90
	重庆	0.73
	贵州	0.78
	宁夏	0.60
	甘肃（含1个地级边疆民族区划）	0.57
	青海	0.63
	内蒙古（西部边疆民族省份）	0.92
	云南（西部边疆民族省份）	0.81
	广西（西部边疆民族省份）	0.93
	西藏（西部边疆民族省份）	0.57
	新疆（西部边疆民族省份）	0.79

　　从公安微博向全国扩散的时序即各省份所辖地级行政区划开通公安微博距离全国首个公安微博开通的平均间隔天数来看（见表 3 – 16），向西部地区的扩散速度整体上要慢于向东部地区和中部地区的扩散速度，而在西部地区中向西部边疆民族地区省份的扩散速度又相对更为迟缓；而从旅游政务微博向全国扩散的时序来看（见表 3 – 16），向西部及边疆民族地区的扩散速度整体上要慢于向东部和中部地区的扩散速度，不仅新疆和内蒙古 2 个自治区体现比较突出，甘肃、吉林、辽宁 3 个包含边疆民族区划的省份也体现明显。但需要注意的是，不同区位的边疆民族地区，政务微博的扩散速度存在比较明显的差异，越是与东部地区邻近的边疆民族地区，其扩散速度会越快。比如，在 2009 年广东和广西均未开通公安微博，到 2010 年广东省地级行政区划全部开通，广西的开通比例则为 7.14%，而仅在 1 年之后的 2011 年广西 14 个地级市全部开通公安微博。广西之所以能在边疆民族地区中较快地扩散开通公安微博，与其与东部发达地区广东省直接相邻相关，广西梧州市因其与广东省直接接壤，因而在 2010 年 11 月 6 日成为广西首个开通公安微博的地级市。

表 3 – 16　　　　　各省份公安微博、旅游政务微博扩散时序
（与首个开通地区的平均间隔天数）

地区	省份	公安微博扩散时序	旅游政务微博扩散时序
东部地区	北京	380	927
	天津	602	412
	河北	296	708
	上海	897	731
	江苏	355	759
	浙江	552	565
	福建	483	556

续表

地区	省份	公安微博扩散时序	旅游政务微博扩散时序
东部地区	山东	527	559
	广东	135	920
	海南	917	988
东北地区	黑龙江	1151	759
	辽宁（含1个地级边疆民族区划）	401	1319
	吉林辽宁（含2个地级边疆民族区划）	1070	1514
中部地区	安徽	614	969
	湖北	521	694
	河南	465	869
	湖南	1471	838
	江西	855	580
	山西	587	610
西部地区	陕西	908	829
	四川	843	956
	重庆	756	726
	贵州	505	846
	宁夏	690	1227
	甘肃辽宁（含1个地级边疆民族区划）	791	1759
	青海	1386	2071
	内蒙古（西部边疆民族省份）	945	1230
	云南（西部边疆民族省份）	1009	947
	广西（西部边疆民族省份）	520	475
	西藏（西部边疆民族省份）	1498	1023
	新疆（西部边疆民族省份）	1055	1192

（二）公安微信、旅游政务微信向边疆民族地区扩散

2012 年 8 月 30 日广州市白云区政府应急办率先开通政务微信公众号后，我国各级政府纷纷开设政务微信公众号，2013 年 12 月 31 日山东省枣庄市公安局开通全国第一个地级行政区划公安微信公众号"枣庄公安"。到 2018 年 12 月 31 日，全国共有 399 个地级行政区划开通公安微信公众号（见图 3-6），其中边疆民族地区 65 个，非边疆民族地区 334 个，边疆民族地区的扩散规模与其所占全国地级行政区划的比例基本相当，但自 2015 年以后扩散速度非常缓慢。从各省份具体扩散比例来看：全国有 3 个省份没有全部开通，其中边疆民族地区占 2 个省份，新疆为 93%，西藏为 86%，另外 1 个省份是湖南 93%。

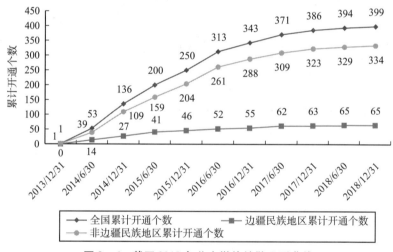

图 3-6 截至 2018 年公安微信扩散 S 形曲线

2014 年 1 月 8 日，南京市旅游局开通全国第一个地级行政区划旅游政务微信公众号"南京旅游"，到 2018 年 12 月 31 日，全国共有 345 个地级行政区划扩散开通旅游政务微信（见图 3-7），其中边疆民族地区 57 个，非边疆民族地区 288 个，边疆民族地区的扩散规模与其所占全

国地级行政区划的比例基本相当，但自 2016 年以后扩散速度非常缓慢。从各省份的具体扩散比例来看（见表 3 – 17）：全国各省份的平均开通比例为 86%，边疆民族地区省份的平均开通率与全国平均开通率相同，5 个西部边疆民族地区省份的平均开通率也为 86%，但其中西藏的开通率为 100%。边疆民族地区旅游政务微博的开通比例与全国持平得益于其相对丰富的旅游资源。

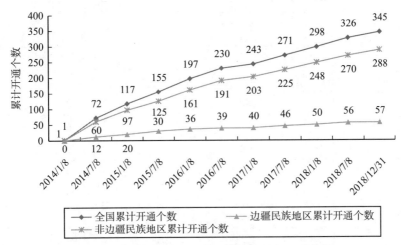

图 3 – 7　截至 2018 年旅游政务微信扩散 S 形曲线

表 3 – 17　　　　　　　　各省份旅游政务微信扩散比例

地区	省份	扩散比例（1 = 100%）
东部地区	北京	0.75
	天津	0.56
	河北	0.91
	上海	0.94
	江苏	1.00
	浙江	0.82
	福建	0.89

续表

地区	省份	扩散比例（1 = 100%）
东部地区	山东	1.00
	广东	0.86
	海南	0.75
东北地区	黑龙江	0.92
	辽宁（含1个地级边疆民族区划）	0.86
	吉林（含2个地级边疆民族区划）	0.89
中部地区	安徽	0.69
	湖北	0.62
	河南	0.88
	湖南	1.00
	江西	1.00
	山西	1.00
西部地区	陕西	0.90
	四川	1.00
	重庆	0.73
	贵州	1.00
	宁夏	0.80
	甘肃（含1个地级边疆民族区划）	0.86
	青海	0.88
	内蒙古（西部边疆民族省份）	0.83
	云南（西部边疆民族省份）	0.81
	广西（西部边疆民族省份）	0.93
	西藏（西部边疆民族省份）	1.00
	新疆（西部边疆民族省份）	0.71

　　从公安微信的扩散时序即各省份所辖地级行政区划开通公安微信与全国首个开通公安微信地区的平均间隔天数来看（见表3-18），公安

微信向大部分边疆民族地区扩散的速度与向其他地区的扩散速度基本相同，个别边疆民族地区省份例如西藏扩散的速度相对较慢，但东部地区如江苏、中部地区如山西、西部非边疆民族地区如重庆也都有个别省份开通的平均时间相对较晚。因此公安微信向边疆民族地区的扩散时序与向其他地区的扩散时序没有明显差异。从旅游微信的扩散时序来看（见表3－18），与公安微信的扩散时序相比，旅游政务微信向边疆民族地区的扩散速度要相对缓慢一些，其中西藏、新疆以及包含边疆民族区划的甘肃省和辽宁省相对突出。

表3－18　　　　　各省份公安微信、旅游政务微信扩散时序
（与首个开通地区的平均间隔天数）

地区	省份	公安微信扩散时序	旅游政务微信扩散时序
东部地区	北京	789	711
	天津	545	626
	河北	534	674
	上海	655	678
	江苏	750	298
	浙江	289	262
	福建	607	931
	山东	480	972
	广东	433	747
	海南	1627	429
东北地区	黑龙江	933	807
	辽宁（含1个地级边疆民族区划）	640	834
	吉林（含2个地级边疆民族区划）	804	943
中部地区	安徽	825	874
	湖北	686	663
	河南	640	655

续表

地区	省份	公安微信 扩散时序	旅游政务微信 扩散时序
中部地区	湖南	642	755
	江西	426	546
	山西	818	727
西部地区	陕西	667	729
	四川	419	770
	重庆	756	589
	贵州	364	883
	宁夏	612	833
	甘肃（含1个地级边疆民族区划）	441	878
	青海	1033	778
	内蒙古（西部边疆民族省份）	627	655
	云南（西部边疆民族省份）	755	601
	广西（西部边疆民族省份）	481	682
	西藏（西部边疆民族省份）	841	985
	新疆（西部边疆民族省份）	680	931

以上公安微博微信、旅游政务微博微信向边疆民族地区的扩散情况显示，低成本方法优化型政策创新为代表的政策创新向边疆民族地区的大规模自愿性扩散的主要特征有：第一，从扩散的基本规模来看，东部地区政策创新向边疆民族地区的扩散与向其他地区的扩散没有显著差异，但边疆民族地区内部不同省份之间存在一定差异；第二，从扩散的时序来看，东部地区政策创新向边疆民族地区的扩散较之于向其他地区的扩散要相对缓慢，并且呈现出向西北边疆民族地区扩散要慢于向西南边疆民族地区扩散的速度；第三，从扩散的空间位置来看，越是与东部发达地区相邻或距离更近的边疆民族地区，其扩散相对较快。

本 章 小 结

由于东部地区政策创新向边疆民族地区扩散的领域和案例众多，要从基本面上分析东部地区政策创新边疆民族地区扩散的现状特点，需要对东部地区政策创新向边疆民族地区扩散的类型进行划分，然后在此基础上分别分析不同类型扩散的基本特点。鉴于我国权力集中体制下上级尤其是中央政府的介入程度对政策创新扩散有着显著的影响，可以将政策创新扩散分为强制性扩散和非强制性扩散两种基本类型分别进行分析。

我国东部地区政策创新向边疆民族地区的强制性扩散分为"硬强制性扩散"和"软强制性扩散"。以"河长制"扩散和抗疫"健康码"扩散为代表的东部地区政策创新向边疆民族地区的"硬强制性扩散"的特点是，在扩散时序上整体迅速但相对迟缓，在扩散内容上直接复制多再创新少；以2014～2016年户籍改革为代表的东部地区政策创新向边疆民族地区的"软强制性扩散"的特点是，政策扩散整体滞后且时序分散，但扩散过程中政策内容上具有一定的再创新。

我国东部地区政策创新向边疆民族地区的非强制性扩散，依据政策创新的层面和所需资源的差异可以分为重大改革型政策创新扩散、优势深化型政策创新扩散和方法优化型政策创新扩散。以国家综合配套改革试验区和自由贸易试验区为代表的东部地区重大改革型政策创新向边疆民族地区扩散的特点是：由于地理位置、民族成分、历史传统等因素以及由此导致的政治经济社会条件的差距，对于涉及体制机制改革的复杂政策创新，边疆民族地区的采纳实施明显少于其他地区，甚至无法扩散到边疆民族地区；即使能少量扩散到边疆民族地区，在时序上也会明显晚于向其他地区的扩散。以沿边功能性开发区和民俗旅游为代表的东部地区优势深化型政策创新向边疆民族地区扩散的特点是：相对于重大改革型政策的扩散而言，其扩散的规模扩张且扩散的速度加快。

　　东部地区政策创新向边疆民族地区的扩散依据创新项目的实施成本差异分为较高成本方法优化型政策创新的扩散、较低成本方法优化型政策创新的扩散和低成本方法优化型政策创新的扩散。以公共自行车为代表的东部地区较高成本方法优化型政策向边疆民族地区扩散的特点是：扩散呈现较大规模但分布不均衡，且扩散速度依然相对缓慢；以网上政务大厅为代表的东部地区较低成本方法优化型政策创新向边疆民族地区扩散的特点是：较之于较高成本方法优化型政策创新的扩散，其扩散的范围和规模明显更大但还是低于向其他地区扩散的范围和规模，且受财政能力的影响在边疆民族地区内部之间的扩散差异也较大。

　　值得注意的是，以公安微博微信和旅游政务微博微信为代表的东部地区低成本方法优化型政策创新向边疆民族地区扩散的基本特点有：从扩散的基本规模来看，向边疆民族地区的扩散与向其他地区的扩散没有显著差异，但边疆民族地区内部不同省份之间仍存在一定差异；从扩散的时序来看，向边疆民族地区的扩散较之于向其他地区的扩散要略为缓慢，并且呈现出向西北边疆民族地区的扩散要慢于向西南边疆民族地区扩散的形态；从扩散的空间位置来看，越是与东部发达地区相邻或距离更近的边疆民族地区，其扩散速度相对越快。

第四章

东部地区政策创新向边疆民族
地区扩散的主要机制

本章分析东部地区政策创新向边疆民族地区扩散的机制问题。政策创新的扩散机制是已有文献讨论的重点问题，即回答是什么驱动政策创新的扩散。但已有研究文献提出的政策创新扩散机制主要是以西方国家的政治制度和社会背景为基础，而我国政治制度与社会结构的差异还贡献了西方制度之外的扩散机制；即使是在我国政治制度下，地区之间仍然存在具体政治制度和社会结构的显著差异，其中边疆民族地区表现更为突出，这种区域性的差异也会形成非常规的政策创新扩散机制。因此本章基于政策创新扩散的共性背景、中国特色体制背景以及边疆民族地区具体背景提出东部地区政策创新向边疆民族地区扩散的常规机制、特殊机制和混合机制的框架。

第一节 东部地区政策创新向边疆民族
地区扩散机制的分析框架

政策创新扩散机制是指引起一项政策创新在不同政府之间扩散的原因和方式（朱旭峰，2014），也就是为何以及如何会驱动政策创新向其他政府扩散。已有研究文献对政策创新的扩散机制进行了广泛的讨论：

沃克尔（Jack L. Walker，1969）认为政策扩散源于地区间的学习、竞争和选民压力；道洛维兹和马什（David Dolowitz & David Marsh，1996）提出强制扩散和自愿扩散 2 种机制；贝瑞夫妇（Frances Stokes Berry & William D. Berry，1999/2007）总结出社会学习、经济竞争、政治规范、公民需求压力 4 种机制；什潘和威尔登（Charles R. Shipan & Craig Volden，2008）也提出学习、竞争、模仿和强力推进或强制 4 种机制；海涅兹（Torben Heinze，2011）认为有学习、模仿、社会化和外部性 4 种机制，外部性机制包括竞争机制和强制机制；卡奇（Andrew Karch，2007）则提出了地理邻近、模仿、仿效等机制；也有研究者提出了学习、相互依赖的竞争合作、胁迫、普世标准①、理所当然②、象征性模仿③ 6 种机制（Dietmar Braun & Fabrizio Gilardi，2006）；韦兰（Kurt Weyland，2002）提出外部压力、形式模仿、理性学习、认知试探法 4 种机制。尽管不同的研究者基于不同的政策创新扩散案例提出了不同的扩散机制，但这些不同的机制之间大多是相似或交叉的，因此马什和沙尔曼（David Marsh & J. C. Sharman，2009）将其归纳为学习、竞争、模仿、强制、社会构建 5 种机制；而洛斯（Richard Rose，1991）则进一步将这些不同的扩散机制关联起来，认为可以依据外部力量介入的大小，构成从纯粹理性学习吸取教训的自愿扩散机制到完全直接强制扩散机制的连续统。

一、东部地区政策创新向边疆民族地区扩散机制的形塑背景

现实中的政策创新扩散的机制差异源于政策创新扩散背景的差异，有研究者从宏观到微观提出全球背景、国家背景和辖区（地方政府）

---

① 专业网络中的相互影响与相互作用导致了普遍的行为规范的发展。

② 一些政策被视为很自然的选择。

③ 遵守社会共同价值的政策选择是有益的。

背景 3 个层次的背景框架（朱旭峰，2014）。全球背景是指国际因素和特征，而国家背景和辖区背景是指国家层面和地方区域层面的政治、经济、文化和社会等方面的特征。在借鉴此 3 个层次背景因素框架的基础上，本书提出形塑我国东部地区政策创新向边疆民族地区扩散机制的 3 个层次背景分析框架（见图 4 - 1）：政策创新扩散的共性背景、中国特色体制背景和边疆民族地区具体背景。共性背景是指任何国家和地区的政府的最基本属性特征，包括政府的基本公共管理职责、科层制下纵向和横向的府际关系以及政府无法回避的与经济和社会系统的交互影响等，任何国家任何时期任何地方的政府行为都要遵从这些方面的基本规律；中国特色体制背景是指我国具备但其他国家并不普遍具备的特征；边疆民族地区背景是我国边疆民族地区具备而其他地区不普遍具备的特征。由于政策创新扩散的共性背景已有文献讨论得比较充分，下面重点讨论中国特色体制背景和边疆民族地区背景 2 个层面。

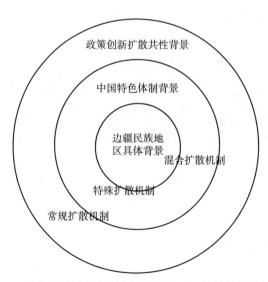

图 4 - 1 东部地区政策创新向边疆民族地区扩散机制分析框架

（一）中国特色社会主义体制

第一，党的领导地位及其在资源与利益整合中居于核心位置。中国共产党作为执政党在我国国家和社会系统运行中处于领导地位。在由"党""政""军""法"构成的国家政治权力结构中，中国共产党处于领导地位①。在政府与社会的关系上，则是"党委领导、政府负责、社会协同、公众参与"的社会管理格局。因此在国家与社会治理中中国共产党均处于领导地位，这种领导地位使其在资源和利益的协调中处于核心地位，充分发挥我国政治体制能力（汪仕凯，2020），从而国家和社会的各个方面的要素能够在公共政策的运行中统一思想和行动。

第二，府际关系和央地关系。我国体制与西方国家联邦体制不同，我国的民主集中制不同于联邦制国家府际之间以分权制衡和自治为基本特征的关系，而是呈现"全国一盘棋"的基本特征，在横向上不相隶属的同级政府及部门之间可以通过共同的上级政府或中央政府的协调形成一致行动。

第三，干部人事制度和官员任职模式。我国实行党管干部制度，包括地方官员在内的各级官员的任命是按照管理权限由上级党的组织部门在考察名单中产生的，在党管干部原则之下所有官员都可以在干部管理权限范围内的不同区域之间进行调配②，因而地方官员异地调任和更替

---

① 参见朱光磊（2008）。"党"是指中国共产党的机构，"政"包括人大机构、政府机构、政协机构，"军"是指军队组织，"法"是指法院机构和检察院机构。需要注意的是我国的国家政治权力结构自2016年起有改革变化，即逐渐建立起各级监察委员会，国家机构由原来的"人大——一府两院"架构改革为"人大——一府一委两院"架构。对于监察委员会的性质，学界有政治机关说、行政机关说和司法机关说等不同的观点，具体观点可参见迟方旭（2018）。

② 如中组部可以在全国范围内调配中管干部，省级组织部可以在省域范围内调配省管干部，市级组织部可以在市域范围内调配市管干部；同时也在一定程度上存在省管干部跨省以及市管干部跨市跨省异地任职的情况。

是制度化的现象①。尽管我国实行地方官员异地调任制度的直接目的是锻炼官员的能力（于永达、战伟萍，2001）、优化领导班子结构（刘本义，1998）以及防止思想僵化和腐败（刘耀西，2011；钟时伦，2014），但从政策创新和扩散的角度看，更为重要的功能是形成了我国地方政府政策创新扩散的制度性机制，流动的官员成为政策扩散中最为重要的推动因素：其一，地方官员的频繁流动不仅仅是官员任职地点的改变，更是官员的默会知识和经验的流动，以此带动新的政策观念和思想的扩散（Manuel P. Teodoro，2009，2010）；其二，地方官员的流动尤其是晋升性流动会带来更强的政绩和维持声望的需求。官员调任是我国培养干部的重要方式，就是要尽快在相同时间内经历不同岗位的锻炼，目的是完善履历和强化能力；其三，决策权事实上主要集中在党委和政府，为异地调任的官员进行政策扩散提供了政治条件。

（二）边疆民族地区具体背景

我国边疆民族地区与其他地区相比，其突出特征体现在经济社会发展相对滞后、边疆国际因素突出以及民族文化特色鲜明。第一，经济社会发展相对滞后。边疆民族地区由于历史和现实的原因，其经济社会的发展程度在我国各区域中处于相对落后的位置，突出表现为处于市场体系的边缘地位和全国开放格局的末端位置（方盛举、陈然，2019）。改革开放之初，我国实行东部地区优先发展战略，中西部地区尤其是边疆

---

① 1990 年中共中央颁布的《中共中央关于实行党和国家机关领导干部交流制度的决定》中规定："党中央和国家机关各部委、各省、自治区、直辖市的省部级领导干部，可以在中央与地方之间进行交流，也可以在不同地区之间进行交流，还可以在中央各部门之间进行交流，尤其要注意从经济比较发达的地区交流一部分领导干部到经济相对落后的地区任职"；2006 年中共中央办公厅颁布的《党政领导干部交流工作规定》中规定："各级党委（党组）及其组织（人事）部门按照干部管理权限，通过调任、转任对党政领导干部的工作岗位进行调整"；2006 年全国人大颁布的《中华人民共和国公务员法》中规定："国家实行公务员交流制度；交流的方式包括调任、转任和挂职锻炼；对省级正职以下的领导成员应当有计划、有重点地实行跨地区、跨部门转任"；2014 年中共中央颁布的《党政领导干部选拔任用工作条例》中规定："交流的对象主要是：因工作需要交流的；需要通过交流锻炼提高领导能力的；在一个地方或者部门工作时间较长的；按照规定需要回避的；因其他原因需要交流的"。

民族地区处于当时国家发展"梯度"的末梢，加上地理位置和历史基础的差距，边疆民族地区的经济社会发展相对滞后。我国经济社会发展程度从东部地区到边疆民族地区的梯度格局，会促进有形和无形的经济发展要素等资源向边疆民族地区的"梯度转移"，而伴随着这种经济社会要素的"梯度转移"也会产生政策思想和理念的转移。第二，边疆国际因素突出。我国边疆民族地区属于陆地边疆地区，与其他国家直接接壤，相对于内陆地区而言，具有明显的边疆国际因素。西部边疆民族省份中的广西和云南与东盟国家接壤，西藏与南亚国家接壤，新疆与中亚国家接壤，内蒙古与蒙古国和俄罗斯接壤，甘肃与蒙古国接壤，吉林与俄罗斯、朝鲜接壤，辽宁与朝鲜相邻。随着我国与周边国家和地区的经贸往来和国际合作不断深入，国际因素对这些地区的政策行为会产生显著影响。第三，民族文化特色鲜明。边疆民族地区都是少数民族聚居的地区，民族成分和传统文化特色鲜明。这种特点对边疆民族地区的政策运行也会产生影响。

二、东部地区政策创新向边疆民族地区扩散机制的构成体系

基于上述我国东部地区政策创新向边疆民族地区扩散机制的形成背景，可以构建由3个层面构成的东部地区政策创新向边疆民族地区扩散的机制体系（见图4-1）：第一个层面是常规扩散机制。任何政府的政策行为都具有共同的基本属性，由共性背景形塑的扩散机制是常规扩散机制，包括行政指令机制、学习模仿机制、政绩竞争机制等；第二个层面是特殊扩散机制。由我国体制背景和边疆民族地区国际因素背景形塑的特殊扩散机制只有在特定条件下才会产生作用，包括市场驱动机制、对口支援机制、边疆国际合作机制等；第三个层面是混合机制，混合机制由常规扩散机制与特殊扩散机制构成，这种类型的机制主要包括试点吸纳推广机制、多阶段多主体机制等。

第二节　东部地区政策创新向边疆民族
地区扩散的常规机制

政策扩散的常规机制是研究文献提出的最为成熟的扩散机制，包括强制机制、学习机制、模仿机制和竞争机制。这4种常规机制在我国具体体现为行政指令机制、学习模仿机制和政绩竞争机制。

一、东部地区政策创新向边疆民族地区扩散的行政指令机制

强制和自愿是政策创新扩散的两种最基本的动因（David Dolowitz & David Marsh，1996）。强制机制是指某级政府组织采纳实施一项新的政策是迫于其他政府组织的压力，而且这种压力是不能选择或者回避的。政策扩散的强制机制在实践中表现为横向强制机制和纵向强制机制。横向强制机制是指不相隶属的政府之间因强制而发生政策扩散，主要发生在国家与国家之间的跨国政策扩散，即某个国家或国际组织运用直接胁迫或附加条件等方式要求另一个国家采纳实施某项政策（Katharina Holzinger & Christoph Knill，2005；Frank Dobbin et al.，2007；陈芳，2013；刘伟，2012）。纵向强制机制是指国家内不同层级的政府之间强制政策扩散，通常体现为上级政府对下级政府的强制。上级政府影响下级政府政策扩散具体方式包括直接强制、劝服激励和催化（Andrew Karch，2006），尤其是中央政府的要求、激励和最后期限等手段都会对地方政府的政策扩散行为产生不可忽视的作用（Dorothy M. Daley & James C. Garand，2005；Andrew Karch，2012）。上级政府的强制性要求会促进政策创新的扩散在我国的实践中也得到充分证实和体现（杨静文，2006；马亮，2013）。

需要注意的是，在中央政府以行政指令的方式将东部地区的政策创

新向边疆民族地区推广扩散时，依据行政指令的强制性要求程度可以分为"硬强制性"指令和"软强制性"指令。"硬强制性"指令是指中央政府在政策采纳实施的时间和方案框架上作出了明确的要求，例如，2016年11月12日经中央全面深化改革领导小组第28次会议审议通过，中共中央办公厅、国务院办公厅印发的《关于全面推行河长制的意见》，文件不仅提出要"抓紧制定出台工作方案，明确工作进度安排，到2018年底前全面建立河长制"，而且对实施"河长制"的政策框架进行了明确的规定。"软强制性"指令指中央政府在文件中对于下级政府的采纳实施没有提出明确的时限要求，只是要求下级政府"尽快""抓紧""及时"落实，同时往往在政策框架上还赋予下级政府一定程度的自主空间。例如，2014年7月24日国务院出台《国务院关于进一步推进户籍制度改革的意见》，推广扩散东部地区探索的居住证制度、积分落户制度等创新措施，要求"各省、自治区、直辖市人民政府要根据本意见，统筹考虑，因地制宜，抓紧出台本地区具体可操作的户籍制度改革措施"，并未明确规定落实的时限要求，并且在政策的具体实施框架上给予地方政府一定的自主性。因此户籍制度改革创新向边疆民族地区的扩散时间跨度更长且方案的灵活性更强。这是中央政府对边疆民族地区实施的"软强制性"指令。

二、东部地区政策创新向边疆民族地区扩散的学习模仿机制

政策创新需要新的政策思想。赫克罗（Hugh Heclo，1974）指出，政府不仅仅意味着权力，也意味着应该如何行动的集体迷惑，因为人类充满不确定性，政策制定就是要解决社会的集体困惑。因此任何新政策的制定都需要以关于所面临问题的知识和观念为前提，才能获得关于什么是创新、创新是怎么运作的以及创新为什么有效等基本认知（Everett M. Rogers，2003）。而只有获取了新的认知和思想，政策子系统中由深层核心信念体系、政策核心信念体系和次要方面信念体系构成，并且能够决定其政策行为的信念体系才会发生变化，从而政策变迁和改革才会

产生（Paul A. Sabatier，1988）。如果缺乏新的政策思想和观念，政策创新活动就无法启动。政策学习是解决这种迷惑的途径，因为公共组织可以通过学习获得新的知识和思想（Torsten Hägerstrand，1968），学习模仿就成为政策扩散的常见机制（Frances Stokes Berry & William D. Berry，1999/2007；Charles R. Shipan & Craig Volden，2008；David Marsh & J. C. Sharman，2009；Frank Dobbin et al.，2007；Torben Heinze，2011）。

对于学习模仿机制，有研究者区分为学习和模仿两种具体机制。从理性差异的角度看，学习机制与模仿机制的主要差别在于：学习是理性的"成本——受益"过程，政策的学习需要扎实的信息收集、分析和评估，以确保新政策与本地情况契合，而模仿则是盲目跟进（Andrew Karch，2007）；从政策采纳者的关注点来看，学习是政策制定者使用其他组织的经验来评估某项政策的可能效果，并据此对这项政策作出采纳或不采纳的决定（Covadonga Meseguer，2005），或者说学习机制关注领先地区的政策创新具体做了什么、是否有效，而模仿机制关注的是哪一个政府的政策值得模仿，对政策本身的效果和内容并不关注（张克，2017），即前者关注的是政策本身，而后者则关注其他政府本身，关注其他组织在做什么以及如何与其他政府保持一致，学习关注的是行动，模仿关注的是行动者（朱旭峰，2014）；从议程设置差异来看，当"参考他人经验"发生于议程设置之前时是"跟风模仿"，当"参考他人经验"发生于议程设置之后是"学习借鉴"（刘伟，2014）；从政策扩散的结果差异来看，学习是决策者借鉴成功的或有前途的政策，结合本地实际进行改进或再创新，模仿则是简单复制已有的政策，强调形式上的雷同而不是关注内容的再创新（王洪涛、魏淑艳，2015）。

尽管学术界对学习与模仿进行了学理性区分分析，但在实践当中是难以区分的，比如采纳者在政策扩散过程中开始时可能是盲目跟进的，但在正式出台政策时可能会非常理性地学习研究方案，并且有可能对方案进行再创新，或者在议程设置时是理性学习的，但在具体方案制定环节是盲目模仿的，甚至也有可能同时向不同政府借鉴，对某些政府的做法是理性学习，对另一些政府的做法则是直接模仿，然后根据自己的需要将不同的做法融合起来形成自己的政策框架。因此本书不区分学习和模仿两种机制的差别，而将学习模仿作为一种扩散机制。

政策学习可以分为内生学习和外生学习：内生学习产生于组织系统内部，是对已有实践的总结反思；外生学习产生于组织系统外部，公共组织可以从其同行处学习借鉴成功的经验以及汲取失败的教训（Richard Rose，1991）。在外生学习中，学习借鉴的对象既可以是本地邻近的组织也可以是外地组织，尤其是在不同发展水平区域之间，落后地区的组织需要积极学习先进地区的创新活动和成功经验。对于边疆民族地区而言，学习模仿其他地区尤其是东部发达地区的创新做法是进行政策和管理创新的重要途径。

西南边疆民族地区 G 市高校引入指纹考勤制度是边疆民族地区学习模仿扩散东部地区政策创新的典型例子。自 2000 年以来，该自治区高等学校的办学规模不断发展，发展的一个重要途径就是自治区内的高校通过建设新校区的方式来扩大校园面积和办学规模。但新校区的建设与其他省份高校一样面临的问题是新老校区之间距离较远，往往是老校区在市区内，新校区在郊区甚至跨行政区划，一方面是教职员工经常要往返新老校区之间，如何准确记录教职员工的上下班情况是需要解决的问题，另一方面对于分别居住在新老校区的教职员工如何统一准确地掌握考勤情况也是需要解决的问题。为解决这两个方面的问题，省级教育行政主管部门鼓励各高校向区外高校学习取经。其中 GL 大学最早于2010 年从广东高校引入实施指纹考勤制度。指纹考勤就是运用指纹信息识别技术进行生物信息记录的方法，最早在广东等沿海地区用于企业员工的考勤，这种考勤技术不仅提高了考勤的真实性和准确性，而且极大提高了工作效率并降低管理成本。这种新的考勤技术和制度随后被当地的高校尤其是规模较大理工科高校和民办高校学习借鉴引入，用于学生课堂及教职员工的考勤。

2010 年 GL 大学最早实施指纹考勤制度。指纹考勤方式为：行政岗职工工作日每天上午上班和下午下班时均须进行指纹签到，在老校区上班按老校区的作息时间，在新校区上班按新校区的作息时间，工作日期间无指纹签到记录，按旷工处理；教师岗职工按课程表上课时可以不用指纹签到，但每周工作日期间必须有任意两天在任何一个校区的指纹签到记录，否则按旷工处理。GL 大学引入指纹考勤制度后，逐渐被所在省份其他高校学习模仿，截至 2020 年 12 月共有 YX 学院、HTGY 学院、SF 高等专科学校、LY 学院、DZKJ 大学、BW 大学和 SF 大学 7 所高校采纳扩散了指纹考勤制度[①]。这些高校实施指纹考勤制度，基本都是向 GL 大学学习的结果，在实施之前不少高校都前往 GL 大学学习考察指纹考勤制度，其中 DZKJ 大学、BW 大学和 SF 高等专科学校更是由于有 GL 大学的校领导调任到该校后直接学习采纳实施的。

尽管高校并不是政府组织，但一方面公立高校是公共组织，另一方面高校的改革都需要政府主管部门的同意或认可。因此，以 GL 大学为代表的所在省份高校向东部地区学习模仿实行指纹考勤制度，可以视为是东部地区政策创新通过学习模仿机制向边疆民族地区的扩散。指纹考勤制度在创新的性质上属于方法优化型政策创新。但需要注意的是，由于政策创新是指一个公共组织采纳一个对它而言是"新"的项目，而不论该项目以前是否在其他地点被采用过（Jack L. Walker，1969），因此创新并不一定代表先进性和科学性。从考勤技术方法来看，学习引进指纹考勤制度属于政策创新，但这种创新本身是存在争议的[②]。

[①] 不同高校采用指纹考勤制度的具体实施上存在一定的差异：比如在指纹考勤实施部门方面，GL 大学、SF 高等专科学校要求学校的管理部门和教学单位实施指纹考勤，而 YX 学院实施指纹考勤的部门是新校区的管理部门和教学单位；另外在指纹考勤实施细则方面也有不同，例如 GL 大学的指纹考勤规定为行政岗职工工作日每天按两次指纹考勤机，上下班各 1 次，教师岗职工每周工作日期间必须有任意两天的指纹签到记录；YX 学院的指纹考勤规定为新校区教职工工作日每天按两次指纹考勤机，上下班各 1 次，专任教师不需要指纹考勤。

[②] 争议的焦点是作为高校是否适合采用企业管理中的指纹考勤制度，许多观点认为高校是知识的生产和传播机构，不宜使用计时工作考核方法。实际上这些高校的指纹考勤制度尤其是对专职教师的指纹考勤制度都不同程度遭到教师的反对。参见第六章第二节的分析。

三、东部地区政策创新向边疆民族地区扩散的政绩竞争机制

在政策创新扩散过程中，政府的压力除了在垂直方向上受到上级政府或全国性政府的强制压力外，还能感受到来自与其不相隶属的其他政府的行为产生的压力，即竞争性压力。政府之间因竞争而采纳某项政策的目的是在实现自己的竞争性优势的同时避免自己的劣势（Frances Stokes Berry & William D. Berry，2004；2007）。政府官员之间是相互竞争的，尤其是相邻或附近政府官员之间的竞争非常敏感（Chung-pin Lee et al.，2011），这种竞争突出表现在相同文化和政治体系的政府官员之间（Covadonga Meseguer，2005）。政府及官员之间的竞争也会源于辖区民众的压力，在信息化时代民众很容易获取其他政府采纳某种新政策的信息，获得信息的民众进而会要求本地政府和官员也采纳实施相同的政策，尤其是社会福利领域的政策，否则民众会对官员不满（Matti Mälkä & Reijo Savolainen，2004）。

竞争机制与学习模仿机制相关却不相同，在特定情况下政府之间正是由于相互竞争而相互学习模仿竞争对象的政策创新，在实践中往往发现竞争机制与学习模仿机制会对政策扩散同时产生作用（Frederick J. Boehmke & Richard Witmer，2004）。但实际上竞争与学习模仿存在比较明显的差异：首先学习模仿是发生于全国范围内的任何两个地方政府之间，而竞争机制则主要发生于相邻的政府之间，当相邻政府采纳实施某项新政策而自己没有采纳会导致利益受损时就会有动机采纳实施相同的政策（William D. Berry & Brady Baybeck，2005）；其次从政策的影响和效果来看，学习模仿机制扩散的政策的影响是短期的，而竞争机制扩散的政策的影响是长期的（Charles R. Shipan & Craig Volden，2008）。因为学习模仿关注的是政策是否可以很快出现效果，对于不能短期产生效果的政策难以成为模仿学习的对象，而竞争不同，只要邻近地区的政府没有取消某项政策，与其竞争的政府也就难以取消这项政策。

因竞争驱动东部地区政策创新向边疆民族地区扩散，如近年来我国

各地掀起"人才大战",尤其是东部地区城市纷纷出台新政策从落户、住房、子女入学、职称评定以及直接资金待遇等方面吸引人才。例如,上海市在 2010 年就实施了"海外高层次人才计划",广东省则实施"珠江人才计划",深圳市实施"孔雀计划",天津市则在 2018 年实施了引起全国关注的"海河英才行动计划"。桂林市位于广西壮族自治区北部,与湖南接壤并邻近广东。桂林市在边疆民族地区甚至西部地区的非省会地级市中具有最为丰富的潜在人才资源,拥有 12 所普通高等院校,其中公立本科以上层次院校 9 所,有硕士学位授予权高校 5 所,有博士学位授予权高校 3 所,有 3 所高校列入广西重点建设高校,另外有中央、自治区驻桂林及桂林本级所属科研院所 20 余所。但是由于相对广东、湖南等地的人才政策而言,桂林市的人才政策在很长时间里陈旧乏力,不仅难以从外部引进高层次人才,而且内部潜在的人才资源也在不断外流,人才资源并没有在经济社会发展中显现出优势,与其建设"国际旅游胜地"的国家战略定位不相符。2017 年广西壮族自治区为在竞争中吸引人才,也扩散实施了与东部地区省份性质相同的"高层次人才计划"[1]。自治区的政策一方面为桂林市吸引人才提供了政策依据和样本,但另一方面又加剧了人才竞争,因为桂林市不仅要面临与广东、湖南等周边省份城市的人才竞争,还要面临与南宁、柳州等自治区内城市间的竞争。在这种竞争态势下,桂林市出台实施新的高层次人才政策刻不容缓。

2017 年桂林市委、市政府在参照周边省份和城市政策的基础上,出台《桂林市高层次人才引进和培养暂行办法》,明确了高层次人才的

---

① 该政策首次突破以往人才政策的扶持力度,为高层次人才和用人单位设置个人所得税奖、人才津贴、住房保障、科研资助、引才伯乐奖、人才培养、家属就学、家眷就业、就医服务等九大新政;首次设立人才发展专项资金;首次将培养高层次人才纳入工作范围,明确对本土中高级人才的培养支持,构建从人口至成长生态圈的良性人才环境;首次明确加大对企业急需紧缺人才的引进和培养扶持。参见中共广西壮族自治区委员会办公厅、广西壮族自治区人民政府办公厅:《自治区党委办公厅　自治区人民政府办公厅关于印发〈广西壮族自治区高层次人才认定办法（试行）〉等 6 个文件的通知》,广西壮族自治区人民政府网站:http://www.gxzf.gov.cn/sytt/20180211-680219.shtml,2018 年 2 月 11 日。

范围、引进待遇和对引进单位的奖励标准①。尽管政策框架在其他地区尤其是东部地区已经常见，但对于位于边疆民族地区的桂林市而言，则是"人才政策的重大创新""有效填补了人才工作的政策空白"（徐莹波，2017）。在桂林市出台人才新政后，周边的珠海、长沙等城市先后加码人才支持力度，并且均超过桂林市的政策标准，于是桂林市又紧急出台《关于深化人才发展体制机制改革的实施意见》并启动人才引进和培养政策的修订工作，在广泛征求辖区部门单位意见并参照深圳、珠海、杭州、长沙、武汉、贵阳、西安等城市政策框架的基础上，在2019年重新出台《桂林市人才引进和培养办法》②，同时废除2017年的政策。2019年的政策框架不仅对高层次人才的奖励力度较之于2017年的政策提高10倍，而且将高技能人才、青年人才、企业家人才纳入范围，形成"高中初"不同层次的人才引进和培育体系，并实施"鱼鹰引才计划""丹桂育才计划""企业家领跑计划"和"十万大学生留桂计划"四大品牌战略，构建高层次人才"一站式"服务大厅③。2019年桂林市还将浙江衢州的"人才飞地"创新模式④采纳扩散，在深圳市设立了桂林市"人才创新飞地"（孙敏等，2019），成为率先在东部地区实施"人才飞地"创新模式的边疆民族地区城市。

---

① 中共桂林市委办公室、桂林市人民政府办公室：《桂林市高层次人才引进和培养暂行办法》，广西人才网：https：//gl. gxrc. com/Article/info/83284，2017年5月31日。

② 林扬、唐霁云：《桂林实施〈人才引进和培养办法〉，新政能帮桂林打赢"抢人大战"吗？》，微报桂林：https：//www. sohu. com/a/333035185_683940，2019年8月11日。

③ 中共桂林市委办公室、桂林市人民政府办公室：《桂林市人才引进和培养办法》，桂林市人民政府网站：http：//www. guilin. gov. cn/msfw/ldjy/rcyj/zcfgjjd_7052/202004/t20200423_1715246. htm，2020年4月23日。

④ 2012年起，浙江衢州市启动在杭州、北京、深圳、上海等地建设"创新飞地"，目的是通过"创新飞地"实现异地借智。比如衢州市在杭州市设立的人才创新飞地"衢州海创园"，是浙江省第一个跨行政区建设的创业园区。衢州通过在杭州打造"创新飞地"，以衢州海创园为窗口，面向海外招才、选才、纳才，同时致力于完善引才、用才、留才的好政策、好机制，形成"海外—杭州—衢州"的直通型"引才链"，实现人才"工作生活在杭州、服务贡献为衢州"，企业"研发在杭州、创业为衢州"，达到异地借智和培育新的经济增长点的目标。

第三节　东部地区政策创新向边疆民族
地区扩散的特殊机制

东部地区政策向边疆民族地区扩散的特殊机制源于我国特殊的政治经济体制以及边疆民族地区自身特殊的政治经济状况。我国东部地区政策创新向边疆民族地区扩散的特殊机制主要包括市场驱动机制、对口支援机制和边疆合作机制。

一、东部地区政策创新向边疆民族地区扩散的市场驱动机制

创新扩散的渠道和中介是多样的，可以分为市场和非市场两种，就如舒尔茨（T. W. Schultz，1961）认为（技术）创新（扩散）是通过市场或非市场的渠道传播。市场化的渠道就是由市场的发展而推动的扩散，包括政策创新在内通过市场渠道的扩散必定受到市场发展情况的影响，并且在电子政务扩散（马亮，2012）和社会组织直接登记制度扩散的研究中得到证实（章高荣，2017）。更为重要的是，在公共政策或政府创新的不同类型中，公共服务类创新就是公共组织为满足市场或外部使用者需求而提供的新服务（Richard M. Walker et al.，2011），这类创新更会受到市场发展情况的影响。

之所以市场驱动扩散机制在我国是政策创新的特殊扩散机制，是因为我国不仅相对于发达国家，而且相对于其他领土面积较小的发展中国家而言，存在的显著特征是国家内部市场发展情况存在明显的区域差异，各区域甚至不同省份之间的市场化水平非常不平衡。依据中国市场化指数课题组的研究结果（图4-2）显示①：从2008年到2016年我国

---

① 中国市场化指数由政府与市场的关系、非国有经济的发展、产品市场的发育程度、要素市场的发育程度、市场中介组织的发育和市场的法制环境5个方面的指标计算而成。计算方法及历年各省份市场化数据来源参见王晓鲁等：《中国分省份市场化指数报告》（2016），社会科学文献出版社2017年版。

市场化快速发展的过程中，各省份的市场化指数整体上均呈现出从东部地区到中部地区、东北地区，再到西部地区尤其是西部边疆民族地区递减的特征。以 2016 年为例：东部地区除河北、福建、海南偏低，处于 6.0 ~ 7.0 范围，其他 7 个省份全部在 8.0 以上，并且有 6 个省份在 9.6 以上；中部地区除山西省为 5.57 外，其他 5 个省份均在 6.7 ~ 7.6；东北地区 3 个省份均在 6.5 ~ 7.0，平均水平与中部地区相当；西部地区整体偏低，平均只有 4.875，西部地区中尤其是包括边疆民族区划在内的民族地区省份市场化程度更低，其中 5 个西部边疆民族省份的市场化指数平均值为 4.19，除广西壮族自治区和内蒙古超过 5.0 外，其他省份均未超过 5.0，而新疆为 2.95，仅高于青海、西藏，处于全国倒数第 3 位，西藏则仅为 1.0，处于全国倒数第 1 位。

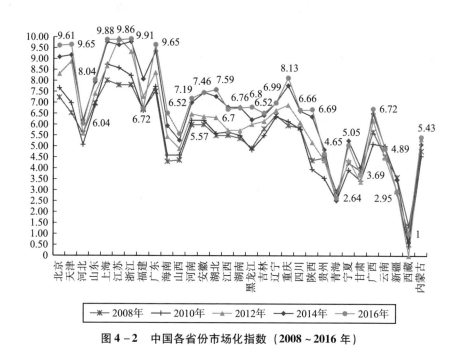

图 4 - 2　中国各省份市场化指数（2008 ~ 2016 年）

　　我国市场化进程从东部地区到边疆民族地区"差序格局"式的阶梯特征，使得市场成为政策创新扩散尤其是从东部地区向边疆民族地区扩散的重要机制：随着各领域尤其是新兴领域的市场逐渐从东部发达地区向内陆及边疆民族地区转移，同时驱动东部地区的政策创新向边疆民族地区扩散：一方面，市场的转移本身会带来某些新理念和新模式的扩散转移，比如新的产业政策和政商关系模式；另一方面，在经济发展压力下市场向边疆民族地区的转移也会"倒逼"当地政府采纳实施市场转出地的政策和治理创新模式，否则市场会"用脚投票"寻找其他更合适的地方。

市场机制驱动东部地区政策创新向边疆民族地区扩散的典型例子是民俗旅游的发展。我国民俗旅游模式发端于深圳 1991 年建设的"中国民俗文化村"，通过体验方式展示中国各民族的文化特色。此后民俗旅游的模式开始扩展，如山东、海南等地不仅将其作为文化展示项目，而且逐渐以民俗村寨为依托作为经济发展产业。由于民族地区有着丰富的民俗文化资源，随后民俗旅游模式在民族地区尤其是边疆民族地区扩散，其中广西、云南、西藏、新疆、内蒙古 5 个边疆民族省份已经成为中国民俗旅游核心区域，甚至还再创新性地发展了民俗旅游基地、民俗旅游区等模式。

市场机制驱动东部地区政策创新向边疆民族地区扩散的另一个典型例子是共享单车在边疆民族地区大中城市的广泛运行。共享单车与城市公共自行车不同，城市公共自行车是由政府财政投入或者参与投入的公共服务项目，而共享单车是以市场化"共享经济"的模式来解决出行"最后一千米"的问题，最开始是由北京大学 4 名学生发起的"ofo 共享单车"创业项目并于 2015 年在北京高校校园上线①。由于这种模式孕育着巨大的商机，很快在广州、珠海等沿海地区广泛登陆，并出现了摩拜单车、哈啰单车等"小黄车""小蓝车"五彩缤纷的共享单车及其运营商。尽管共享单车的运营是市场化行为，但在城市中投放共享单车涉及占用道路空间、停放管理、纠纷解决等众多公共管理问题，因此需

---

① 北大青年研究中心：《ofo 团队：骑行＋互联网＝爱好＋事业》，北京大学新闻网：ht-tp：//pkunews. pku. edu. cn/xwzh/2016－03/04/content_292956. htm，2016 年 3 月 4 日。

要得到政府的许可，如果政府许可投放，也属于政策创新。相对于需要政府财政投入的公共自行车而言，自 2016 年到 2017 年 2 年时间内，纯商业模式的共享单车很快"席卷全国"，这其中也包括边疆民族地区，从省会首府到地级市城区也是"遍地开花"，其扩散的规模和速度明显超过公共自行车项目。以西藏拉萨市为例①：在拉萨市交通运输局的支持下，2017 年 5 月 14 日 ofo 小黄车、摩拜单车开始投放，仅 2 个月时间用户就达到 17.1 万户，占拉萨市人口的近 1/3。

二、东部地区政策创新向边疆民族地区扩散的对口支援机制

1979 年全国边防工作会议中央首次提出"对口支援"政策，要求内地省、市对口支援边境地区和少数民族地区，并确定北京、上海等东部地区支援内蒙古、广西、新疆、宁夏、云南、贵州、青海等民族省份以及全国支援西藏的任务分工。之后，邓小平提出"两个大局"思想："沿海地区要加快对外开放，使这个拥有两亿人口的广大地带较快地先发展起来，从而带动内地更好地发展，这是一个事关大局的问题。内地要顾全这个大局。反过来，发展到一定的时候，又要求沿海拿出更多力量来帮助内地发展，这也是个大局"②。为落实"两个大局"，经济发达地区及国家部委对口支援民族地区全面展开，因为民族地区是内地最需要支援的地区。1980 年以来的 7 次中央西藏工作会议不断完善国家部委和全国对口支援西藏工作，2010 年以来的 3 次中央新疆工作座谈会以及 8 次全国对口支援新疆工作会议形成并落实国家部委和全国对口支援新疆的布局。除西藏、新疆等典型民族地区外，1992 年以来的 5 次中央民族工作会议也进一步完善对所有民族地区的对口支援政策。此

---

① 张雪芳：《拉萨首次发布共享单车大数据　总用户已达 17.1 万》，人民网西藏频道：http://xz. people. com. cn/GB/n2/2017/0619/c138901 - 30346666. html，2017 年 6 月 19 日。

② 邓小平文选（第三卷）［M］. 北京：人民出版社，1993：277 - 288.

外，中央于 1996 年和 2016 年两次召开东西部扶贫协作座谈会，形成了东部北京、上海等 9 个省份和大连、宁波、广州、东莞等 14 个经济发达城市，以及国家部委结对帮扶全部西部地区的格局。由于西部地区绝大部分是少数民族地区，且帮扶关系覆盖了全部 30 个自治州，因此对口支援民族地区包括了边疆民族地区。

关于对口支援的形式和内容，1984 年实施的《中华人民共和国民族区域自治法》规定为"经济、技术协作"，2001 年则扩展为"经济、技术协作和多层次、多方面的对口支援"。直接的经济技术尤其是物质资源的援助是对口支援的基本功能，以解决民族地区尤其是边疆民族地区经济社会发展资源相对匮乏的问题。发展资源援助主要包括"交支票"工程的资金支持以及"交钥匙"工程的项目、设备支援，特别是在重大灾害和重大工程的对口支援中，"交支票"和"交钥匙"工程能够直接满足受援地的"输血"需求。但是单纯的资源支援并不能增长民族地区自身的自主发展能力，因此经过一段时间的实践探索后，中央政府在政策导向上更加注重"交点子"工程的智力援助，向民族地区输送新思想和新观念。智力援助主要形式包括：选派人才，即从国家部委和东部地区选派管理干部、教师、医生等到民族地区任职，比较典型的如援藏、援疆干部，这其中很重要的部分是从东部地区"异地调任"的领导干部；挂职培训，从民族地区选派干部到东部地区挂职锻炼，或者由国家部委和支援方政府组织对民族地区干部进行办班培训甚至出国考察学习；智库建设，已有个别地方出现支援方提供援助或合作，协助和指导民族地区建设自己的智库，服务于边疆民族地区政府的公共决策，如北京市支援西藏拉萨的智库建设①。

尽管对口支援的具体形式和内容多样，但其核心功能可以分为"资源援助"和"思想援助"两个方面："交支票"和"交钥匙"工程是为了解决边疆民族地区发展中经费、设备、项目等经济技术资源不足的

---

① 北京市对口支援和经济合作工作领导小组办公室：《北京市支持拉萨智库建设》，http://www.ndrc.gov.cn/fzgggz/dqjj/dkzy/201809/t20180907_898013.html，2018 年 9 月 7 日。

问题，而"交点子"工程则是着重解决边疆民族地区治理过程中思维和观念相对落后的问题。这两个方面正是政府治理中采纳和实施政策创新的关键因素。

新的思想本质上是新的知识的产生，而新的知识的产生则是通过学习获得的（Torsten Hägerstrand T，1968），因此新的政策思想是政策学习的结果。政策学习可以分为内生学习和外生学习（Colin J. Bennett & Michael Howlett，1992）：内生学习产生于政策系统内部，是对已有政策实践的总结反思；外生学习产生于政策系统外部，不同地区的政策制定者经常面临着相同的问题，他们可以在同行间互相学习以更好地处理问题或避免失误，学习借鉴的对象既可以是本地邻近的政府也可以是外地政府。参考不同的政策学习方式划分，在对口支援促进边疆民族地区政策创新过程中，新的政策思想来源可以分为受援地自行提出和支援方贡献两种：受援地政府自行提出是指政策思想源于受援地政府自行学习产生的想法，不需要外部支援；支援方贡献是指政策思想源于外部学习，即由支援方而非受援地自身提出的，具体途径又可以分为支援方直接借鉴移植已有政策实践和在受援地因地制宜再创新两种情况。

是否拥有资源是实施创新的基本条件，常见的创新资源主要包括财政经济资源、信息技术资源和自然资源。对于边疆民族地区而言，发展资源相对匮乏尤其是财政经济资源和信息技术资源相对不足是实施创新的主要制约。当然我国不同边疆民族地区之间的经济社会发展也存在差异（许洪位，2016），部分边疆民族地区自身也拥有相应的资源，加上有些类型的政策创新所需资源规模不大，可以自行解决。因此，对口支援促进东部地区政策创新向边疆民族地区政策扩散过程中的实施资源可以分为需要支援和不需要支援两种，即依据特定政策创新项目，如果边疆民族地区拥有所需的关键资源比较充裕，就不需要额外支援，反之则需要专门支援。

基于上述政策思想和实施资源是否需要支援的不同状况，可以构建对口支援促进东部地区政策创新向边疆民族地区政策扩散的理论框架（见表4-1）。这个理论框架包括直接实施型扩散、思想启发型扩散、资源辅助型扩散和自主完成型扩散 4 种基本模式，由于自主完成型扩散是不需要任何直接支援的情况，因而对口支援直接促进东部地区政策创新向边疆民族地区扩散实际是 3 种模式，其中直接实施型扩散是采纳实施创新的思想和资源均需要支援，思想启发型扩散只需要政策思想的支援，而资源辅助型则只需要实施资源的支援。同时，由于政策思想支援又分为两种具体情况，因此直接实施型又分为扩散移植直接型扩散和因地再创新直接型扩散两个子类，而思想启发型则分为扩散移植启发型扩散和因地再创新启发型扩散两个子类，扩散移植是指政策思想源于支援方对已有政策创新的学习借鉴，因地再创新则是指支援方在受援地调查研究的基础上进行的再创新。下面分别用相应的调查案例进行验证。

表 4 - 1　　对口支援促进东部地区政策创新向边疆民族地区扩散的模式

		政策思想支援		
		是		否
实施资源支援	是	直接实施型扩散		资源辅助型扩散
		扩散移植直接型	因地再创新直接型	
	否	思想启发型扩散		自主完成型扩散
		扩散移植启发型	因地再创新启发型	

（一）直接实施型扩散

1. 扩散移植直接型：拉萨网格化管理

2008 年 "3·14" 事件后，作为西藏首府的拉萨开始创新社会治理模式（张继焦，2015）。在具体创新模式上，北京援藏指挥部决定采用北京市实施的网格化管理模式。北京市在全国最早探索城市网格化管理，并在奥运会等重要事项中积累了丰富的经验。在北京市的技术资金支援下，拉萨市从 2011 年起全面建设网格化管理模式，逐步形成 "1 + 5 + X" 的力量构成和 "日常管理、重点关注、综合治理"

3 个等级的全方位网格化管理，实现所有社区、居民区和寺庙的无缝隙、无盲点、无空白全覆盖。网格化管理模式的引进使拉萨的社会治理得到了极大改善，成为 2012 年位列中国内地公共安全排名第 1 的城市（邓小刚，2013），随后拉萨的网格化管理还全面推广到西藏各地（张黎黎，2014）。拉萨市的网格化管理，其政策思想源于对支援方北京市创新经验的学习移植；同时，网格化管理的实施需要强大的技术经济资源，这是拉萨市不具备的，为此北京市东城区将使用费高达 100 万元的网格化信息管理系统免费赠送拉萨使用，另外仅 2012 年、2013 年就安排 3000 余万元资金建设拉萨市公安局"护城河"工程，还直接援建了拉萨市数字城管指挥中心以及各级检查站和公检法备勤房，并且每年安排 30～40 名拉萨各级干部和社区管理人员到东城区进行技术培训（廖卫华，2014）。

2. 因地再创新直接型：新疆洛浦农业生态园

北京市对口支援的新疆和田地区洛浦县沙漠多、绿化少，自然环境对经济社会发展形成了严重的制约。在谋划发展思路时，北京市的援疆干部反复考察研究当地及周边的生态环境和农业发展情况，最后提出了因地制宜发展生态农业模式的新政策思路。在距离洛浦县城 25 千米的沙丘地带，2012 年 6～10 月完成农业生态园第一期工程 3.1 万亩的建设，包括道路、机井、防护林等基础设施，初步形成生态农业科技示范园，2013 年又开工建设二期工程 4.1 万亩。洛浦县农业生态科技园的建设和运营不仅引入了生态农业模式，而且其再创新的"政府指导、企业运作、农民参与"的机制使农民广泛受益（朱必义、李冬妹，2013）。洛浦县农业生态园发展模式，其政策思想源于援疆干部在当地的考察研究再创新，且其实施需要大量资金投入和技术指导，支援方北京市第一期工程投入 7000 万元，第二期工程投入 5000 万元，之后又投入 2300 万元用于建设防沙林和果林基地，同时还组织北京的企业和专家进行技术指导。

（二）思想启发型扩散

1. 扩散移植启发型：日喀则农业合作社

在对口支援日喀则过程中，青岛市援藏干部发现当地尽管适合马铃薯、西瓜以及各种藏药材土特产种植，但都是以农户为单位分散经营，抗风险能力非常弱，质量、产量、销售渠道和收入都无法保障，与青岛本地的农业合作化经营格局相差甚远，因此将提升农民组织化水平为帮扶切入点（曲查，2017），"能把青岛的先进思想和理念、技术以及先进模式带到西藏，那才是最大贡献"（扎西顿珠、陈林，2018）。为了让习惯传统种植经营方式的藏农接受并熟悉新的种植经营方式，援藏干部一方面探索建立农业合作社示范点，以实际益处获得藏农的认可，比如在远近闻名的"土豆之乡"桑珠孜区东嘎乡指导成立土豆专业合作社，并注册"东嘎土豆"商标，生产经营进入专业化，实现"集中能人办社、带领穷人办社、集中政策扶社"；另一方面还直接组织农牧民致富带头人到青岛培训，观摩学习胶州、平度、莱西等地的农业合作社经营运作模式。在示范作用的基础上，青岛第八批援藏工作组着力培育发展"一乡一业、一村一品"的特色农业模式，并进一步指导建立"合作联社"，得到藏农的积极响应和支持，极大改变了日喀则地区的农业生产经营模式。日喀则地区实施农业合作社经营的政策创新思想源于支援方青岛本地的实践经验，山东是农业强省，包括青岛市在内，农业专业合作社模式非常成熟，在生产、管理、经营各环节都有丰富的先进经验，提供了很好的学习借鉴模板；从政策实施资源来看，关键资源是有特色农业种植的自然条件和传统，而这正是日喀则地区的优势资源。

2. 因地再创新启发型：西藏僧尼社会保险

在全国都在普及社会保险新政策的形势下，人力资源和社会保障部干部 L 在援藏挂职西藏人力资源和社会保障厅副厅长期间，发现西藏没有专门的宗教教职人员纳入社会保险的办法，导致很大比例的宗教教职人员无法参加社会保险，比如色拉寺就有70%的僧尼没有纳入（罗布次仁，2011）。西藏宗教文化浓厚，全区有寺庙近2000座，僧尼近5万人①，是社会的重要单位和组成部分，需要妥善解决这部分群体的社会保险问题。L在广泛调研论证的基础上，充分考虑西藏僧尼群体的特点，提出"全面建立寺庙僧尼社会保险制度"的设想。L的政策建议被西藏自治区党委和政府采纳，2011年11月，由自治区人力资源和社会保障厅牵头，联合财政厅和民族宗教事务委员会发布了《西藏自治区寺庙僧尼参加社会保险暂行办法》（以下简称《办法》）。这个《办法》是全国唯一的寺庙僧尼社会保险办法，规定"凡年满18周岁的僧尼，不受户籍限制"都可以自愿参加社会保险。《办法》不仅对僧尼参与社会保险的程序、缴纳标准、政府补贴、领取待遇等做了详细的规定，而且还对获得县级及以上先进称号的僧尼和寺庙进行额外的奖励补助。寺庙僧尼纳入社会保险得到了西藏社会的广泛肯定，仅到2012年9月，在编僧尼社会养老保险参保率达80%②。

西藏寺庙僧尼参加社会保险政策创新的思想源于援藏干部L将东部地区试点的新社保保险政策与当地调查研究的情况结合进行再创新的结果。L是社会保障领域的专家，有丰富的理论和实践经验，提出的政策创新思想能够将西藏的现实特点与我国现行社会保险制度框架充分结合起来。从政策实施所需资源来看，僧尼社会保险作为基本公共服务最关键的资源是政府财政补贴，为此西藏各级财政每年补贴2600多万元③。但一方面西藏作为自治区其财政主要来源于中央转移支付，另一方面西藏在2008年后高度重视社会保障制度建设，2010年就率先在全国实现

---

① 罗布次仁、德庆白珍：《公共服务进寺庙 社会保障让僧尼病有所医》，中国广播网：http://china.cnr.cn/yaowen/20150819/t20150819_519576516.shtml，2015年8月19日。

② 许玮锋：《西藏八成寺庙僧尼参加社会养老保险老有所养》，中国新闻网：http://www.chinanews.com/gn/2012/11-02/4298529.shtml，2012年11月2日。

③ 德庆白珍、罗布次仁：《西藏率先实现了新型农村养老保险制度全覆盖》，网易新闻网：http://news.163.com/11/0327/19/7065AQ5Q00014JB5.html，2011年3月27日。

了新型农村养老保险的全覆盖,"十一五"期间仅社会保障支出就增长了 3.2 倍①,因此其财政能力是可以负担的。实际上,2011 年西藏财政支出中社会保障与就业支出比 2010 年增长了 80.7%②,而《西藏自治区寺庙僧尼参加社会保险暂行办法》开始实施同时也是全面实施的关键年 2012 年,比 2011 年只增长了 13.6%,明显低于当年西藏财政总支出20.4% 的增长率③,证明政策创新实施的财政资源是不需要专门支援的。

(三) 资源辅助型扩散:喀什金胡杨景区转型升级

2010 年根据党中央、国务院关于全国对口支援新疆的部署安排,上海开始对口支援喀什地区泽普县等 4 县。泽普县的胡杨林风景优美,尤其是县城西南 40 千米处的亚斯墩国营林场的胡杨林堪称南疆一绝,号称"金胡杨",2003 年当地政府已经将其改建成金胡杨国家森林公园,之后还在学习东部地区旅游景区模式的基础上提出转型升级,将旅游业作为当地经济社会发展抓手的新思路。但由于资金技术的限制,"金胡杨"景区转型升级的想法难以实施,始终"养在深闺人未识"。于是上海援疆前方指挥部决定将旅游业转型升级作为对口支援工作的重点。上海旅游局组织上海社会科学院旅游研究中心的技术专家对景区进行科学规划,同时筹集援建资金及社会资金 1 亿多元从景区交通、旅游环境、游客服务等方面全方位进行翻新改造提升(冯小敏等,2017)。在上海强有力的技术和资金援助下,2011 年景区获评国家 4A 级景区,2013 年获评国家 5A 级景区,成为南疆首个 5A 级景区。此后上海又投入 1000 多万元完善配套设施,并将景区建设与旧有村居改造结合起来,引导发展农家乐等旅游服务行业,不仅全面使景区成功转型升级,而且

---

① 德庆白珍、罗布次仁:《西藏率先实现了新型农村养老保险制度全覆盖》,网易新闻网:http://news.163.com/11/0327/19/7065AQ5Q00014JB5.html,2011 年 3 月 27 日。

② 西藏自治区统计局、国家统计局西藏调查总队编:《西藏统计年鉴 2012》,中国统计出版社 2012 年版,第 78 页。

③ 西藏自治区统计局、国家统计局西藏调查总队编:《西藏统计年鉴 2013》,中国统计出版社 2013 年版,第 80 页。

大幅增加了农户收入①。普泽县金胡杨景区转型升级促发展的想法源于当地政府自行提出的新思路，但从政策实施资源来看，景区转型升级需要的技术和经济资源基本来源于外部支援，上海市不仅支援了技术专家，而且投入了"巨资"②。

三、东部地区政策创新向边疆民族地区扩散的边疆国际合作机制

我国东部地区的政策试点和政策创新如保税区、自由贸易区等是涉及国家（地区）与国家（地区）之间的经济文化联系等国际因素的政策内容。这种类型政策创新的扩散需要采纳实施地具备国际合作因素的驱动。我国边疆民族地区最重要的特征是位于或靠近边境，在地理位置上具有天然的潜在国际影响因素：广西、云南与东南亚国家接壤，西藏和新疆与南亚和中亚国家接壤，甘肃与蒙古国接壤，吉林和辽宁与俄罗斯、朝鲜等国接壤，具有很大的国际合作发展空间。当边疆民族地区与周边国家的国际合作发展到一定程度的时候，经贸往来规模扩大和国际合作的动力进一步提升，东部地区一些涉及国际因素的政策创新就会扩散到边疆民族地区。

边疆国际合作机制驱动东部地区政策创新向边疆民族地区扩散的典型例子是中国（广西）自由贸易区和中国（云南）自由贸易区的设立。我国境内的自由贸易区 2013 年开始在上海试点；2015 年国务院批准设立广东、天津、福建 3 个省份的自由贸易试验区；2017 年国务院批准设立辽宁、浙江、河南、湖北、重庆、四川、陕西自由贸易试验区，自由贸易区扩散至中部地区、东北地区和西部非边疆民族地区；2018 年国务院批准设立海南自由贸易区；2019 年国务院批准设立山东、江苏、广西、河北、云南、黑龙江自由贸易试验区，新设的 6 个自由贸易试验

---

① 刘辉：《喀什噶尔："上海元素"显现援疆工作事无巨细》，人民网：http://xj. people. com. cn/n/2015/0605/c219188 – 25133772. html，2015 年 6 月 5 日。

② 于量：《上海援建在泽普：漂着金子的河，写下"谢谢"的人》，上海政府网：http://www. shanghai. gov. cn/nw2/nw2314/nw2315/nw4411/u21aw1180596. html，2016 年 12 月 6 日。

区中广西和云南同时为典型的边疆民族地区，自由贸易区的政策创新从此扩散至边疆民族地区。广西、云南同为西南地区相邻的两个边疆民族省份，同时被国务院设立为自由贸易试验区，非常重要的原因是中国—东盟国际区域经济合作机制的驱动。2000 年时任国务院总理朱镕基提出"中国—东盟自由贸易区"，2002 年中国与东盟①签署《中国—东盟全面经济合作框架协议》，2010 年"中国—东盟自由贸易区"建立；自2003 年起中国与东盟国家定期举办"中国—东盟博览会"，会址固定为中国广西首府南宁市。"中国—东盟自由贸易区"作为世界上最大的发展中国家间的自由贸易区，对中国国际经济贸易尤其是西南省份与周边国家的经贸合作具有重大战略意义。"中国—东盟自由贸易区"的健康发展和互惠互利，需要我国国内进行经济贸易体制机制的创新，其中境内设立自由贸易区就是重要方式。在我国国内与东盟国家直接接壤的省份是广西和云南，在两个相邻的边疆民族地区省份同时设立自由贸易试验区，既是"中国—东盟自由贸易区"发展的推动结果，也是推动"中国—东盟自由贸易区"发展的需要②。

与境内自由贸易区相似的东部地区政策创新向边疆民族地区的扩散是保税区的扩散。1990 年我国在上海建立了第一个保税区上海外高桥保税区③。我国的保税区最开始都设立在东部沿海地区，尤其是广东、

---

①　"东盟"是"东南亚国家联盟"的简称，英文名称为 Association of Southeast Asian Nations，简称 ASEAN。1967 年 8 月 7 日~8 日，印度尼西亚、泰国、新加坡、菲律宾 4 国外长和马来西亚副总理在曼谷举行会议，发表了《曼谷宣言》，正式宣告东南亚国家联盟成立。东盟的正式成员国有文莱、柬埔寨、印度尼西亚、老挝、马来西亚、缅甸、菲律宾、新加坡、泰国、越南。

②　陈沿佑：《广西自由贸易试验区：西南边陲崛起的中国—东盟开放合作新高地》，中国新闻网：http://www.gx.chinanews.com/video/2019 – 09 – 01/detail – ifznpqkz3163213. shtml，2019 年 9 月 1 日；罗蓉婵：《东南亚 | 专家支招：中国（云南）自贸试验区这样干》，搜狐网：https://www.sohu.com/a/339644291_346681，2019 年 9 月 8 日。

③　保税区亦称保税仓库区，是一国海关设置的或经海关批准注册、受海关监督和管理的可以较长时间存储商品的区域。保税区能便利转口贸易，增加有关费用的收入。运入保税区的货物可以进行储存、改装、分类、混合、展览以及加工制造，但必须处于海关监管范围内。外国商品存入保税区，不必缴纳进口关税便可自由出口，只需缴纳存储费和少量费用，但如果要进入关境则需缴纳关税。

浙江、福建、海南、山东、天津等省份。但随着我国与中亚国家经贸发展的需要，2011年保税区政策扩散至新疆，设立了新疆首个、全国第16个综合保税区阿拉山口综合保税区；根据中俄、中蒙经贸发展的需要，2012年保税区政策扩散至内蒙古，设立了内蒙古首个保税区赤峰保税物流中心。

第四节　东部地区政策创新向边疆民族地区扩散的混合机制

东部地区政策创新向边疆民族地区扩散的混合机制是指在扩散过程中有两个及以上的机制或方式在同时发挥作用。从政策创新扩散机制的形塑因素来看，混合机制是由常规背景、中国特色体制背景和边疆民族地区具体背景共同形塑的扩散机制，其实质是由常规扩散机制和特殊扩散机制融合而成。东部地区政策创新向边疆民族地区扩散的混合机制主要包括试点吸纳推广机制和多阶段多主体机制。

一、东部地区政策创新向边疆民族地区扩散的试点吸纳推广机制

我国改革开放以来经济社会取得巨大成就的重要原因是采用了"政策试点"治理机制（韩博天，2008），政策的制定和执行是在局部试点的基础上"以点带面"边推广边完善最后普及成为全国政策。这种"异乎常规"的政策制定和执行模式，使中国能在不引进外国现成改革方案的情况下"内生性"地推动制度的演变和创新，又能避免因情况不明而导致的改革震荡（韩博天，2009）。这种"试点治理机制"的过程事实上形成了由3个阶段构成的"试点——吸纳——推广"的政策创新扩散机制（见图4-3）：（1）由经济社会基础较好的往往是东部地区进行某项政策创新的"先行先试"，"先行先试"既可以是中央政府

的刻意安排，也可以是地方政府的自主行为；（2）基于政策创新的试点情况和成效，中央政府适时将其吸纳为全国性政策或者给予肯定性评价；（3）中央政府将政策创新以强制或推荐的方式在试点地区以外的地区包括边疆民族地区进行推广。在这种政策创新扩散机制中包含两个阶段的扩散过程：首先是中央政府吸纳试点地区的创新经验实现由下向上的纵向扩散，这个阶段是学习机制的驱动；其次是中央政府向包括边疆民族地区在内的全国其他地区进行自上而下的推广扩散，这个阶段是以不同程度的强制机制为主导。"试点吸纳推广"扩散机制改变了东部地区政策创新直接横向上向边疆民族地区扩散的路径，形成"东部地区——中央政府——边疆民族地区"的3方路径，增加了中央政府的角色和功能。东部地区政策创新通过试点吸纳推广机制向边疆民族地区扩散的代表性案例有"河长制"和"最多跑一次"改革等。

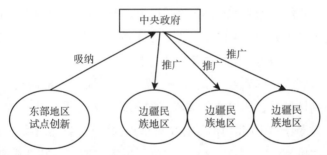

图 4 – 3　东部地区政策创新向边疆民族地区的"试点—吸纳—推广"机制

"河长制"的雏形最开始源于浙江湖州市长兴县2003年城区河流党政领导责任制的探索实践，之后成型于2007年前后江苏无锡对太湖流域污染的治理。无锡市尝试的"河长制"取得了明显的太湖治理效果。2008年江苏省政府决定在所辖的整个太湖流域推广无锡市的"河长制"①。2012年9月，江苏省政府办公厅印发《关于加强全省河道管理

---

①　参见江苏省政府办公厅印发《关于在太湖主要入湖河流实行双河长制的通知》（苏政办发〔2008〕49号）。

"河长制"工作的意见》，向全省推广实施"河长制"，成为全国首个全面实施"河长制"的省份；随后天津、浙江等省份也学习借鉴江苏经验探索试点"河长制"。鉴于江苏、浙江等地"河长制"的效果作用，中央政府决定将其上升为国家政策。2014 年 9~12 月，水利部在北京、天津、河北、山东、上海、江苏、浙江、福建、广东 9 个东部省份，安徽、江西、湖北、湖南、河南、山西 6 个中部省份，吉林、辽宁 2 个东北省份以及重庆、四川、广西 3 个西部省份的 46 个市县（区）进行河湖管护体制机制创新扩大试点工作。在总结试点经验的基础上，2016 年 11 月 12 日，经中央全面深化改革领导小组第 28 次会议审议通过，中共中央办公厅、国务院办公厅印发了《关于全面推行河长制的意见》，要求各省份在 2018 年底之前全部建立"河长制"[①]。由于是中央政府的要求推广实施，包括边疆民族地区省份在内的所有省份全部在 2017 年 7 月 3 日之前都出台了本省份实行"河长制"的文件细则。在"河长制"向边疆民族地区扩散的过程中，首先是中央政府向江苏等地学习借鉴吸纳上升为国家政策，然后中央政府以指令形式向包括边疆民族地区在内的其他地区进行强制性推广扩散。

东部地区政策创新经"试点——吸纳——推广"机制进行扩散并不都是强制性扩散，例如"最多跑一次"改革就是推荐性扩散。"最多跑一次"改革于 2016 年由浙江省率先试点探索[②]，作为落实"放管服"改革的具体措施。"最多跑一次"改革利用大数据信息共享机制，打破各部门之间的信息孤岛，实现"一窗受理"的对接平台，以真正达到"数据多跑路、群众少跑腿"的目的。2018 年，浙江省为进一步深入推进"最多跑一次"改革，还专门创制了"放管服"领域第一部地方性法规《浙江省保障"最多跑一次"改革规定》。2018 年 5 月 23 日中共中央办公厅、国务院办公厅发布《关于深入推进审批服务便民化的指导

---

① 参见中共中央办公厅、国务院办公厅印发《关于全面推行河长制的意见》（厅字〔2016〕42 号）。

② 张斌、李俪：《聚焦浙江"最多跑一次"："刀刃向内"造就改革样本》，新浪网：http://news.sina.com.cn/o/2018-03-30/doc-ifysttcm1604173.shtml，2018 年 3 月 30 日。

意见》，要求各地深化审批服务改革，并推荐了浙江省"最多跑一次"经验等做法①。但中央政府的推广建议仅仅是建议性和参考性的，并不具有指令性和强制性，中央政府并没有指令地方政府必须采用浙江省的"最多跑一次"模式。但由于"最多跑一次"模式具有很好的先进性和优越性，很快被推广到广西（赵超，2018）、云南（李丹丹，2018）、西藏②、新疆（董少华，2018）以及吉林省延边朝鲜自治州③等边疆民族地区。

二、东部地区政策创新向边疆民族地区扩散的多阶段多主体机制

政策创新扩散的多阶段多主体机制是指政策创新的扩散过程由两个以上的阶段及两个以上的主体实施完成，并且在不同的阶段由不同的常规机制驱动。多阶段多主体机制与"试点——吸纳——推广"机制的相同之处是扩散过程涉及不同的阶段和不同的主体，不是直接由"创新地"到"采纳地"的横向扩散，而是中间经历了第三方主体；不同之处是"试点——吸纳——推广"机制的第一个阶段是由中央政府吸纳地方的政策试点创新，而多阶段多主体机制中不会涉及中央政府，政策创新的采纳者与第三方主体均为地方政府或地方公共组织。

自 2009 年 11 月 26 日浙江省温州市公安局官方微博"平安温州"在新浪微博平台注册上线后，"平安肇庆""平安东莞"等东部地区省

---

①　文件推荐了浙江省"最多跑一次"经验做法、江苏省"不见面审批"经验做法、上海市优化营商环境经验做法、湖北省武汉市"马上办网上办一次办"经验做法、天津市滨海新区"一枚印章管审批"经验做法、广东省佛山市"一门式一网式"经验做法 6 种经验。参见中共中央办公厅、国务院办公厅：《关于深入推进审批服务便民化的指导意见》，中国政府网：http://www.gov.cn/zhengce/2018-05/23/content_5293101.htm，2018 年 5 月 23 日。

②　西藏自治区国家税务局编：《西藏自治区拉萨市国税局聚力"最多跑一次"打造便民办税加速度》，国家税务总局网站：http://www.chinatax.gov.cn/n810219/n810739/c2846505/content.html，2017 年 10 月 10 日。

③　参见：《延边州人民政府关于印发全面推进"只跑一次"改革实施方案的通知》（延州政发〔2018〕5 号）。

份的公安机关纷纷学习开通官方微博，以便于加强信息沟通和警民互动。2011 年中国政务"微博元年"到来，官方微博呈井喷式增长，广东公安厅、浙江公安厅等省级公安部门也纷纷开通公安微博。鉴于周边广东、湖南等省份公安厅都开通了官方微博，2011 年广西壮族自治区公安厅也正式开通了官方微博"广西公安"①。广西壮族自治区公安厅开通官方微博是向东部地区及周边地区学习模仿的结果。随后广西公安厅要求全自治区市县两级所有公安机关在半年内都开通"公安微博"②。在此之前广西 14 个地级市中只有梧州市开通了公安微博（见表 4 - 2），梧州市与广东省肇庆市接壤，而肇庆市是最早开通公安微博的地级市之一。梧州市是广西所有地级市中与广东的经济文化往来最密切的城市，是"粤桂合作特别试验区"③ 所在地。但自广西公安厅提出要求之后，其他所有地级市均在半年内开通了公安微博，其中有 9 个地级市是在公安厅提出要求后的 10 天内开通的。

表 4 - 2   广西地级市公安微博开通时段

城市名称	微博名称	开通时间（年/月/日）
桂林市	平安桂林	2011/3/29
玉林市	玉林公安	2011/3/13
钦州市	钦州公安	2011/3/21
北海市	广西北海市公安局	2011/7/21
南宁市	南宁公安在线	2011/2/24
河池市	广西河池公安	2011/2/24
贺州市	贺州警方	2011/2/24

---

① "广西公安"微博网址：https：//weibo. com/gxga？is_all = 1。

② 熊红明：《广西规定县级以上公安机关都要开通"公安微博"》，中国政府网：http：//www. gov. cn/jrzg/2011 - 02/16/content_1804307. htm，2011 年 2 月 16 日。

③ 粤桂合作特别试验区是国家区域发展战略珠江—西江经济带的重要组成部分，位于广东省肇庆市和广西壮族自治区梧州市交界处，面积 140 平方千米，广东、广西各 70 平方千米，由粤桂两省份共建，是中国唯一的横跨东西部省际流域合作试验区。

续表

城市名称	微博名称	开通时间（年/月/日）
百色市	百色公安	2011/2/24
来宾市	来宾公安	2011/2/24
贵港市	贵港公安	2011/2/24
崇左市	崇左公安	2011/2/24
防城港市	防城港市公安局	2011/2/24
柳州市	柳州公安	2011/2/20
梧州市	广西梧州在线警务	2010/11/6

公安微博从东部地区的广东省等地扩散到边疆民族地区的广西是典型的多阶段多主体扩散机制（见图4-4）：第一重路径是梧州市公安局在与肇庆市公安局的学习竞争中率先开通了广西第一个公安微博，第二重路径是广西公安厅在学习借鉴广东公安厅的同时吸纳学习梧州市的做法开通自身的公安微博后指令所有地级市开通公安微博。

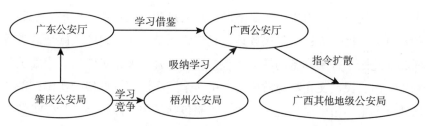

图4-4 公安微博向广西扩散的多阶段多主体机制

除公安微博的扩散外，前文分析的高校指纹打卡考勤制度的扩散也是如此。GL大学学习借鉴引入指纹打卡考勤制度，之后既有不同性质高校之间的学习模仿，也有同为理工科高校间的竞争驱动。东部地区政策创新向边疆民族地区扩散有很多情况是通过多阶段多主体机制完成的。之所以如此，是因为边疆民族地区的政策创新意识和资源不仅与其他地区相比有明显的差距，在边疆民族地区内部也有较大的差距。在这种情况下，往往只有少数甚至个别地方能够及时关注并采纳实施东部地区的政策创新，而除这些少数"先行者"外，其他地区需要滞后一期才提上日程，它们能够提上日程要么是因为与本区域"先行者"之间的模仿和竞争机制驱动，要么是因为上级政府的指令要求。

本 章 小 结

现实中政策创新扩散机制的差异源于政策创新扩散背景的差异，形塑我国东部地区政策创新向边疆民族地区扩散机制的背景包括政策创新扩散的共性背景、中国特色体制背景和边疆民族地区具体背景：共性背景是指任何国家和地区的政府及其行为的最基本属性特征，包括政府的基本公共管理职责、科层制下纵向和横向的府际关系以及政府无法回避的与经济和社会系统的交互影响等，任何国家任何时期任何地方的政府行为都要遵从这些方面的基本规律；中国特色体制背景是指我国具备但其他国家并不普遍具备的特征，主要包括中国共产党在国家和社会运行中的领导地位、权力集中体制下的府际关系和央地关系、干部人事制度和官员任职模式等；边疆民族地区具体背景是指我国边疆民族地区具备而其他地区不普遍具备的特征，包括经济社会发展相对滞后、边疆国际因素突出、民族文化特色鲜明等。由3个层次的背景形塑的我国东部地区政策创新向边疆民族地区扩散的机制包括常规扩散机制、特殊扩散机制和混合扩散机制3种类型。

由共性背景形塑的是常规扩散机制，包括行政指令机制、学习模仿机制和政绩竞争机制。东部地区政策创新通过行政指令机制向边疆民族地区扩散的代表性例子例如"河长制"的扩散及2014～2016年户籍改革政策的扩散，"河长制"的扩散属于"硬"行政指令机制，而2014～2016年户籍改革政策的扩散属于"软"行政指令机制；学习模仿机制是指边疆民族地区基于自愿学习和模仿采纳实施东部地区的政策创新，例如G市高校引入指纹考勤制度；政绩竞争机制是指地方政府间因政绩竞争需要，尤其是在我国以行政发包和政治锦标赛为特征的压力型体制下地方政府间政绩竞争的需要相互竞争采纳新政策，例如以桂林市为代表的边疆民族地区城市出台高层次人才培养计划等。

由我国特色体制背景和边疆民族地区具体背景形塑的是特殊扩散机制，包括市场驱动机制、对口支援机制和边疆国际合作机制。市场驱动扩散机制之所以在我国是政策创新的特殊扩散机制，是因为我国不仅相对于发达国家，而且相对于其他领土面积较小的发展中国家而言，存在的显著特征是国家内部市场发展情况存在明显的区域差异。我国市场化进程从东部地区到边疆民族地区"差序格局"式的阶梯特征，使得市场成为政策创新扩散尤其是从东部地区向边疆民族地区扩散的重要机制。随着各领域尤其是新兴领域的市场逐渐从东部发达地区向内陆及边疆民族地区转移，同时驱动东部地区的政策创新向边疆民族地区的扩散：一方面市场的转移本身会带来某些新理念和新模式的扩散转移，比如新的产业政策和政商关系模式；另一方面在经济发展压力下市场向边疆民族地区的转移也会"倒逼"当地政府采纳实施市场转出地的政策和治理创新模式，否则市场会"用脚投票"寻找其他更合适的地方。市场机制驱动东部地区政策创新向边疆民族地区扩散的例子如民俗旅游模式和"共享单车"的扩散。

对口支援机制是因我国独特的"对口支援"关系而形成的东部地区政策创新向边疆民族地区的扩散机制。对口支援是在中央政府的协调和安排下由东部等发达地区对包括边疆民族地区在内的相对落后地区的帮助和支援，是中央政府主导下的支援方对受援方的政治性馈赠行为。对口支援包括资金、项目、人才、干部（如援藏干部、援疆干部）等多种形式，从本质上分为"思想支援"和"资源支援"两种。基于思想支援和资源支援两个方面的不同情况，对口支援促进东部地区政策创新向边疆民族地区扩散的模式有直接实施型扩散机制、思想启发型扩散机制和资源辅助型扩散机制，代表性的例子有拉萨实施网格化管理、新疆洛普开发农业生态园、日喀则实施农业合作社、西藏僧尼纳入社会保险、喀什金胡杨景区转型升级等。

边疆国际合作机制是指因国际合作因素驱动东部地区政策创新向边疆民族地区的扩散。我国边疆民族地区最重要的特征是位于或靠近边境，在地理位置上具有天然的潜在国际影响因素。国际合作机制驱动东部地区政策创新向边疆民族地区扩散的典型例子是自由贸易区向广西、云南等边疆民族地区的扩散以及保税区向新疆、内蒙古等边疆民族地区的扩散。

混合机制是指在扩散过程中有两个及以上的机制或方式在同时发挥作用。从政策创新扩散机制的形塑因素来看，混合机制是由常规背景、中国特色体制背景和边疆民族地区具体背景共同形塑的扩散机制，其实质是由常规扩散机制和特殊扩散机制融合而成。东部地区政策创新向边疆民族地区扩散混合机制主要包括"试点——吸纳——推广"机制和多阶段多主体机制。前者如"河长制"和"最多跑一次"向边疆民族地区的扩散，后者如公安微博向边疆民族地区的扩散。

第 五 章

东部地区政策创新向边疆
民族地区扩散的影响因素

公共政策创新扩散的影响因素是指促进或阻碍某项政策创新在其他地方采纳实施的各种要素。本章的内容是分析东部地区政策创新向边疆民族地区扩散的影响因素。由于在文献中政策创新扩散的影响因素是不可穷尽的，因此本章首先在归纳总结已有政策创新扩散影响因素的一般分析框架和方法的基础上，并基于前述章节中的东部地区政策创新向边疆民族地区扩散的案例，提出东部地区政策创新向边疆民族地区扩散可能的主要影响因素，然后基于公安微信、旅游政务微信等大规模扩散的数据进行实证分析。

第一节 东部地区政策创新向边疆民族地区扩散
影响因素的分析框架

一、政策创新扩散影响因素的一般分析框架与分析方法

（一）政策创新扩散影响因素的一般分析框架

政策创新扩散研究领域对政策创新扩散影响因素的分析是沿着从内

部要素模型到外部要素模型再到内外部混合要素模型的轨迹发展。内部要素是一个政府及其辖区的现实状况和条件，常见有影响的要素主要包括：（1）经济发展和财政能力因素，主要包括经济水平、工业化水平、城市化程度（Jack L. Walker，1969）、财政能力（Virginia Gray，1974），经济和财政能力越强越可能采纳新政策；（2）政治体制因素，主要包括联邦体制（Koleman S. Strumpf，2002）、分权体制（Christos Kotsogiannisz & Robert Schwagery，2004）等，西方研究者认为越是分权体制越有利于促进政策扩散；（3）政策行动者尤其是政策网络因素，主要包括民选政客、政党、公务员、压力集团、政策推动者或专家、跨国组织等（David Dolowitz & David Marsh，1996；Michael Mintrom & Sandra Vergari，1998；Michael Mintrom，1997；Andrew Karch，2007；刘晓亮等，2019），政策网络和政策企业家的积极推动能促进政策扩散；（4）辖区的需求驱动因素，比如公民和企业需求形成的辖区公共压力（Michael J. Ahn，2011），压力越大采纳新政策的可能性越高，并且还发现辖区居民教育水平越高需求越高（Chung-pin Lee et al.，2011）、网民比例越高需求也越高（Caroline J. Tolbert et al.，2008）等结论。对于外部因素，研究者认为上级政府压力和激励（Dorothy M. Daley & James C. Garand，2005；Andrew Karch，2012）、府际竞争（Chung-pin Lee et al.，2011）与府际学习（Craig Volden et al.，2008）等府际关系因素会影响政府是否采纳新政策（马亮，2011）。此外，一个地区的政府官员与外地官员的交流（Virginia Gray，1973）、参加会议获取信息（Heywood，1965）、政府间专业协会的交流（Steven J. Balla，2001）等也会促进政策创新的扩散。需要注意的是，不同的研究者基于不同的案例和数据会发现不同的影响因素，戈洛尔（Eleanor D. Glor，2009）归纳总结出了影响政策创新及扩散的 30 种因素，而格汉姆（Erin R. Graham）等总结出了 104 种因素（Erin R. Graham et al.，2012）。

　　鉴于影响因素的不可穷尽和数量繁多，研究者尝试从不同角度对这些影响因素进行框架性归纳：罗杰斯（E. M. Rogers，1983）将这些因素归纳总结为创新的特性、创新的种类、沟通的渠道、社会体制的性质以及代理人 5 种类型；文杰莱特（Barbara Wejnert）则概括为创新本身的特征、创新者的特征、结构特征 3 种类型的因素，其中创新者的特征包括创新者的社会存在体、新密性、情形特征、社会经济特征、社会网络中的位置、个人素质等，结构特征因素包括地理环境、社会文化、政治条件、全球一致性等（Barbara Wejnert，2002）；还有研究者提出政府特征、创新特征、利益集团、行业组织、国民情绪 5 种因素（Boushey G.，2010）；国内学者朱旭峰则总结为扩散背景、扩散主体、扩散客体和媒介因素 4 大类，其中背景因素包括全球、国家和辖区层面的政治、经济、文化、社会、自然因素等，主体因素包括政府的财政收支、资金分配、人员流动、制度设计、党派关系、府际网络等，客体因素包括创新的类型、内容、特征等，而媒介因素包括媒体、社会网络、利益团体、个人（政策企业家）等（朱旭峰，2014）。

　　由于因素众多并且不可穷尽，研究者在分析的时候往往是选择部分因素进行综合分析。国内研究也基本是按照这种模式进行分析，依据分析的对象差异而选择重点因素。例如：对社会医疗保险城乡统筹的扩散分析了社会经济、财政能力、人口结构、人力资本、卫生事业发展和医疗保险发展等因素的影响（侯小娟、周坚，2014）；对城市低保政策的扩散分析了社会需求、财政资源、上级行政命令、上下级财政关系、同级城市的竞争等因素（朱旭峰、赵慧，2016）；对智慧城市的扩散分析了环境污染、人口密度、市委书记支持、城市规模、城市性质、经济实力、府际竞争与学习、上级压力等因素（于文轩、许成委，2016；王洪涛、陈洪侠，2017）；对省直管县财政改革的扩散分析了辖区面积、财政自给率、是否贫困县、管理幅度、邻居效应、省长经历等因素（张克，2017）；对流动人口积分管理的扩散分析了政府资源与能力、信访压力、上级政府的行政压力等因素（张洋，2017）；对社会组织直接登记的扩散分析了中央垂直压力、既往试点经验、市场化水平、法制化水平、政治地位等因素（章高荣，2017）；对政府购买服务的扩散分析了人均 GDP、人口规模、财政能力、万人社会组织数、城镇人口比例、邻近省份比例、全国采纳比例、媒体报道数对数等因素（李健、张文婷，

2019）；对住房限购政策的扩散分析了财政收支比、房地产开发投资占比、库存去化周期、房价增速、房价收入比、中央行政命令、同级别城市采纳数量、GDP 增速、金融机构存款余额、人口净流入、行政级别等因素（刘琼等，2019）。

（二）政策创新扩散影响因素的一般分析方法

政策创新扩散影响因素的分析方法经历了由简单的因素分析法到事件史分析（EHA）法再到多元分析法的发展演化过程，但不同形式的事件史分析依然是主体分析方法。在政策创新扩散研究的早期，主要是采用因子分析、截面回归分析等单因素分析方法来探究影响因素（Frances Stokes Berry，1994；陈芳，2014）。但是传统的回归分析方法存在两个方面的问题：一是分析的因变量是采纳与否的二元变量而非连续型变量，其齐次性等方面不符合最小二乘法（OLS）回归分析的前提条件（马亮，2014；殷存毅等，2016）；二是扩散采纳行为是一个过程现象，大致按照 S 形曲线从小规模采纳到大规模采纳再到进入平缓采纳期，从纵向时间序列来看，最终会进入采纳停滞期，数据存在"右删失"的情形，传统的横截面回归方法也不再适用。为了解决这些问题，贝瑞夫妇（Frances Stokes Berry & William D. Berry，1990）首次采用了事件史分析方法（Event History Analysis，EHA）。事件史分析方法的基本思想是用 t – 1 时刻的条件因素预测 t 时刻是否采纳某项创新政策，在回归模型上采用逻辑回归方法，以代替线性概率模型，具体可使用Logit 或 Probit 模型（Frances Stokes Berry，1994）。事件史分析法在使用中被不断发展，例如后扩展的事件计数法（Frederick J. Boehmke & Richard Witmer，2004）、成对的年—事件史分析法（Dyad-year EHA）（Craig Volden，2006；Fabrizio Gilardi，2008）、增加三次样条变量的时间因素模型（李智超，2019）等。

当然事件史分析方法在实际运用中也存在缺陷和不足，例如这种方法的因变量是二元变量，因此分析的焦点是是否扩散采纳的行为，并不能分析到扩散的机制及程度的问题（Jean-Robert Tyran & Rupert Sausgruber，2005）。为此，近年来学术界又开始引入新的分析方法，其中使用比较多的是定性比较方法（Qualitative Comparative Analysis，QCA），这种方法比较适用于小规模样本案例的分析（刘晓亮等，2019）；而晚近时期方法，为了更直观地分析并显示政策创新扩散的情况及影响因素，空间计量与地理信息系统也被引入进来（张克，2017）。尽管事件史分析法存在一定的缺陷并且新的方法被逐渐引入进来，但事件史分析方法依然是学术界用来分析政策创新扩散影响因素的主流的和基本的方法。这种方法不仅适用于处理大规模的扩散数据，而且针对不同的扩散案例和情形可以比较灵活地、有重点地选择合适的影响因素分析变量。本章第二节将采用事件史分析法对东部地区政策创新向边疆民族地区扩散的影响因素进行实证分析。

二、东部地区政策创新向边疆民族地区扩散的主要影响因素

东部地区政策创新向边疆民族地区扩散的影响因素既包括常规扩散的影响因素，也包括因中国政治体制及边疆民族地区的特殊性而产生的特殊因素。下面基于前文各章中分析的东部地区政策创新向边疆民族地区扩散的具体案例[①]，从政策创新特性、扩散地及其政府特征、府际关系与扩散机制等方面梳理归纳东部地区政策创新向边疆民族地区扩散的主要影响因素。

（一）政策创新特性

不同性质和类型的政策创新本身的扩散性强弱是不同的。因为创新本身的复杂程度和要求不同，比如针对复杂问题的政策创新相对于针对简单问题的政策创新，因其采纳者的模仿学习过程长和风险高扩散比较

---

① 因本节采用的案例在前述章节中均有详细介绍和分析，此处仅作为总结归纳之用，不再重复详细地介绍案例。

困难。例如，国家综合配套改革试验区、自由贸易区等重大改革型创新向边疆民族地区的扩散范围是有限的，而公共自行车、政务微博微信等方法优化型创新向边疆民族地区的扩散不仅规模大，而且速度明显更快。

（二）扩散地及其政府特征

扩散地及其政府特征主要包括扩散地的经济与财政能力、政府治理基础等方面。首先，扩散地的经济与财政能力。由于任何政策创新的采纳实施都是要付出成本的，因此扩散地的经济与财政能力越强，东部地区政策创新向边疆民族地区的扩散越容易，反之越困难。例如即使是公共自行车、网上政务大厅等相对简单的方法优化型政策创新，由于需要政府投入的成本也相对较高，在向5个西部边疆民族省份扩散过程中的共同特点是，省会城市均已采纳实施，而所在省份省会之外的城市采纳实施的比例都比较低，其原因就是省会城市相对非省会城市而言往往具有更为优越的经济条件和更为雄厚的财政能力。

其次，政府的治理能力基础。政府的治理能力基础包括扩散地政府及其官员的政治意识和政策水平、政府运行的惯例状态和执行能力等。扩散地政府的治理能力基础越弱政策创新的扩散就越困难。例如，西南边疆民族地区 P 市 M 协会在引入浙江等地的"虚拟养老院"模式时，既不依法履行对 M 协会的年检职责，也不批准其成立"养老服务中心"机构，导致 M 协会所在的 P 市的社会组织参与养老服务的尝试和推广延后多年。

最后，边疆民族地区特殊资源社会条件。边疆民族地区在地理位置、自然资源、文化传统、国际因素等方面拥有独特的条件，这些条件会影响东部地区政策创新向边疆民族地区的扩散。例如，旨在推进国际区域合作发展的功能性试验区在东部地区产生后，规模较大且比较快地向边疆民族地区扩散，表现为分布在东北边疆民族地区、西北边疆民族地区和西南边疆民族地区的沿边开发试验区、沿边经济合作区等。之所以相对于经济自由贸易区、国家配套综合改革试验区等创新，沿边开发试验区、沿边经济合作区等功能性试验区能更好地向边疆民族地区扩散，是因为边疆民族地区具有边疆国际合作的先天优势。此外，诸如民俗旅游模式等优势深化型政策创新更是大规模向边疆民族地区扩散，就是因为边疆民族地区拥有不可比拟的历史文化传统和少数民族文化资源。

（三）府际关系与扩散机制

政府是否采纳实施一项新的政策，不仅取决于政策创新的特性和采纳地及政府自身的因素，也会受到其他政府行为的影响。首先是上级政府行为的影响。任何政府机构都不是孤立地存在，而是存在于政府组织网络结构中。在纵向关系上，本级政府的上级政府和下级政府的行为只要与其产生职能上的关联就会影响其采纳实施新政策的行为。尤其是在权力集中体制下，上级政府以至中央政府对下级政府甚至拥有直接的行政命令权力，自上而下的强制性扩散成为重要影响因素，在强制性扩散机制下东部地区政策创新向边疆民族地区的扩散效果会非常明显。例如，"河长制""健康码"都是因中央政府实行不同程度的强制性扩散，因此所有边疆民族地区均在较短的时间内采纳实施。

其次是相邻政府行为的影响。横向上相邻政府之间既更方便于学习合作，也存在更为明显的政绩竞争压力，因而相邻政府的行为也会影响政策扩散情况。例如，广西桂林市迅速出台并修订高层次人才计划、与广东肇庆接壤的广西梧州市率先在自治区内开通公安微博等案例，都是边疆民族地区政府因与相邻政府间的竞争、学习、合作等原因促进东部地区政策创新向其辖区扩散的代表。

最后是纵向横向政府行为的共同影响。在我国特殊政治体制下，东部发达地区的政府与边疆民族地区的政府在中央政府的安排协调下存在如"对口支援"的关系，这种关系会极大促进东部地区政策创新向边疆民族地区的扩散。在"对口支援"关系中，东部地区政府通过直接实施、思想启发、资源辅助等方式促进其政策创新向边疆民族地区扩散，典型的例子如拉萨采用北京的网格化管理、西藏僧尼纳入社会保险、日喀则学习建立山东青岛的农业合作社模式等。

需要注意的是，上述政策创新特性、扩散地及政府特征、府际关系与扩散机制是基于已有理论和前述章节的案例总结归纳出来的东部地区政策创新向边疆民族地区扩散影响因素的最基本结构。在具体的实证分析中，还需要根据分析的具体对象增加或减少相应的因素。例如，如果只是分析相同类型的政策创新，诸如低成本方法优化型政策创新向边疆民族地区扩散的不同案例，就无须将政策创新特性再作为影响因素。同时，即使是在同种类型的影响因素中，也要根据不同的政策创新增减影响因素，例如对于政务微博微信之类基于网络信息技术的方法优化型政策创新向边疆民族地区的扩散，在考察政府的治理能力基础时，还需要具体加入反映当地政府电子政务能力的变量。

第二节　东部地区政策创新向边疆民族地区 扩散影响因素的实证分析

鉴于在现实当中不同政策扩散的具体案例中的影响因素都存在差异，本节以具体扩散的案例进行实证分析。由于小规模扩散的案例不适用定量分析，本节具体选择公安微信、旅游政务微信等向边疆民族地区大规模扩散的方法优化型政策创新为例，在具体方法上采用事件史分析 Logistic 回归法。之所以选择政务微信而不是政务微博的扩散，主要是考虑到政务微博的扩散在已有文献中已经进行了比较成熟的研究。另外，公安微信的扩散具有一定程度的行政指令性质，而旅游政务微信则具有一定程度的市场驱动性质，可以作为不同扩散性质的代表进行对比。

一、公安微信向边疆民族地区扩散的影响因素实证分析

（一）样本与数据来源

鉴于数据的可获得性和研究的范围，本书分析的时间跨度为

2013～2018 年。之所以选择 2013～2018 年边疆民族地区公安微信扩散作为研究对象，主要是考虑到 2012 年微信在我国才开始大规模发展，而且根据检索的信息数据显示，公安微信最早的开通时间为 2013 年 12 月 31 日，而到了 2018 年，边疆民族地区大多数公安微信已基本实现开通。考虑到数据的丰富性和可获取性，边疆民族地区公安微信扩散的基本分析单位为地级行政区划。地级行政区划是否开通的数据源于作者的搜集，其他数据来自《中国城市统计年鉴》《中国城市竞争力年鉴》、各地《国民经济和社会发展统计公报》等政府公开出版数据以及"国脉电子政务网"等专业平台提供的研究数据，以确保数据来源的可靠性和研究结果的可重复性。

（二）变量测量

1. 因变量

通过微信的搜索引擎对边疆民族地区各地级行政区划单位的公安微信进行搜索，搜索关键词为"公安""平安""警方"等，从而确定 2013～2018 年边疆民族地区各地级行政单位公安微信开通的精确时间，主要以公安微信公众号的认证时间作为其开通的时间标志。将已开通的地级行政单位编码为 1，未开通的则编码为 0。

2. 自变量

由于政务微信是方法优化型政策创新，此处并不作不同类型政策创新扩散的比较分析，因此不考虑政策创新自身特性的因素；在扩散地及政府特征方面，纳入人均 GDP、财政金融规模指数等经济发展因素，政府规模、电子政务水平等政府自身因素，公共安全需求、移动电话普及率、互联网普及率等社会需求因素，以及区划性质等边疆民族地区特殊因素；在府际关系与扩散机制方面，纳入省级政府是否开通、邻近区划开通率等因素。为了更清晰地显示不同类型的自变量，具体分为政府自身因素、经济发展因素、社会需求因素、府际关系因素及边疆民族地区特殊因素 5 个方面。

（1）政府自身因素。政府自身因素包括政府规模和电子政务水平两个变量。大量研究表明，政府规模是影响政策创新与扩散的重要因素。一般而言，政府规模越大，采纳一项新政策的可能性就越大。本书采用政府机构规模指数来衡量地级行政单位政府规模，该指数指的是公共管理和社会组织从业人数与总人口之比，数据来自历年《中国城市竞争力年鉴》。同时现有电子政务水平会影响到政府对微信等互动平台的采纳，本书采用地级行政单位政府门户网站评估得分来衡量地级行政单位电子政务的发展水平。地级行政单位政府门户网站评估得分是对门户网站的信息公开、在线服务、公众参与、用户体验 4 个维度进行评估，再按照一定的权重计算之后得到的总分，数据来自国脉电子政务网和中国软件评测中心，其中，国脉电子政务网可以下载 2013～2017 年地级行政单位政府门户网站评估得分统计表，中国软件评测中心网站可以登录下载中国政府网站绩效评估报告。

（2）经济发展因素。经济发展因素包括地级行政单位的经济水平和政府财政状况。一般而言，经济发展越好的地方，采纳新政策的概率就越高。采用地级行政单位人均 GDP 来衡量经济发展水平，数据来自中国知网大数据研究平台和中国统计信息网。公共财政实力和资本使用规模在政策创新与扩散中通常发挥着至关重要的作用。财政金融规模指数赋值越高，通常就意味着该城市的公共财政实力越强、资本使用规模越大。本书采用《中国城市竞争力年鉴》中的财政金融规模指数作为对地级行政单位政府财政状况的衡量指标。财政金融规模指数是考虑了城市财政预算内收入、财政预算内支出、年末储蓄总余额、年末贷款总余额、财政贷款占 GDP 比重这几个指标后得到的一个综合指数，可以反映城市的公共财政实力与资本使用规模。

（3）社会需求因素。社会需求包括地级行政区划的公共安全水平和公众对公安微信的需求两个方面。公安微信的开通可能会受到一个地区公共安全水平的影响，当一个地区公共安全水平较低时，公安部门面临着较差的社会秩序，促使其采取公安微信作为警民沟通方案。本书中地级行政单位的公共安全水平采用刑事案件发生率和社会安全民众满意度来进行衡量。刑事案件发生率指的是每十万人发生的各种刑事案件数，可以反映城市的犯罪率，因此可以作为城市公共安全的逆指标，其2013～2017年的数据来自历年《中国城市竞争力年鉴》，2018年的数据来自对前两年数据的算术平均。另一个变量社会安全民众满意度指的是市民对社会安全的满意程度，可以用来考察城市的治安水平，其2013～2018年的数据均来自历年《中国城市竞争力年鉴》。

公众的网络信息能力和使用现状也会影响政府是否开通政务微信。本书采用移动电话普及率和互联网普及率来反映公众对公安微信的需求，移动电话普及率指的是城市的电话机总数与该城市的人口总数之比，即平均每百人拥有的电话机数量。互联网普及率指的是城市的互联网用户数占该城市人口总数的比例，数据来自历年《中国城市竞争力年鉴》。

（4）府际关系因素。府际关系包括邻近地区开通比例和省级部门开通情况两个变量。邻近区域扩散效应是政策扩散过程中一种最常见的情况，当地理位置相邻的地方政府采纳一项政策时，与其接近的地方政府因竞争关系采纳这项政策的可能性就变高。本书中的邻近地区开通比例指地级区划所属省内相邻地级行政区划公安微信的开通比例。操作方法是通过搜索可以确定边疆民族地区各地级行政单位开通公安微信的时间，然后确定每一个地级行政单位省内的相邻地级行政单位个数，根据开通日期，确定每一个地级行政单位邻近地区开通比例。例如：内蒙古赤峰市开通公安微信的时间为2014年5月5日，其省内相邻地级行政单位为锡林郭勒盟和通辽市，公安微信开通时间分别为2015年12月17日、2016年1月25日。那么赤峰市2013年和2014年省内相邻地级行政单位的开通比例为0，由于2015年锡林郭勒盟开通公安微信，所以赤峰市2015年省内相邻地级行政单位的开通比例为0.5（赤峰市共有2个相邻地级行政单位，2015年有1个相邻地级行政单位开通公安微信）。以此类推，赤峰市2016年省内相邻地级行政单位的开通比例为1（2016年赤峰市的2个相邻地级行政单位全部开通公安微信），2017年和2018年省内相邻地级行政单位的开通比例也为1。

地方政府在决定采纳一项新政策时，常会受到上级部门的干预。本书中的省级部门开通情况指地级行政区划所在省级公安部门是否开通微信，将已开通的地级行政单位编码为1，未开通的则编码为0。本书根据省级公安部门开通微信的认证时间来确定其开通的精确时间，并且考虑到省级部门开通公安微信后，不可能立即产生扩散效应，因此将开通时间滞后1年。例如，内蒙古公安厅开通公安微信的时间为2014年5月29日，那么，我们将内蒙古各地级行政单位所在省级公安微信开通情况中的2015年及以后年份编码为1，此前年份编码为0。

（5）边疆民族地区特殊因素。边疆民族地区特殊因素是指是否是民族区划，民族区划根据是否是自治州来设置，若是，则编码为1，若不是，则编码为0。自治区划是在少数民族聚居地设立的地级民族自治地方。在自治区划中由于特定民族成分的居民比例很高，可能会影响公安微信的开通。

3. 控制变量

人口规模可能会影响公安微信开通与否，因为人口规模越大，对公安微信的需求就越大，地级行政单位公安微信开通的可能性就越大。因此需要控制地级行政区划人口规模。人口规模采用边疆民族地区各地级行政区划年末户籍总人口进行衡量。为了消除异方差问题，对该总人口进行对数化处理。数据来自中国知网大数据研究平台统计数据中的边疆民族地区统计年鉴，并用中国统计信息网中的各地级行政单位2013～2018年的国民经济和社会发展统计公报数据加以补充。

（三）结果分析

采用Logistic回归得到的具体结果见表5-1和表5-2。表5-1是对政府自身因素、经济发展因素、社会需求因素、府际关系因素、边疆民族地区特殊因素分别进行回归；表5-2则是对这些变量分组逐步加入后进行回归。回归结果显示，不同因素对公安微信的开通有着不同的影响。

表 5 - 1　　边疆民族地区公安微信扩散影响因素分组变量 logit 回归结果

变量名	(1)	(2)	(3)	(4)	(5)	(6)
因变量						
开通与否						
自变量						
政府自身因素						
政府机构规模指数	3.0307 *** (0.6496)					
政府门户网站 评估得分	1.2839 *** (0.2736)					
经济发展因素						
人均 GDP		0.3641 ** (0.1785)				
财政金融规模指数		29.9745 *** (8.0613)				
社会需求因素						
社会安全民众 满意度			0.4333 (1.3884)			
刑事案件发生率			0.9770 (1.0732)			
移动电话普及率			- 2.1122 (0.6814)			
互联网普及率			3.5892 *** (0.8753)			
府际关系因素						
邻近地区开通比例				4.0986 *** (0.4104)		

续表

变量名	（1）	（2）	（3）	（4）	（5）	（6）
省级部门开通情况				0.7044 * （0.4044）		
边疆民族地区 特殊因素						
是否为民族区划					− 0.0213 （0.2661）	
控制变量						
人口总数						0.1162 （0.1102）
_cons	− 4.9085 *** （0.9792）	− 7.4411 *** （2.0377）	− 0.0659 （0.2093）	− 1.9907 *** （0.2534）	− 2.0155 ** （0.9855）	− 0.0523 （0.5696）
pseudo R^2	0.137	0.091	0.073	0.387	0.013	0.002
观测值	402	402	402	402	402	402

注：* 表示 $p < 0.1$，** 表示 $p < 0.05$，*** 表示 $p < 0.01$。

表 5 – 2 　　公安微信向边疆民族地区扩散全部变量 logit 回归结果

变量名	（7）	（8）	（9）	（10）	（11）
因变量					
开通与否					
自变量					
政府自身因素					
政府机构规模指数	2.3797 *** （0.6658）	3.4607 *** （0.8722）	2.1169 * （1.0977）	2.6273 ** （1.1295）	2.3909 ** （1.1493）
政府门户网站评估得分	1.1195 *** （0.2835）	0.9265 *** （0.3096）	0.4329 （0.3337）	0.0099 （0.4005）	0.3040 （0.4407）
经济发展因素					
人均 GDP	0.0376 （0.1959）	0.3546 * （0.2125）	0.4724 * （0.2536）	0.6716 ** （0.2633）	0.4191 （0.2984）

续表

变量名	(7)	(8)	(9)	(10)	(11)
财政金融规模指数	19.1833 ** (7.7064)	21.3402 ** (8.4182)	10.4400 (6.7438)	9.9659 (6.6811)	13.2687 * (7.2301)
社会需求因素					
社会安全民众满意度		1.5239 (1.8951)	2.6080 (2.1156)	1.5105 (2.2292)	1.8977 (2.3358)
刑事案件发生率		0.4786 (1.2889)	-1.8847 (1.5249)	-1.7512 (1.5355)	-1.5594 (1.5277)
移动电话普及率		-3.7929 (0.7578)	-1.9894 (0.8782)	-1.9903 (0.8574)	-1.7835 (0.8649)
互联网普及率		2.9130 *** (0.8401)	1.0680 (0.8217)	0.9394 (0.7934)	0.8498 (0.8079)
府际关系因素					
邻近地区开通比例			3.5517 *** (0.4260)	3.6302 *** (0.4271)	3.6146 *** (0.4317)
省级部门开通情况			0.7133 * (0.4312)	0.8436 * (0.4755)	0.8210 * (0.4834)
边疆民族地区特殊因素					
是否为民族区划				0.1112 (0.4600)	0.1228 (0.4625)
控制变量					
人口总数					-0.3636 (0.2262)
_cons		-7.1937 *** (2.2215)	-10.2457 *** (2.5061)	-9.8110 *** (2.8748)	-14.1040 *** (3.3519)	-11.9052 *** (3.6029)
pseudo R^2		0.162	0.226	0.431	0.440	0.444
观测值		402	402	402	402	402

注：* 表示 p < 0.1，** 表示 p < 0.05，*** 表示 p < 0.01。

1. 政府自身因素方面

从模型（1）可以看出政府机构规模指数与边疆民族地区地级行政区划公安微信开通显著正相关。说明地级行政区划的政府机构规模越大，则其开通公安微信的概率就越大。从表5-2所列模型的回归结果中，可以看出即使在综合考虑其他因素的前提下，政府机构规模指数与边疆民族地区地级行政单位公安微信开通仍然显著正相关，进一步说明政府规模越大越容易开通公安微信。从模型（1）可以看出政府门户网站评估得分与因变量显著正相关，而且模型（7）和模型（8）的结果显示，即使把经济发展因素和社会需求因素考虑在内，政府门户网站评估得分仍与边疆民族地区地级行政单位公安微信开通显著正相关，虽然在模型（9）~（11）中显著性有所下降，但仍为正相关关系，说明政府已有的电子政务水平越强，开通公安微信的可能性越大。

2. 经济发展因素方面

模型（2）的结果显示人均GDP对公安微信的开通和扩散有显著的正向影响，经济水平越高的地级行政区划更有能力开通公安微信。从加入了政府自身因素、社会需求因素、府际关系因素和边疆民族地区特殊因素的模型（8）~（10）的回归结果可以看出，人均GDP与边疆民族地区地级行政单位公安微信开通依然显著正相关。在模型（1）、模型（7）和模型（8）中，财政金融规模指数与边疆民族地区地级行政单位公安微信开通正相关，但在模型（9）和模型（10）中，财政金融规模指数与边疆民族地区地级行政单位公安微信开通的相关性降低且不显著，说明财政金融规模指数与其他变量的相关关系使得其对因变量的解释力有些变弱。

3. 社会需求因素方面

社会安全民众满意度对因变量的影响正相关但不显著，而刑事案件发生率在模型（3）和模型（8）中与地级行政单位公安微信开通与否有较弱的正相关关系，表明在公安微信开通与否的影响因素中，社会安全民众满意度和刑事案件发生率产生一定的影响。模型（3）和模型（8）的回归结果显示互联网普及率与地级行政单位公安微信的开通显著正相关，表明互联网普及率越高的地级行政区划对公安微信的需求也就越高。

4. 府际关系因素方面

模型（4）的结果表明边疆民族地区省内相邻地级行政区划公安微信的开通比例与市级公安微信的开通情况显著正相关，省级公安微信开通情况与地级区划公安微信的开通情况也显著正相关。从模型（9）~（11）可以看出，即使考虑了其他因素，这两个变量对地级行政区划公安微信的开通仍然具有较为显著的正相关关系，说明邻近区域扩散效应和行政等级效应对边疆民族地区地级行政区划公安微信的开通具有重要影响。

5. 边疆民族地区特殊因素方面

从模型（5）、模型（10）和模型（11）可以看出，是否是民族区划与地级行政区划公安微信开通之间无显著相关关系。

总结上述分析可以发现，政府规模、人均 GDP、邻近地区开通比例、省级公安微信开通情况与边疆民族地区地级行政区划公安微信的开通显著正相关，政府规模越大、人均 GDP 越高、邻近地区开通比例越高、省级越早开通，边疆民族地区地级行政区划开通公安微信的概率越大；同时政府门户网站评估得分、财政金融规模指数、互联网普及率对边疆民族地区地级行政区划公安微信开通也有明显的影响，表明政府现有的电子政务水平越高、财政能力越强和辖区网络发展状况越好，也有利于边疆民族地区地级行政区划开通公安微信。

二、旅游政务微信向边疆民族地区扩散的影响因素实证分析

用上述同样的方法对市场化倾向明显的旅游政务微信在边疆民族地区扩散的影响因素进行分析。因变量为地级行政区划旅游政务微信开通与否，开通记为1，未开通记为0。自变量中考虑到旅游政务微信和公安微信的功能及性质差异，剔除公安微信分析中的刑事犯罪率和社会安全民众满意度2个变量，其他变量及数量来源不变；同时加入反映旅游政务微信需求特征的旅游收入变量，因为一般认为旅游资源越丰富、旅游市场越大的地方对旅游政务微信的需求越强，旅游收入的数据来自中国知网大数据研究平台统计数据中的各地级行政区划统计年鉴和中国统计信息网中各地级行政区划的国民经济和社会发展统计公报①。采用事件史分析 Logistic 回归结果见表5-3和表5-4，其中表5-3是对政府自身因素、经济发展因素、社会需求因素、府际关系因素、边疆民族地区特殊因素分别进行回归，表5-4则是全部变量逐步加入的回归。

表5-3　　　　旅游政务微信向边疆民族地区扩散影响因素
分组变量 logit 回归结果

变量名	(1)	(2)	(3)	(4)	(5)	(6)
因变量						
开通与否						
自变量						
政府自身因素						
政府机构规模指数	2.1349 *** (0.5192)					

① 中国知网大数据研究平台：https：//data. cnki. net/Yearbook/Navi？type = type&code = A；中国统计信息网：http：//www. tjcn. org/tjgb/。

变量名	（1）	（2）	（3）	（4）	（5）	（6）
政府门户网站评估得分	0.5144 ** （0.2596）					
经济发展因素						
人均GDP		0.0461 （0.1590）				
财政金融规模指数		22.4789 *** （5.7236）				
社会需求因素						
旅游收入			0.2730 *** （0.0859）			
移动电话普及率			−1.8936 （0.5413）			
互联网普及率			2.6019 *** （0.6749）			
府际关系因素						
邻近地区开通比例				2.1411 *** （0.3296）		
省级部门开通情况				1.0277 *** （0.2975）		
边疆民族地区特殊因素						
是否为民族区划					1.6388 ** （0.7542）	
控制变量						
人口总数						0.0766 （0.1065）

变量名	（1）	（2）	（3）	（4）	（5）	（6）
_cons	− 2. 4678 ***	− 3. 6220 **	− 1. 2966 ***	− 1. 3330 ***	− 3. 6365 **	− 0. 3616
	（0. 9427）	（1. 6283）	（0. 3816）	（0. 1829）	（1. 6844）	（0. 5538）
pseudo R²	0. 063	0. 053	0. 069	0. 167	0. 012	0. 001
观测值	402	402	402	402	402	402

注：* 表示 $p < 0.1$，** 表示 $p < 0.05$，*** 表示 $p < 0.01$。

表 5 – 4　　　　旅游政务微信向边疆民族地区扩散影响
因素全部变量 logit 回归结果

变量名	（7）	（8）	（9）	（10）	（11）
因变量					
开通与否					
自变量					
政府自身因素					
政府机构规模指数	1. 7587 ***	2. 2904 ***	1. 5257 **	1. 6962 ***	1. 7484 ***
	（0. 5434）	（0. 5978）	（0. 6191）	（0. 6317）	（0. 6388）
政府门户网站评估得分	0. 3929	− 0. 0141	− 0. 1416	− 0. 2064	− 0. 2588
	（0. 2767）	（0. 3041）	（0. 3215）	（0. 3205）	（0. 3521）
经济发展因素					
人均 GDP	− 0. 1566	0. 0907	0. 3163 *	0. 3355 *	0. 3998
	（0. 1719）	（0. 1825）	（0. 1921）	（0. 1929）	（0. 2783）
财政金融规模指数	16. 1849 ***	13. 5512 **	7. 5390	9. 2787 *	8. 8200
	（5. 5131）	（5. 7318）	（5. 2772）	（5. 5237）	（5. 6556）
社会需求因素					
旅游收入		0. 1702 *	0. 0683	0. 0526	0. 0286
		（0. 1001）	（0. 1072）	（0. 1151）	（0. 1402）
移动电话普及率		− 2. 7705	− 2. 4027	− 2. 6638	− 2. 7075
		（0. 6129）	（0. 6353）	（0. 7202）	（0. 7333）

续表

变量名	（7）	（8）	（9）	（10）	（11）
互联网普及率		2. 6182 *** （0. 6797）	2. 1723 *** （0. 6975）	2. 3703 *** （0. 7177）	2. 3849 *** （0. 7153）
府际关系因素					
邻近地区开通比例			1. 5100 *** （0. 3671）	1. 4701 *** （0. 3818）	1. 4898 *** （0. 3866）
省级部门开通情况			1. 0906 *** （0. 3094）	0. 9656 *** （0. 3248）	0. 9866 *** （0. 3312）
边疆民族地区特殊因素					
是否为民族区划				1. 3956 ** （0. 6332）	1. 3568 ** （0. 6417）
控制变量					
人口总数					0. 0767 （0. 2254）
_cons	− 2. 1109 （1. 8352）	− 3. 9400 ** （1. 9451）	− 5. 4036 ** （2. 2100）	− 8. 5631 *** （2. 5928）	− 9. 2036 *** （3. 2722）
pseudo R^2	0. 088	0. 133	0. 216	0. 222	0. 222
观测值	402	402	402	402	402

注： * 表示 p < 0.1， ** 表示 p < 0.05， *** 表示 p < 0.01。

1. 政府自身因素方面

从模型（1）和模型（7）~（11）可以看出，政府机构规模指数与边疆民族地区地级行政区划旅游政务微信开通显著正相关，政府机构规模越大开通旅游政务微信的概率就会越大。模型（1）中地级行政区划政府门户网站评估得分与边疆民族地区地级行政单位旅游微信开通显著正相关，表明地级行政区划政府门户网站评估得分越高，开通旅游政务微信的可能性就越大，但在另外的模型中显著性有所下降，表明其存在一定程度的影响。

2. 经济发展因素方面

从模型（2）可以看出财政金融规模指数对边疆民族地区旅游政务微信的开通和扩散有显著的正向影响，财政实力较强的地级行政区划更有能力开通旅游政务微信。在综合考虑政府自身因素、经济发展因素、社会需求因素、府际关系因素、边疆民族地区特殊因素的模型的回归结果中，财政金融规模指数与边疆民族地区地级行政单位旅游微信开通依然正相关。人均 GDP 对边疆民族地区开通旅游政务微信也有显著正相关关系。

3. 社会需求因素方面

从模型（3）和模型（8）可以看出，旅游收入与边疆民族地区旅游政务微信开通之间存在显著的正相关关系。虽然在考虑其他因素的模型（9）到模型（11），旅游收入与旅游政务微信开通之间相关关系的显著性有所降低，但仍为正相关关系，意味着旅游需求和市场越大其开通旅游政务微信的可能性就越大。从模型（3）可以看出互联网普及率与地级行政单位旅游微信的开通显著正相关，互联网普及率越高的地级行政区划，旅游微信的服务对象和其他利益相关者对旅游信息服务的需求就越大，从而旅游部门开通政务微信的可能性就越大。模型（10）中在加入考虑其他可能的影响因素后，互联网普及率的影响仍然显著。

4. 府际关系因素方面

模型（4）和模型（10）显示，边疆民族地区省内相邻地级行政单位旅游微信的开通比例与地级行政区划旅游政务微信的开通显著正相关。与公安微信在边疆民族地区的开通一样，府际关系中的领近效应和上下等级效应对边疆民族地区旅游政务微信的开通有重要影响。

5. 边疆民族地区特殊因素方面

从模型（5）、模型（10）和模型（11）可以发现是否民族区划对地级行政单位旅游政务微信开通情况有明显的正相关影响，表明少数民族聚居地拥有更多具有少数民族特色的旅游资源，从而更需要传播信息吸引游客来旅游。

综上分析发现，旅游政务微信与公安微信向边疆民族地区的扩散相似，政府自身因素、经济发展因素、社会需求因素、府际关系因素对边疆民族地区采纳开通旅游政务微信均有不同程度的影响。政府规模、财政金融规模指数、旅游收入、互联网普及率、邻近地区开通比例、省级部门开通情况以及边疆民族地区是否民族区划与旅游政务微信的开通呈现稳定的显著正相关关系；而政府门户网站评估得分对边疆民族地区开通旅游政务微博也具有比较明显的影响。

对于公安微信和旅游政务微信向边疆民族地区扩散影响因素的量化分析显示出东部地区方法优化型政策创新向边疆民族地区的非强制性扩散影响因素的基本特点是：（1）影响因素的基本构成符合基于已有研究和现实案例总结出的影响因素的基本框架，主要包括由政府自身因素、经济发展因素、社会需求因素等构成的扩散地及政府特征，以及由领近效应和等级效应构成的府际关系和扩散机制；（2）与已有文献研究的微博等相似政策创新向一般地区的扩散相比，政务微信向边疆民族地区的扩散既有政府规模、电子政务水平、人均 GDP、财政金融指数、邻近地区开通比例、上级开通情况等共同的具体因素，还有明显的边疆民族地区特殊因素；（3）即使是相同领域但性质存在差异的政策创新向边疆民族地区的扩散中，相同因素的影响状况是不同的，例如同样是民族区划变量，对公安微信的开通没有影响，而对旅游政务微信的开通具有影响，基本原因是公安部门的职责具有很强的行政性和普适性，因而公安微信的开通也具有较为明显的行政色彩，而旅游部门的职责有很强的市场导向性质，旅游政务微信的开通会受到市场驱动的影响，民族性越强、资源越独特、旅游市场越有潜力，开通旅游政务微信的概率越大。

本 章 小 结

政策创新扩散研究领域对政策创新扩散影响因素的分析是沿着从内部要素模型到外部要素模型再到综合内部和外部要素的整合模型的轨迹发展。鉴于影响因素的不可穷尽和数量繁多，研究者尝试从不同角度对这些影响因素进行框架性归纳，同时研究者在分析的时候往往是选择部分因素进行综合分析。而在具体分析方法上，政策创新扩散影响因素的分析经历了由简单的因素分析法到事件史分析（EHA）法再到多元分析法的发展演化过程，但不同形式的事件史分析法依然是主体分析方法。

东部地区政策创新向边疆民族地区扩散的影响因素既包括常规扩散的影响因素，也包括因中国政治体制及边疆民族地区的特殊性而产生的特殊因素。基于前文各章中分析的东部地区政策创新向边疆民族地区扩散的具体案例，发现影响东部地区政策创新向边疆民族地区扩散的影响因素的主要构成有：（1）政策创新的特性，例如针对复杂问题的政策创新相对于针对简单问题的政策创新因其采纳者的模仿学习过程长和风险高因而其扩散比较困难；（2）扩散地及其政府特征，主要包括扩散地的经济与财政能力、政府的治理能力基础以及边疆民族地区特殊资源社会条件等；（3）府际关系与扩散机制，主要包括中央（上级）政府的行为、邻近区域政府的行为，以及对口支援等不相隶属的横向政府的行为。

在具体的实证分析上，基于公安微信和旅游政务微信向边疆民族地区扩散影响因素的量化分析显示，东部地区方法优化型政策创新向边疆民族地区的非强制性扩散影响因素的基本特点：一是与已有文献研究的微博等相似政策创新向一般地区的扩散相比，政务微信向边疆民族地区的扩散既有政府规模、电子政务水平、人均 GDP、财政金融指数、邻近地区开通比例、上级开通情况等共同的具体因素，还有明显的边疆民族地区特殊因素；二是即使是相同领域但性质存在差异的政策创新向边疆民族地区扩散中，相同因素的影响状况是不同的，例如同样是民族区划变量，对公安微信的开通没有影响，而对旅游政务微信的开通具有影响。

综合案例分析和定量分析来看，边疆民族地区的特殊因素是东部地区政策创新向边疆民族地区扩散的"双刃剑"，比如经济与财政落后、政府治理基础较差等会阻碍某些政策创新的采纳扩散，而民族构成与民族文化、国际合作等则会促进某些政策创新的采纳扩散。

第六章

东部地区政策创新向边疆民族
地区扩散的效用问题

政策创新扩散的研究只关注空间和规模上的统计分布特征是不够的，还要分析其结果及作用机制（Torben Heinze，2011）。在我国政策创新的扩散过程中，经常出现扩散后的政策变异甚至失效的问题，如城市网格化管理的扩散等（周志忍、李倩，2014）。相比较而言，东部地区政策创新向边疆民族地区扩散过程中更容易发生变异和失效现象，因为在我国各区域的差异中，边疆民族地区与东部地区的政治、经济、文化、历史传统等存在显著的差异。由于扩散后的效用如果出现问题就表现为变异或失效，因此本章只分析东部地区政策创新向边疆民族地区扩散后的不良问题及其原因，而不分析扩散后产生正常效用的现象及其原因。

第一节　东部地区政策创新向边疆民族地区
扩散效用问题的理论类型

政策创新的扩散并非必然促进地方治理能力的提升和治理绩效的优化（熊烨，2019）。政策创新的扩散在外在形式上是治理方案的转移，在本质上则是治理知识和信息的流动与嵌入过程（熊烨，2019）。因此，政策创新的扩散不仅仅是政策项目在空间上的物理转移，而且是治理知识在扩散地的嵌入，包括政治、制度、认知、文化、关系、技术等多维度的复合型嵌入（张世洲、姚荣，2014）。只有创新项目的知识与扩散地的地方性知识充分融合，扩散后的政策项目才能发挥治理绩效。有研究者依据扩散政策项目与扩散地的适配程度，将政策扩散的结果分为象征型、启发型、冲突型、融合型4种，其中启发型和融合型是有效的扩散，而象征型和冲突型是无效的扩散（熊烨，2017；熊烨，2019）。道洛维茨和马什（David P. Dolowitz & David Marsh，2000）认为导致失效的政策扩散或政策转移的因素有信息不足的扩散转移、不完全的扩散转移和不适当的扩散转移，信息不足的扩散转移和不完全的扩散转移是指原政策项目的运行和关键信息转移不完整，而不适当的转移是指扩散转移的政策项目与扩散地的现实状况不匹配。

从已有研究文献的结论来看，政策创新项目在扩散地的适配性和融合程度是政策创新扩散后是否产生治理绩效的关键点。但是如何衡量适配性和融合程度是缺乏探讨的问题。在此我们将分析的视角转向政策创新项目采纳实施者的决策过程。政策创新与政策扩散是相对的概念，政策扩散相对于原创者而言是新政策项目的扩散，但对于后来采纳实施者而言也是政策创新。政策创新需要政策过程来完成，其主要阶段包括政策理念与建议发起、采纳、执行三个阶段（J. L. Pereira & A. L. Delbecq，1977）。显然，政策创新采纳的过程实际上就是常规公共政策的制定过程，符合传统政策过程的特征（朱亚鹏，2010）。尽管不同的学者对公共政策的制定过程有不同的划分方法，但其最关键的两个阶段是政策议程设置和政策方案决策（J. E Anderson，1976）。这两个阶段对于创新项目的采纳者而言也就是为何采纳及采纳什么的问题，前者是指为何将采纳提上议程，后者是指采纳和实施什么样的方案的问题。

从政策创新项目扩散后的效用问题来看，可以从扩散采纳的议程设置和方案决策的两个阶段来考察扩散的适配性和融合程度的问题。从议程设置来看，有效的政策扩散要求采纳地与原始实施地存在相同或相似的政策问题，只有议程的设置是针对相同的问题和目标而启动，政策创新才适合扩散（郁建兴、黄飚，2015）。如果采纳新政策的议程设置是因不存在或者完全不同的问题驱动，则会出现"用正确的方案解决错误的问题"甚至"用错误的方案解决错误的问题"的情况，政策扩散后必然失效。

从方案决策来看，有效的政策扩散要求采纳实施的方案符合当地的实际情况，即采纳实施地具备方案实施的基本条件。从形式上来看，扩散地对原创地政策项目方案的采纳方式有复制、模仿、合成、启发4种基本形式（David P. Dolowitz & David Marsh，1996）：复制即直接照搬照抄，模仿是指汲取原方案的精华，合成是指将不同的政策方案进行综合，启发是指政策方案出现因地制宜的变化。从绝对意义上讲，由于政策项目的原创地与扩散地存在不同程度的差异，政策方案内容随着政策的扩散过程必然发生变化（刘央央、钟仁耀，2017），因此直接照搬照抄是不可取的。但需要注意的是，政策方案在扩散过程中的变化也有变异和再创新两种类型。变异是指政策方案已经脱离原来的目标和宗旨，体现为方案的理念、内容的变异以及由此导致的结果的变异（周志忍、李倩，2014）。政策再创新则是指依据扩散地的实际情况对原政策方案进行改进和完善（Christopher Z. Mooney & Mei-Hsien Lee，1999；Lei Guo，2020），使其更好地具备实施条件。根据扩散中的政策实施方案差异的不同情况，直接照搬照抄和变异都是丧失实施条件而导致失效，进行必要的再创新才能真正实施并取得治理绩效。

基于上述政策扩散中的议程设置和方案决策两个维度，可以构建分析东部地区政策创新向边疆民族地区扩散效用问题的理论模型（见表6-1）。在议程设置维度，政策创新扩散过程中要考察采纳地的政策问题是否客观正确，即是否与政策创新项目的原创地存在相同或相似的客观问题；在决策方案维度，政策创新扩散过程中要考察采纳的方案在采纳地是否具备实施条件，即是否符合当地的实际情况以及是否根据当地实际情况进行改进完善。在此基础上依据两个维度的不同情况，东部地区政策创新向边疆民族地区扩散的效用问题可以分为"实施不力"型问题、"水土不服"型问题、"张冠李戴"型问题和"治理失序"型问题。

表 6 – 1　　东部地区政策创新向边疆民族地区扩散的效用问题类型

		方案实施是否具备条件	
		是	否
政策问题是否客观正确	是	"实施不力"型	"水土不服"型
	否	"张冠李戴"型	"治理失序"型

"实施不力"型问题是指扩散地的政策问题客观正确且具备政策方案的实施条件，但政策效果依然不佳甚至失效的情况，其基本原因是政策采纳者的主观因素导致；"水土不服"型问题是指扩散地的政策问题客观正确，但不具备或者不完全具备政策方案的实施条件而导致效果出现问题；"张冠李戴"型问题是指扩散地尽管具备政策方案的实施条件，但不存在正确客观的政策问题而导致政策效果出现问题；"治理失序"型问题是指扩散地既不存在客观正确的政策问题，也不具备政策方案的实施条件导致政策失效。需要说明的是，这4种类型的分析框架不仅适用于东部地区政策创新向边疆民族地区的扩散，也适用于其他类型的政策创新扩散，只是在分析东部地区向边疆民族地区扩散时更为适用，因为我国东部地区与边疆民族地区之间的差异是最大的，更容易出现政策问题不正确以及不具备政策方案实施条件的情况。下文分别用案例对4种效用问题进行实证分析。

第二节　东部地区政策创新向边疆民族地区
扩散效用问题的实证分析

一、东部地区政策创新向边疆民族地区扩散的"实施不力"型问题

东部地区政策创新向边疆民族地区扩散的"实施不力"型效用问

题，是指边疆民族地区采纳实施的创新政策（项目）在应然状态上是可以充分发挥治理功能和提升治理绩效的，但由于采纳实施主体自身的某些主观因素导致创新政策的效果不佳甚至失效。所谓在应然状态上可以充分发挥治理功能和提升治理绩效，是由于边疆民族地区存在与创新先行实施地区相同的客观问题，且具备创新方案实施的基本条件。采纳实施主体自身的原因主要是指在采纳后的执行实施机制不完善导致政策项目持续力不强、政策执行走样甚至停滞，其中很重要的原因是与新政策（项目）实施相关的制度安排不科学、制度化水平不高甚至缺乏保障性制度（陈贵梧，2014）。诸如此类本可以充分发挥治理功能但由于自身的实施不到位导致效果不佳的问题称为"实施不力"型效用问题。

"实施不力"型效用问题最容易体现在方法优化型政策创新由东部地区向边疆民族地区的扩散过程中。方法优化型政策创新是指需一定经济社会技术作为实施资源的治理技术层面的政策创新。方法技术层面创新是指现有的政府和社会治理中引入了新的管理流程和技术或治理方法和规范，并不涉及基本运行模式的改变。方法优化型政策创新较之于其他类型的政策创新有两个明显的特点：第一，政策的扩散性本身比较强，因为其针对的问题往往带有普遍性和广泛性；第二，采纳实施方法优化型创新项目所需的经济社会技术资源并不复杂，有的成本甚至很低。正是由于方法优化型政策创新尤其是较低成本的方法优化型政策项目的这种特点，所涉及的治理层面一般比较具体甚至非常微观，很容易在后期的实施执行中出现"倦怠"问题，甚至随着时间的延长当初采纳实施的创新项目变成可有可无的政策，比如政务微博向边疆民族地区的扩散。

自 2011 年中国"政务微博元年"开始，旨在利用互联网信息技术加强政府信息发布和政民沟通互动的各类政务微博由东部地区迅速向包括边疆民族地区在内的其他地区扩散。地级行政区划层面的公安微博和旅游政务微博在西部边疆民族省份的开通率尽管整体低于东部地区，但除个别省份外，均在 70% 以上，有些省份高达 90% 以上，相对于其他类型的政策创新而言其向边疆民族地区的扩散规模是非常大的。考察政务微博治理效用的最直接方式就是看其是否持续发布信息、微博账户是否活跃，如果采纳开通账户但没有发布有效信息、没有实现有效的政民互动，政务微博就流于形式，从而失去治理意义。依据政务微博更新的实际情况，可以分为持续、间隔和停更3种状态：持续是指政务微博在时间上连续更新信息；间隔是指虽然在不断更新信息但中间有明显的时间间断，从而导致更新的频率偏低；停更是指在某个时间之后再未更新过信息。图6-1、图6-2显示了边疆民族地区开通的公安微博和旅游政务微博的更新状态统计及其与其他地区的比较情况。

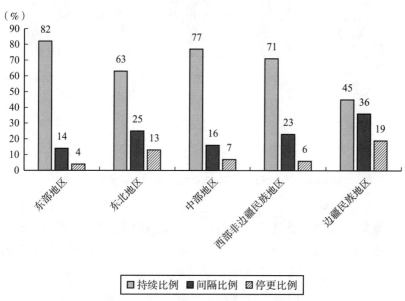

图6-1　不同区域地级行政区划公安微博更新状态

　　图6-1是公安微博更新状态的统计及区域比较，图6-2是旅游政务微博更新状态的统计及区域比较。各区域的统计是以开通微博的地级行政区划为基础，未开通公安微博的地级行政区划不计入图6-1，未开通旅游政务微博的地级行政区划不计入图6-2。在各区域的范围上，东北地区不包括吉林省白山市、延边朝鲜族自治州以及辽宁省丹东市3

个边疆民族地级区划；西部非边疆民族地区中不包括5个边疆民族省份及甘肃省唯一的边疆民族地级区划酒泉市；边疆民族地区则包括广西、云南、西藏、新疆、内蒙古5个西部边疆省份及甘肃省酒泉市、吉林省白山市和延边朝鲜自治州、辽宁省丹东市4个边疆民族地级行政区划。

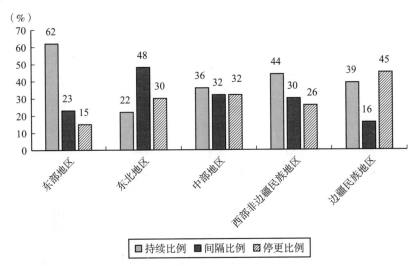

图6-2 不同区域地级行政区划旅游政务微博更新状态

图6-1显示，在地级行政区划的公安微博中，除边疆民族地区以外其他地区的持续更新的公安微博的比例均在60%以上，其中东部地区在80%以上，中部地区和西部非边疆民族地区均在70%以上，东北地区在60%以上，但边疆民族地区只有45%，明显低于其他地区；除边疆民族地区以外间隔式更新的比例均未超过30%，其中东部地区和中部地区均在20%以下，但边疆民族地区高达36%；最为明显的差异是停更的比例，东部地区、中部地区和西部非边疆民族地区均未超过10%，东北地区略高为13%，但边疆民族地区高达19%。整体上看，间隔更新和停更的地级行政区划公安微博主要集中在边疆民族地区，比如新疆14个开通公安微博的地级行政区划中有7个是间隔更新、7个是停更，而西藏4个开通公安微博的地级行政区划中有3个是停更，其中

昌都市和林芝市的公安微博在 2014 年就出现了停更。

图 6-2 显示，尽管边疆民族地区地级行政区划的旅游政务微博属于持续更新状态的比例略高于中部地区和东北地区，但明显低于东部地区；如果将持续更新状态和间断更新状态都视为不同程度活跃的政务旅游微博，东部地区、东北地区、中部地区和西部非边疆民族地区的合计比例分别为 85%、70%、68% 和 74%，而边疆民族地区则只有 55%；从直接停更变成"僵尸微博"的比例来看，东部地区为 15%，东北地区、中部地区和西部非边疆民族地区为 26%~32% 之间，而边疆民族地区则高达45%。从旅游产业发展来看，边疆民族地区无论是地理自然旅游资源，还是历史文化和民族风俗旅游资源，相对于其他区域而言更为丰富，具有广阔的市场和产业发展空间，因而政府主管部门的旅游政务微博理应更为活跃，但事实却相反，停更"废弃"的旅游政务微博比例最高。

东部地区政策创新向边疆民族地区扩散后出现"实施不力"型的效用问题，基本是政策创新项目的采纳实施者自身的主观原因造成，比如实施的机制和制度安排不完善。在很多东部地区地方政府不仅鼓励开通微博，而且还有相关的实施和考核机制，例如广东省南海、惠州等地很早就出台了对各级各类政务微博的考核评比制度（程虹，2013；卢慧，2015），其他地区诸如中部地区省份也逐渐出台了地方甚至全省性的政务微博更新考核方法并纳入绩效（王骏超，2018）。但是边疆民族地区则广泛缺乏这样的配套实施操作和考核机制，由此造成持续力不强和效果不佳的问题。

二、东部地区政策创新向边疆民族地区扩散的"张冠李戴"型问题

东部地区政策创新向边疆民族地区扩散的"张冠李戴"型效用问题，是指边疆民族地区采纳实施的东部地区政策创新项目与本地的问题并不匹配，尽管具备政策方案实施的基本条件，但若强行扩散实施，就成为"用正确的方法解决错误的问题"。任何公共政策是由目标和工具

两个基本要素构成的复杂组合，其中目标是政策行动者决定的战略对象，工具是实现政策目标的具体方法（Michael Howlett & Jeremy Rayner，2007）。政策制定就是将各种具体类型的政策工具或手段按照相应原则组合成政策"包"或者"组合"以实现政策目标的过程（Kern F et al.，2017）。在选择政策方案和政策工具时必须坚持"目标—手段"一致的基本原则，因此科学的政策方案规划，无论是原始创新的方案还是学习借鉴的方案，必须了解问题的源头和本质，"备选方案是否优选很大程度上取决于问题的源头是什么"（吴逊等，2016）。如果用解决一种问题的创新方案来解决另一种问题或者根本不存在的问题，就会出现"无效但可行的政策方案"（韩志明，2008）。

"张冠李戴"型效用问题的代表性案例是高校引入指纹考勤制度。指纹考勤是利用生物信息技术记录上下班时间的方法，最开始在东南沿海工厂企业中使用，后来被东部地区的一些高校用于教职工和学生的考勤中。这种考勤方法相对于传统人工记录考勤方法能够极大提高考勤的准确性和效率，明显节约管理成本。以西南边疆地区 G 市 GL 大学为代表的部分高校 2010 年前后引入指纹考勤的最初动机是方便教职员工在新老校区之间的上班记录，但 2014 年之后却扩大了指纹考勤的范围，明显偏离了指纹考勤的最初目的，即不仅要求行政人员每天上下班要打卡，而且专任教师每周无论是否有教学任务也要在校园内至少有 2 个工作日的考勤记录，学校会定期在校园范围内公开公布全校所有部门、院系和教职员工每天的考勤记录，如果没有考勤记录或考勤记录不全且在相应时段没有履行请假手续就视为缺勤。这种要求导致的结果是专任教师即使没有教学任务或者其他任务也必须留在学校所在地，对于需要专门时间外出进行课题调研、交流合作、科学研究的业务产生了严重的影响，甚至部分住在校外教师还需要专门来校园进行指纹打卡。这不仅对专任教师产生影响，而且对行政人员的工作也产生了不利影响，因为诸如教务、科研、研究生等高校的核心职能部门的工作需要交流合作和一定的灵活性。因此全面指纹考勤制度实施之后教职员工尤其是专任教师意见反映十分强烈，2018 年之后不再硬性规定所有教师都要指纹考勤，指纹记录仅作为行政人员到郊区校区上班发放补贴的依据之用。

以 GL 大学为代表的 G 市高校引入指纹考勤制度对全校教师进行强制性考勤管理但最后又取消，在本质上属于把创新方法用在了"不正确的问题"上导致的结果。实际上东部地区率先使用指纹严格考勤制度的高校基本都是民办性质的高职高专和本科院校，这些高校具有两个特点：一是很多高校是由企业投资运营的，很大部分教职员工是短期甚至是临时聘用的，没有事业单位编制，流动性比较强，为保证正常的管理和教学运行秩序，可以将企业式的考勤管理模式用在学校管理上；二是这部分高校基本都是教学型高校，学校的核心业务活动是组织和运行日常教学活动，学科建设、科学研究和学术交流相对而言处于比较次要的地位，因此实行严格的指纹考勤制度对学校的主要业务活动不会产生不良影响。但是诸如 GL 大学不仅是公立事业编制的高校，而且是具有大批硕士授予权、博士授予权专业及"博士后流动站"的教学科研型高校，学校的核心业务除了教学活动外，科学研究及与此相关的学科建设、学术交流等也是重要的核心业务活动，本身不适合企业式的僵硬管理方式；同时包括 GL 大学等省属重点大学在内的西部边疆民族地区高校，相对于其他地区尤其是东部地区的高校而言整体实力上存在明显的差距，近年来正是在国家相关政策引导下实行"跨越式"发展的关键时期，而实行"跨越式"发展无论是高校的行政主管部门还是高校自身，更应该利用灵活的机制和方法来激发教师的潜能，而不是将教师束缚起来闭门造车，疲于应付考勤指令。

事实也证明，GL 大学等边疆民族地区高校盲目学习借鉴指纹考勤制度对学校事业的发展产生了很大的负面作用，其中 GL 大学最为突出。GL 大学在 2009 年更名为大学，2013 年获得博士学位授予权，2014 年获批 2 个博士后流动站，人才培养也成绩突出，在省属高校中属于典型的跨越式发展，进入省级重点建设高校行列。但自 2015 年以来，GL 大学在发展上基本停滞不前甚至在某些方面严重滑坡：在教学和人才培养方面，没有获得国家级教学成果奖，丧失了连续多年的全国大学生"挑战杯"发起单位资格，而与之竞争的周边高校则成绩进步；在科学研究和学科建设方面，科研成果的数量和质量不增反降，在 2017 年、2020 年全国博士点申报中成为所在省份全部申报高校中唯一一所未申报成功的高校，连续两轮博士点申报都失败，而其他高校都成功增加了不同数量的博士点专业；在师资队伍和人才团队建设方面，流失了一批在学科领域内有影响力的高级职称教师及有潜力的青年教师；由此，在全国的各种高校排名中，很快从 200 名左右下滑到接近 300 名，甚至在某些榜单上排名 300 名以外，引起学生、教师、家长及社会的强烈反映。部分问题在上级党委巡视组对学校的巡视反馈中也得到印证，将该校核心业务上的具体问题公开写进巡视报告。之后，GL 大学不再强制要求教师进行指纹考勤，并且允许教师因教学活动、学术交流、科学研究的需要比较长时间的离校外出。鉴于 GL 大学的教训，其主管部门教育厅也不鼓励其他高校用强制指纹打卡的方式约束教师。

GL 大学在学校事业发展上出现的明显问题，尽管并不是完全由指纹考勤打卡导致的，但指纹考勤打卡及其相关配套制度是重要原因。指纹考勤打卡在本质上是强制性政策工具，并以此为基础对教职员工进行机械式管理，对于以创造性和适当自由性为特征的科研教学和学术交流活动为核心业务的高校而言是不适用的。这种"张冠李戴"型的政策扩散问题在边疆民族地区表现比较广泛，因为相对落后地区往往急于为出现的新问题寻找方案或者为"赶超战略"引进方案，很容易出现盲目模仿借鉴的问题。

三、东部地区政策创新向边疆民族地区扩散的"水土不服"型问题

东部地区政策创新向边疆民族地区扩散的"水土不服"型效用问题是指尽管边疆民族地区和东部地区存在相同性质的客观真实的政策问题，但由于边疆民族地区的政治经济文化条件与东部地区存在明显的差距，因此不具备或者不完全具备良好实施的条件，导致政策效用受到影响或者效果不佳的问题。与内陆地区尤其是东部沿海发达地区相比，边

疆民族地区的特点主要有：政治因素突出，边疆民族地区由于处于国家边境地带，是边缘性和有较大管控风险的地方行政区域（方盛举、陈然，2019），涉及国家安全、社会治理的政治性强，同时由于远离国家政治经济文化中心，政府行为更为谨慎和保守，对相关政策的理解和执行往往会滞后于内陆发达地区；经济发展落后，因历史及现实原因，边疆民族地区的产业结构比较传统单一，市场化程度偏低，经济主体和市场要素发展不充分，经济规模和质量都相对落后，无论是家庭个体还是企业组织的经济能力都相对有限；文化传统鲜明，边疆民族地区绝大多数是特定少数民族的聚居区，民族文化传统和民族心理特色鲜明，一些方面甚至与主流文化存在很大差异；治理问题复杂，边疆民族地区的治理除了要解决一般地区面临的常规经济社会发展问题外，往往还涉及边境、民族、宗教、扶贫及相关因素的跨境问题，政府和社会面临的治理问题更为复杂。边疆民族地区的这些情况中的部分或者全部因素会导致原本在东部地区很好实施的政策创新扩散到当地后出现不同程度水土不服的问题，且差距性的条件越多，水土不服就越明显。下面用两个案例予以分析验证。

第一个是社会组织参与社区治理和养老服务模式创新向边疆民族地区扩散"水土不服"的案例。21世纪以来尤其是近十余年来，我国社会组织不仅发展迅速而且在国家和社会治理中的作用日益凸显。在制度空间方面，呈现出由严格控制到放宽鼓励发展的特征。党的十六大提出支持社会组织参与社会管理和公共服务，党的十七大提出重视社会组织建设和管理，党的十八届三中全会提出要激发社会组织活力；与此相配套，在具体政策层面，十二届全国人民代表大会一次会议提出改革双重管理体制，行业协会商会类、科技类、公益慈善类、城乡社区服务类4类社会组织实行直接登记制度，并逐渐由民政部推动实施，相关政策体系也不断修改完善。这种趋势表明国家在制度顶层设计上为社会组织发展创造了更大空间，从最开始的防范监管转变为将其作为国家治理体系的重要构成要素。在社会认知方面，呈现出由少数精英推动到大众广泛参与的特征。随着经济社会发展程度的不断提高以及伴随出现的治理问题的日益复杂化和个体需求的多元化，社会民众越来越认识到社会组织在经济社会发展中的重要性，社会责任和公益理念普及化并转为支持行动。在此基本制度环境下，社会组织发展也相应表现出两个方面的显著规律：在功能作用方面，从有限的自我服务者向社会公共产品的生产者和提供者转变，成为政府、市场之外推进国家治理能力现代化的力量（马庆钰、贾西津，2015），全面参与和承担社会公益等传统功能以及养老服务、就业创业等社会治理的新兴功能；在管理运营方面，由政府附属性组织向企业化运作转变，不仅在内部管理上与政府脱钩转向制度化、规范化、专业化的独立运作，而且社创之星、社会企业等新型的企业化运营形态迅速涌现，成为社会组织经营运作的新模式。

在社会组织发展及其功能发挥过程中，很多地方尤其是东部地区由政府与社会组织合作进行了众多的政策创新，例如社会组织参与养老服务的"虚拟敬老院"模式。"虚拟敬老院"最初由苏州市姑苏区于2007年开创，采取政府引导、社会组织运营、义工志愿者和企业广泛参与的模式，为老人按需提供各种无偿或低度有偿的服务，称为"没有围墙的养老院"。实践证明这种模式可以降低政府养老成本、减轻子女养老负担、提高老人生活质量，得到政府的肯定和推广。然而，尽管国家不断提倡和鼓励社会组织参与养老服务，而且东部很多地区都创新性地探索出了社会组织有效参与或承担养老服务的模式，并且具有很好的推广性，但向边疆民族地区扩散过程中仍然出现了"一波三折"的问题，例如P市M协会参与养老服务的案例①。

P市（县级市）位于我国西南地区面向东盟国家的重要通道上，但P市的边境贸易和经济社会发展都十分落后。党的十六大提出"支持社会组织参与社会管理和公共服务"后，P市M协会从2010年开始致力于社区养老服务。社会老龄化使养老问题成为社会治理的难点，而P市的养老问题更为突出，战争时期的退役老人、外出务工家庭的留守老人

---

① 本案例的详细情况可参见朱光喜（2019）；朱光喜、朱燕、郑民：《M协会：我的年检为何如此难?》，中国专业学位教学案例中心入库案例，案例编号：201912520032。

比例很高，如何在养老服务上发挥公益慈善是 M 协会一直思考的问题。在了解和考察各地养老模式后，M 协会选择江苏"虚拟敬老院"为学习借鉴的模板。然而，M 协会在 P 市推广实践的"虚拟敬老院"却遭遇"水土不服"的问题。

2013 年起，由于 P 市民政部门对政策的理解不到位导致 M 协会始终无法年检。P 市民政部门要求 M 协会提供业务主管部门的年检初审意见方可进行年检。而实际上为落实党中央提出的培育发展社会组织参与社会治理的要求，自 2013 年起在民政部的推动下，各省民政厅先后出台了"四类社会组织"直接登记办法，行业协会商会类、公益慈善等类别的社会组织的登记注册和年检已经不需要业务主管部门的前置审批①。M 协会先后向 P 市政府办公室、效能办、法制办反映问题也均未果。

鉴于 M 协会无法年检导致活动受到严重影响，之后 M 协会负责人又借鉴江苏、浙江等地创新经验新筹建"孝行天下养老服务中心"，进一步以"孝行天下养老服务中心"为依托将虚拟敬老院模式进行完善和细化，仿效发达地区的做法形成将能自理老人吸引到虚拟敬老院、集中提供免费或低度有偿的全方位服务的居家养老和少数失能老人由实体养老院养老送终的模式②，运行起由公益志愿者和社工③运作的以"社

---

① 四类社会组织指行业协会商会类、科技类、公益慈善类、城乡社区服务类社会组织。P 市所在省的民政厅于 2015 年 5 月出台《四类社会组织直接登记管理暂行办法》，其中规定："成立属于直接登记范畴的社会组织，在办理变更、注销等事项时，参照本办法执行，在办理年度检查时，无须先经行业主管部门审查"。

② 这种模式的基本设想是政府、社会、企业共同参与，由"孝行天下养老服务中心"的志愿者运作，对于行动方便的老人继续实行"虚拟敬老院"养老，对于行动不便的老人则进入中心的"实体养老院"，实行志愿者订单式一对一服务。其特点是不仅服务老人的餐食问题，而且融入传统"孝道"文化，全面服务于老人的身心健康，形成"助餐、助护、助医、助婚、助乐、助心、助游、助洁、助购、助衣、助健、助网、助保、助陪、助阅、助残、助业、助葬"等"十八助"服务体系。

③ "孝行天下养老服务中心"中的工作人员包括两种：第一种是刚退休但身体健康的志愿者，他们依据在中心的服务时间记录和评定星级等级实行"养老服务兑换"制度，即如果他们之后身体不便时也在中心养老，可以依据在中心提供的养老服务志愿时间享受相同时间的免费养老服务；第二种是政府设置的公益岗位。

会捐赠＋低度有偿服务①＋财政项目拨款＋自主创收②"支撑的社会组织参与养老服务模式。但由于当地基层主管部门认知落后，"孝行天下养老服务中心"在很长时间里没有获批。理由是中心达不到规定数量规模的床位，无法成为养老院，而实际上此时国家已经许可探索居家养老不需要床位，并且在江苏、浙江等地广泛开展了试点。后来在民政部项目的直接支持下，"P市孝行天下养老服务中心"才正式成立。即使是成立之后运行也比较困难。由于当地经济社会比较落后，依靠社会和企业捐赠的资源很少，更为重要的是对于东部地区很常见的政府购买服务模式因主管部门的理念落后在这里也难以实现，于是从当地政府部门获得财政资源也极其有限。

M协会学习借鉴东部地区社会组织参与养老服务及"虚拟敬老院"的曲折过程，反映出因经济社会较为落后，基层政府政策认知水平和思想观念上的不足，导致在东部地区已经形成成熟制度的创新做法，在边疆民族地区显得"超前"而难以顺利实施。

东部地区政策创新向边疆民族地区扩散的"水土不服"型效用问题不仅限于社会政策领域，也存在于政治政策领域，例如县乡基层人大代表述职。人民代表大会制度是我国的根本政治制度，尤其是县乡两级基层人大代表，是连接人民群众与基层政府的纽带。为了更好地监督基层人大代表表达的履职工作，密切基层人大代表与人民群众的联系，东部地区率先探索基层人大代表述职评议制度。2001年北京市怀柔县出台《怀柔县人大常委会关于县人大代表的述职办法》，规定县级人大代表在任期内必须向推选人汇报履职工作情况，述职内容包括出席会议、审议议案、参加调研、宣传法规政策、听取并反映公众意见等方面的具体情况。后续进一步改革网上述职制度，在汇报述职的基础上由原选区选民代表进行测评打分，并依据测评分数分为优秀、良好、一般等等

---

① "孝行天下养老服务中心"根据老人身体行动情况和需要照料的程度会收取明显低于一般养老标准的费用，收取费用用于支付照料老人需要的医药和设施成本。

② 如一些地方的"孝行天下养老服务中心"办有一个清洁中心，接受发廊、小宾馆的被单、毛巾等洗涤业务并收取一定的费用。

次，作为考核的重要内容①。2015 年中共中央转发《中共全国人大常委会党组关于加强县乡人大工作和建设的若干意见》，要求"加强人大代表履职监督"，定期开展县乡人大代表述职工作②。随后县乡基层人大代表述职制度向包括边疆民族地区在内的其他地区扩散。

西南边疆民族地区 YS 县积极采纳实施乡镇基层人大代表述职测评制度。2015 年 YS 县人大常委会发布《县（乡）人大代表向选民述职活动方案》，要求驻村的县级和乡镇级人大代表向选民述职并接受选民的提问和测评，述职内容包括学习和宣传法律政策情况、联系和落实选民反映问题的情况、协助和推进政府工作等方面。2015 年 12 月，YS 县的县（乡）人大代表述职工作首先在 BS 镇 BS 居委会和 XP 镇 SL 村进行了试点，其中驻 BS 镇 BS 居委会的 1 名县人大代表和 2 名镇人大代表向 55 名选民代表进行了述职，其测评结果均为"满意"。在 2015 年试点的基础上，2017 年 SY 县人大常委会办公室发出《关于县、乡（镇）人大代表向选民述职（试点）工作的通知》，再次进行局部试点，试点乡镇由 2 个扩大到 3 个。在 YS 县率先采纳试点的同时，周边其他市县也逐渐扩大采纳试点。

尽管 YS 县等在边疆民族地区率先扩散采纳了基层人大代表向选民述职制度，但与东部地区的效果和作用相比，一直存在流于形式和效果不佳的问题。其中很重要的一个原因就是边疆民族地区由于整体经济文化水平比较落后，基层人大代表和选民的政治意识不强、文化水平不高，对县、乡人大代表的履职述职和选民代表的监督测评都有很大影响。比如 YS 县 BS 镇 BS 居委会的 3 名人大代表中，有 1 名反映自己既没有学过人大代表履职的知识，也不懂法规政策，而另外 1 名人大代表

① 北京市怀柔区第五届人大常委会：《北京市怀柔区人大代表述职和履职测评办法》，北京市怀柔区人民代表大会常务委员会网站：http://rd.bjhr.gov.cn/hrrd/fgzd74/737246/index.html，2017 年 5 月 24 日。

② 本刊编辑部：《加强县乡人大工作和建设　充分发挥基层国家权力机关作用——全国人大常委会办公厅负责人就中共中央转发〈中共全国人大常委会党组关于加强县乡人大工作和建设的若干意见〉答记者问》，载于《中国人大》2015 年第 21 期。

文化水平更低，无法撰写述职报告。作为监督者和测评者的选民代表也如此，很多文化水平比较低，不懂得述职测评是什么，拿到测评表就直接选"满意"。此外，在述职测评的组织工作上，基层人大组织的工作人员在组织述职测评时，程序不规范，无法保障选民代表的代表性，例如选民代表在自然村之间的数量分配都是随便分配的，没有依据和计算方法，经常是"认识谁就喊谁来"或者"谁有空谁就来"①。正因为 YS 县的尝试效果不理想，至今乡镇基层人大述职工作在广西仍然没有大规模开展。

四、东部地区政策创新向边疆民族地区扩散的"治理失序"型问题

东部地区政策创新向边疆民族地区扩散最严重的效用问题是"治理失序"型问题。"治理失序"型效用问题的特征是不仅在议程设置环节政策创新的采纳地不存在"客观正确"的问题，而且其采纳的政策方案也不具备实施的基本条件。产生这种问题的原因主要是边疆民族地区与东部地区间的经济社会发展差异以至地理自然环境的差异。首先在议程设置与问题界定阶段，由于不同的经济社会发展阶段存在不同的政策问题，东部地区出现的问题在同时期的边疆民族地区不一定存在。其次在政策方案的规划与采纳阶段，所借鉴模仿的政策方案也因边疆民族地区与东部地区的巨大差异而无法具备实施的基本条件。由此，"治理失序"型效用问题就好比"用错误的战术打了一场错误的战争"，不仅无法起到治理作用，还会造成诸多负面影响。

边疆民族地区曾盲目设置开发区是东部地区政策创新向边疆民族地区扩散"治理失序"型效用问题的代表性案例。20 世纪 80 年代，我国在改革开放过程中为鼓励地方利用外部生产要素从而促进经济社会的发

---

① 案例资料源于笔者的实地访谈调查。另参见唐青艳：《基层人大代表述职工作研究——以 YS 县为例》，桂林理工大学 MPA 硕士学位论文，2018。

展，除设置深圳等经济特区外，在辽宁大连、上海虹桥、上海浦东等地也设置了开发区。开发区是指政府划出特定范围并在其中实施特殊政策和管理手段以发展经济的区域。开发区的特点及功能是实现资金、技术、人才等生产要素空间集聚效应（王家庭、季凯文，2008）。同时开发区也是经济体制机制改革的空间聚居地，为吸引生产要素政府会为入驻开发区的企业提供土地、金融、税收等多方面的优惠政策。自东部沿海地区率先设置开发区并显示出比较明显的招商引资和经济发展作用后，开发区迅速向全国各地扩散。在形态和名称上，有综合性开发区、经济技术开发、高新技术开发区等不同类型；在设置级别上，有国家级、省级、地市级、县级乃至乡镇级开发区。尤其是进入20世纪90年代以后，各级各类开发区在全国呈现"遍地开花"之势。仅以国家级开发区为例（见图6-3），从1980年仅有4个增长到2003年的194个，其中1990~1993年增长非常迅速。

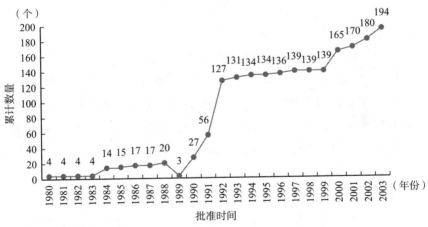

图6-3 1980~2003年国家级开发区累计数量

资料来源：王家庭，季凯文. 我国开发区制度创新扩散的微观机理与实证分析［J］. 社会科学辑刊，2008（2）：87-91.

开发区作为改革开放后东部地区重要的经济体制层面的政策创新，不仅迅速向中部地区扩散，西部地区以及边疆民族地区也在大量学习模仿扩散采纳。截至 2006 年全国各级各类开发区数量高达 6866 个、规划面积高达 3.86 万平方千米①，平均每个地级市拥有 2 个以上开发区。但实际上很多地方尤其是边疆民族地区的市县既没有设置开发区的必要性，也没有设置开发区的条件。因为诸多边疆民族地区经济社会发展落后，加上地理区位比较偏远，难以通过设置开发区来积聚资金、技术等短缺的生产要素，设置开发区是个"伪命题"；同时由于自然条件和生态环境的限制，很多地方根本不具备设置开发区的基本条件。但一些边疆民族地区不从现实出发，强行上马设立地方性的开发区，不仅"跑马圈地"甚至大量征用农地，而且为了加大吸引投资力度，自行甚至违规出台了不切实际的优惠政策，所谓要"以放对放，比沿海更放；以活对活，比沿海更活"（潘熙宁，1993），造成各种乱象甚至恶劣后果，主要表现为：一方面开发区数量和面积巨大、支持政策无底线优惠，另一方面土地大量闲置荒废、投资企业稀少、政府财政效益低下、银行贷款不良以至生态严重破坏等，在新疆、内蒙古等省份表现非常突出（武勇等，2007），完全没有达到东部地区开发区的效益。

在这些盲目设置的开发区中最为典型的是内蒙古乌拉盖开发区②。乌拉盖开发区于 1993 年由锡林郭勒盟盟委和行署设立。乌拉盖开发区的范围与原乌拉盖草原基本相当，乌拉盖草原曾是"世界上天然草原自然风貌保存最好的一块黄金牧场"，但是乌拉盖开发区的开发方式却以开垦种植为主，开发区设置初期当地政府为尽快上马项目，将近 3000 名农牧民迁移到草原核心区域设置为若干行政村，并用拖拉机进行"开荒"。经过多年野蛮式"开发"，乌拉盖开发区面积达到 5000 多平方千米，相当于上海市面积的 10 倍，成为全国所谓"面积最大的开发区"。然而，乌拉盖开发区未经国务院批准，甚至未经内蒙古自治区政府正式批准，是由当地政府自行设立的手续不全的开发区。乌拉盖开发区自开

---

① 国家发改委：《发展改革委：全国开发区清理整顿已取得初步成效》，中国政府网：http：//www. gov. cn/gzdt/2007 - 04/21/content_590648. htm，2007 年 4 月 26 日。

② 刘军、张云龙：《"全国最大开发区"手续不全 内蒙古草原遭重创》，人民网：http：//www. people. com. cn/GB/huanbao/36686/3065726. html，2004 年 12 月 30 日。

发以来引进的企业绝大部分都是以农牧开发为主要业务活动，这些企业的实际投资极少，其结果是不仅开发区的经济效益低下甚至为零，更为严重的是草原遭到严重破坏，大面积的草原退化甚至沙化。类似于乌拉盖这样完全不适合而盲目设置的开发区不仅在内蒙古，在其他边疆民族地区也存在不少。2004 年国务院要求各地严格清理整顿各级各类开发区，当年内蒙古就撤销 55 个不符合要求的开发区①，到 2006 年内蒙古只保留 6 个国家级开发区和 35 个自治区级开发区，其他 81 个全部被撤销或者合并②。虽然这些盲目违规设置的开发区最终被撤销清理，但造成的后果是难以消除的。

边疆民族地区开发区的一度泛滥设置，属于东部地区政策创新向边疆民族地区扩散的"治理失序"型效用问题：从议程设置和政策问题的角度看，边疆民族地区绝大部分地方因经济社会及地理自然条件的限制，在当时根本无法起到积聚资金、技术和人才等生产要素的作用，没有设置开发区的必要；从实施条件来看，边疆民族地区很多地区都是生态脆弱或者稀有生态资源所在地，极容易被破坏造成不可逆的损害，因此大部分地方也不具备设置开发区的基本条件。正因为如此，国家后来及时制止、整顿、清理了这些违规设置的开发区。

本 章 小 结

公共政策创新是否发生扩散只是扩散问题的一个方面，而扩散后的效用问题是政策扩散问题需要研究的另一个方面。在我国政策创新的扩散过程中，经常出现扩散后的政策变异甚至失效的问题，尤其是东部地区政策创新向边疆民族地区扩散过程中因区域差距明显更容易发生变异

---

① 许晓岚、杨军利：《内蒙古自治区 55 个不符合要求的开发区将被撤销》，新浪网：http://news. sina. com. cn/c/2004 – 04 – 21/13143151887. shtml，2004 年 4 月 21 日。

② 任会斌：《内蒙古发改委撤销合并全区 81 个违规开发区》，搜狐网：http://news. so-hu. com/20070101/n247388433. shtml，2007 年 1 月 1 日。

和失效现象。

政策创新项目在扩散地的适配性和融合程度是政策创新扩散后是否产生治理绩效的关键点。政策创新项目的采纳实施过程本质上也是政策决策的过程，包括议程设置和方案决策两个主要环节。这两个环节对于创新项目的采纳者而言也就是为何采纳及采纳什么的问题，前者是指为何将采纳提上议程，后者是指采纳和实施什么样的方案。

从议程设置来看，有效的政策扩散要求采纳地与原始实施地存在相同或相似的政策问题。如果采纳新政策的议程设置是由不存在或者完全不同的问题驱动，则会出现"用正确的方案解决错误的问题"甚至"用错误的方案解决错误的问题"的情况，政策扩散后必然失效。从方案决策来看，有效的政策扩散要求采纳实施的方案符合当地的实际情况，即采纳实施地具备方案实施的基本条件。

基于政策扩散中的议程设置和方案决策两个维度，可以构建分析东部地区政策创新向边疆民族地区扩散效用问题的理论模型：在议程设置维度，政策创新扩散过程中要考察采纳地的政策问题是否客观正确，即是否与政策创新项目的原创地存在相同或相似的客观问题；在决策方案维度，政策创新扩散过程中要考察采纳的方案在采纳地是否具备实施条件，即是否符合当地的实际情况以及是否根据当地实际情况进行改进完善。在此基础上依据两个维度的不同情况，东部地区政策创新向边疆民族地区扩散的效用问题可以分为"实施不力"型问题、"水土不服"型问题、"张冠李戴"型问题和"治理失序"型问题。

东部地区政策创新向边疆民族地区扩散的"实施不力"型效用问题，是指边疆民族地区采纳实施的创新政策项目在应然状态上是可以充分发挥治理功能和提升治理绩效的，但由于采纳实施主体自身的某些主观因素导致创新政策的效果不佳甚至失效。所谓在应然状态上可以充分发挥治理功能和提升治理绩效，是由于边疆民族地区存在与创新先行实施地区相同的客观问题，且具备创新方案实施的基本条件。所谓采纳实施主体自身的原因主要是指在采纳后的执行实施机制不完善导致政策项目持续力不强、走样甚至停滞，其中很重要的原因是与新政策项目实施相关的制度安排不科学、制度化水平不高甚至缺乏保障性制度。"实施不力"型效用问题的案例是政务微博扩散后在边疆民族地区出现明显的"停更"甚至"僵尸"微博的现象。

东部地区政策创新向边疆民族地区扩散的"张冠李戴"型问题，是指边疆民族地区采纳实施的东部地区政策创新项目与本地的问题并不匹配，尽管具备政策方案实施的基本条件，也就是说边疆民族地区并不存在创新政策所指向的客观正确的问题，如果强行扩散实施就成为"用正确的方法解决错误的问题"。"张冠李戴"型效用问题的案例是西南边疆民族地区 G 市高校不恰当地引入指纹考勤制度。

东部地区政策创新向边疆民族地区扩散的"水土不服"型效用问题是指尽管边疆民族地区和东部地区存在相同性质的客观真实的政策问题，但由于边疆民族地区的政治经济文化条件与东部地区存在明显的差距，因此不具备或者不完全具备良好实施的条件，导致政策效用受到影响或者效果不佳。"水土不服"型效用问题的案例，如西南边疆民族地区 P 市社会组织参与养老服务的曲折过程以及 YS 县基层人大代表述职停滞不前的问题。

东部地区政策创新向边疆民族地区扩散最严重的效用问题是"治理失序"型问题。"治理失序"型效用问题的特征是不仅在议程设置环节政策创新的采纳地不存在"客观正确"的问题，而且其采纳的政策方案也不具备实施的基本条件。产生这种问题的原因是采纳决策者完全忽视边疆民族地区与东部地区间的经济社会发展差异以及地理自然环境的差异。"治理失序"型效用问题的案例如内蒙古等边疆民族省份滥设经济开发区导致大量土地闲置甚至严重的生态破坏。

第七章

东部地区政策创新向边疆民族地区扩散的优化路径

第一节　优化目标：边疆民族地区治理能力现代化

国家之间以及国家内部地区之间的竞争，逐渐从单纯的资源和技术竞争转向制度创新以及以其为基础的政府治理创新之间的竞争。正如著名的诺斯悖论所言："国家的存在是经济增长的关键，然而国家又是人为经济衰退的根源。"新制度主义在总结西方世界兴起与衰落的历史进程的基础上发现，能否进行制度创新决定国家的兴衰。因为好的制度能降低交易成本，促进经济社会的发展，而不好的制度会增加交易成本，导致经济社会的衰退。因此，通过制度创新来寻求更优的治理方式既是国家和政府的责任，也是衡量国家和政府治理能力的重要标准。

党的十八届三中全会提出"推进国家治理体系和治理能力现代化"，十九届四中全会通过《中共中央关于坚持和完善中国特色社会主义制度　推进国家治理体系和治理能力现代化若干重大问题的决定》，对如何推进中国特色社会主义国家治理体系和治理能力现代化进行了全面谋划。国家治理体系和治理能力现代化在我国国家建设中已经列入重要议程,成为"四个现代化"后的第五个现代化目标(李景鹏,2014)。但国家治理体系和治理能力现代化是系统工程,不仅包括横向上国家权力和机构职能的优化配置,也包括纵向上各级地方政府公共事务治理能力的有效提升。

然而,我国不同区域地方政府间的治理与政策创新能力在客观上存在明显的差异:东部地区的创新能力最强,中西部地区较弱,尤其是边疆民族地区相对而言又处于最落后的位置,整体上不同区域地方政府的政策创新能力存在"差序格局",而这个"差序格局"的中心是东部地区。这种"差序格局"实际上反映了不同区域地方政府治理体系完善程度和治理能力强弱的差距。边疆民族地区因相对而言最缺乏新的政策思想和实施新政策的资源这两个政策创新的关键条件,而处于政府治理与政策创新能力最为落后的位置。

但在地方治理中,我国民族地区尤其是边疆民族地区因其独特的地理位置、民族构成及国际因素的影响,其治理能力的现代化是国家治理能力现代化更为重要的环节(管前程、熊坤新,2017),在实现边疆民族地区社会稳定和长治久安的目标中处于引领地位。尤其是依据国家发展战略,到2020年包括边疆民族地区在内我国已经实现全面脱贫并全面建成小康社会,从政府治理的角度来看,对政府提供基本公共服务的能力要求显著增强;在此基础上再到2035年,基本实现社会主义现代化,国家治理体系和能力现代化基本实现,现代治理格局基本形成。因此,在全面脱贫和全面建成小康社会已经实现并进入下一个15年的阶段,边疆民族地区的发展要逐步从解决基本民生问题为中心转向以提高其治理能力为中心。

由此,推动并优化我国东部地区政策创新向边疆民族地区的扩散,不仅仅是为了推广创新政策在全国的实施,根本目的是促进边疆民族地区完善治理体系和提高治理能力,从而整体上推进国家治理体系和治理能力的现代化。基于此根本目标,在当前及今后一段时间内的现实目标是更有效地促进东部地区政策创新向边疆民族地区扩散,具体包括:(1)提高边疆民族地区的改革创新意识和治理敏锐性,提高东部地区政策创新向边疆民族地区扩散的时效；（2）增强边疆民族地区实施改革创新的资源和能力，扩大东部地区政策创新向边疆民族地区扩散的领域；（3）准确匹配东部地区政策创新与边疆民族地区的需求和条件间的关系，提升东部地区政策创新向边疆民族地区扩散后的治理绩效；（4）在上述过程中培育边疆民族地区自主进行治理和政策改革创新的能力。

第二节　优化依据：东部地区政策创新向边疆民族地区扩散的现实问题

一、扩散时序和规模滞后且内部差异明显

无论是"强制性扩散"还是"非强制性扩散"，东部地区政策创新向边疆民族地区的扩散相对于向其他地区的扩散而言都表现出时序滞后的状态。在"强制性扩散"中，尽管"硬强制性扩散"整体表现较为迅速但依然相对迟缓，而"软强制性扩散"则整体滞后且时序分散。在"非强制性扩散"中，东部地区政策创新向边疆民族地区的扩散同样表现出不同程度缓慢的特征。在扩散规模上，只有"强制性扩散"下边疆民族地区才会最终全部采纳实施东部地区的创新政策，在"非强制性扩散"中，依据政策创新的性质差异扩散的规模差异非常大，即使是在较大规模或大规模向边疆民族地区的扩散中，也会在边疆民族地区内部呈现非常不均衡的状态。东部地区政策创新向边疆民族地区扩散的时序和规模相对于向其他地区扩散的滞后状态，会影响政策创新在边疆民族地区治理中产生作用的时效和范围。

二、不同领域和性质政策创新扩散差异大

依据政策创新的不同层面和所需实施资源的差异，政策创新可以分为重大改革型政策创新、优势深化型政策创新和方法优化型政策创新。对于涉及体制机制重大改革的东部地区政策创新，除非是上级或中央政府的要求，否则很难扩散到边疆民族地区；优势深化型政策创新尽管相对于重大改革型政策创新向边疆民族地区的扩散程度要高，但主要是受益于边疆民族地区的独特条件。从现状来看，向边疆民族地区扩散比较容易的是东部地区的方法优化型政策创新。但方法优化型政策创新向边疆民族地区的扩散也存在比较突出的问题：一是从创新的层面来看，方法优化型政策创新本身属于较低层次的政府治理和政策创新，对于提高政府治理能力主要起到辅助作用；二是即使是方法优化型政策其扩散程度也存在差异，受边疆民族地区财政能力的影响，实施成本越高的方法优化型政策创新扩散的限制越大。

三、扩散方式上依赖性强而自主性相对欠缺

形塑我国东部地区政策创新向边疆民族地区扩散机制的背景包括政策创新扩散的共性背景、中国特色体制背景和边疆民族地区具体背景。由共性背景形塑的是常规扩散机制，包括行政指令机制、学习模仿机制和政绩竞争机制；由我国特色体制背景和边疆民族地区具体背景形塑的是特殊扩散机制，包括市场驱动机制、对口支援机制和边疆国际合作机制；由常规背景、中国特色体制背景和边疆民族地区具体背景共同形塑的是混合机制，包括"试点——吸纳——推广"机制和多阶段多主体机制。从扩散机制的构成来看，尽管东部地区政策创新向边疆民族地区的扩散机制类型多样，但实际上自主性扩散程度较低，已有的自主性扩散主要限于方法优化型的政策创新，而涉及体制机制改革的政策创新的扩散均不同程度上依赖于其他政府的行为，要依靠行政指令、对口支

援、"试点——吸纳——推广"等机制，边疆民族地区政府的自主性偏弱甚至完全依赖其他政府行为的驱动。另外，市场要素和社会要素在促进东部地区政策创新向边疆民族地区扩散中的作用发挥不充分。

四、扩散过程中受到更多不利因素的制约

东部地区政策创新向边疆民族地区扩散的影响因素既包括常规扩散的影响因素，也包括因中国政治体制及边疆民族地区的特殊性而产生的特殊因素。因此，东部地区政策创新向边疆民族地区的扩散与向一般地区的扩散相比，既要受到政府规模、电子政务水平、人均 GDP、财政金融指数、邻近地区政府行为、上级政府行为等共同因素的影响，还要受到边疆民族地区特殊因素的影响，如民族聚居特性和民族区划性质等。在共同因素方面，边疆民族地区的经济水平与财政能力、治理基础等本身的相对落后状态会影响其对新政策项目的采纳实施，而地理区位、民族结构等特殊因素虽然会促进某些优势深化型的政策扩散，但也会对重大改革型甚至是方法优化型政策创新的采纳扩散产生阻碍。因此，政策创新向边疆民族地区扩散与向其他地区的扩散相比，事实上受到更多不利因素的制约。

五、向边疆民族地区扩散后的效用问题明显

公共政策创新是否发生扩散只是扩散的一个方面，而扩散后的效用问题是另一个更重要的方面。东部地区政策创新向边疆民族地区扩散过程中因区域差距明显很容易发生变异和失效现象。东部地区政策创新向边疆民族地区扩散的效用问题可以分为"实施不力"型问题、"张冠李戴"型问题、"水土不服"型问题和"治理失序"型问题。"实施不力"型问题是指边疆民族地区采纳实施的创新政策项目在应然状态上是可以充分发挥治理功能和提升治理绩效的，但由于采纳实施主体自身的某些主观因素导致创新政策的效果不佳甚至失效。"张冠李戴"型问题

是指边疆民族地区采纳实施的东部地区政策创新项目与本地的问题并不匹配，尽管其具备政策方案实施的基本条件。"水土不服"型效用问题是指尽管边疆民族地区和东部地区存在相同性质的客观真实的政策问题，但由于边疆民族地区的政治经济文化条件与东部地区存在明显的差距，因此不具备或者不完全具备良好实施的条件，导致政策效用受到影响或者效果不佳。"治理失序"型效用问题的特征是不仅在议程设置环节政策创新的采纳地不存在"客观正确"的问题，而且其采纳的政策方案也不具备实施的基本条件，这是后果最为严重的问题。尽管这些问题在政策创新向其他地区的扩散中也会不同程度的存在，但在向边疆民族地区的扩散中表现得更为频繁和突出。

第三节　优化路径：完善东部地区政策创新 向边疆民族地区扩散的方略

一、边疆民族地区采纳实施者：提高创新意识和科学决策能力

东部地区政策创新能否向边疆民族地区有效扩散从根本上取决于边疆民族地区采纳实施者的认知水平和决策能力。首先是要着力提高边疆民族地区公共管理部门及公务员的创新意识。创新意识不仅包括对治理模式和公共政策的原创性意识，还包括对政府治理改革趋势的把握意识和对其他地区政策创新的敏感意识，否则无法及时了解和跟进政策创新的动态。要提高边疆民族地区公共管理者的创新意识和敏感意识，需要通过优化干部选拔标准和范围、加强学习培训等方式提高其公务人员队伍，尤其是地方政府主官的能力素质，还需要加强边疆民族地区包括大专院校、科研院所以及专门政策研究机构在内的智库的建设，建设好决策者的"外脑"，弥补边疆民族地区的短板。其次是要切实提高边疆民

族地区政府的科学决策能力。鉴于边疆民族地区与东部地区在政治经济社会条件和地理自然环境上的巨大差异，科学决策能力的现实要求是"为正确的问题搜寻正确的方案"和"为正确的方案匹配正确的问题"，以提高扩散后的治理绩效。边疆民族地区各级政府要有对知识和能力有限性的客观认知和开放的姿态，在政策信息、知识和方法的获取上既不能限于官员的个人经验，也不能停留在形式化和背书式的专家咨询审议，而是构建政策信息、知识、方法在官员、专家、智库、媒体、民众各环节之间的循环流动和互动增长机制，以避免对政策问题和方案的分析认知出现结构性缺陷。

二、东部地区政策创新者：强化对采纳实施者的支援和指导

尽管边疆民族地区是对创新政策的"追随者"，但作为政策创新"发明者"的东部地区需要加强对采纳实施者的支援和指导，才能更有效地将其新政策扩散到边疆民族地区。通过双方的支援合作，既可以提高采纳者的实施条件，弥补边疆民族地区诸多条件的不足，更能够提高采纳实施的准确性以及促进扩散实施后的相关支撑制度建设。需要注意的是，东部地区在强化边疆民族地区的支援和指导过程中，除了协助实施具体新的政策项目外，更要注重对其自主扩散和自主创新能力的培养。在"交票子""交钥匙""交点子"的对口支援内容中，要更注重"交点子"工程，并且进一步从直接"交点子"向"引点子"转变。在"交点子"的政策思想援助过程中，要因地制宜地从边疆民族地区实际特点出发提出再创新思路，以形成治理理念创新的示范效应，使边疆民族地区领导干部能够在"干中学"，提高他们基于本地区状况自主实施创新政策的思路和能力；与此相配套，要进一步扎实做好智力支援和边疆民族地区民族干部能力提升的基础性工作，在加大人才支援选派力度的同时，丰富智力支援的形式，比如全面援助边疆民族地区政府智库建设，例行开展多层次、多方位的政府治理与政策创新为主题的论坛交流活动等。同时，对于扩散实施政策创新所需的经济技术资源的支援，坚

持必要性和竞争性原则，先由边疆民族地区受援地自行提出明确的政策思路和援助需求清单，然后由援助方或第三方进行评估，通过论证后由援助方决定是否实施援助，以强化受援方的积极性、主动性和创造性。东部地区政策创新者对边疆民族地区采纳实施者的援助和指导，只有最终实现从"直接援助"到"辅助指导"的转变，才能真正提高边疆民族地区政府自主扩散和自主创新的能力。

三、扩散中的催化者：发挥中央政府的顶层设计和协调功能

从东部地区政策创新向边疆民族地区扩散的方式和机制来看，中央政府发挥着"催化者"的作用。要更有效地促进东部地区政策创新向边疆民族地区扩散，需要更好地发挥中央政府的顶层设计和协调功能。首先是将边疆民族地区有效地采纳实施包括东部地区在内的政策创新纳入国家治理体系和治理能力现代化的重要议程，将边疆民族地区的政策创新能力视为推动其治理体系和治理能力现代化的重要途径。其次是给予边疆民族地区采纳实施新政策更多的国家层面的政策支持。尤其是对于在东部地区试点的重大改革型政策创新以涉及国际因素的政策创新的扩散实施，中央政府需要给予更多的支持和倾斜，进行"布点布局"的顶层规划，才能实现边疆民族地区改革创新的"跨越式"发展。再次是充分利用中央政府信息全面的特点，及时"甄别"并向边疆民族地区"引介"和"推送"东部地区好的政策创新项目和创新经验。另外，对于中央政府"吸纳"上升为全国性的政策创新，在强制性实施过程中，要充分考虑边疆民族地区的具体特点和不利因素，在保持基本政策框架的基础上，给予边疆民族地区更多的自主再创新空间并指导其进行因地制宜再创新，以提高实际治理绩效。同时，中央政府还需要协调和引导东部地区优化对边疆民族地区的支援和指导关系。

四、扩散中的参与者：全面激发市场和社会因素的驱动作用

政府的政策创新和治理能力与经济社会发展的状况是相互影响的，市场的发展可以形成政策创新的倒逼驱动力，而社会的有效参与也可以为政府治理创新提供协同力量。实际上，很多政府治理与政策的创新是在政府、市场、社会共同参与下完成的，例如公共设施和服务中的 PPP 模式。无论是从治理趋势还是从国家政策导向上，"政府引导、市场运作、企业主体、社会参与"的治理模式改革将成为主导。我国东部发达地区政府政策创新能力强与其市场机制相对完善和社会发展相对成熟密切相关，而我国民族地区尤其是边疆民族地区大多处于市场体系的边远地位、社会组织发育程度低，很大程度上抑制了政府采纳实施新政策的能力。因此，要高度重视发挥市场和社会力量的作用，引导东部发达地区的企业、社会精英、科研院所、社会组织广泛参与，以产业转移、企业投资、市场开发、科教交流、社会公益等途径持续推进边疆民族地区市场体系和社会力量的发展成熟，既能直接促进边疆民族地区经济社会的发展，更能驱动东部地区政策创新向边疆民族地区的全面有效扩散。

参 考 文 献

[1] 包海芹，陈学飞．国家学科基地政策扩散研究［J］．高等教育研究，2011（9）：105.

[2] 包海芹，陈学飞．基地政策扩散研究［M］．北京：北京大学出版社，2011.

[3] 陈芳．政策扩散理论的演化［J］．中国行政管理，2014（6）：99－104.

[4] 陈芳．政策扩散、政策转移和政策趋同——基于概念、类型与发生机制的比较［J］．厦门大学学报（哲学社会科学版），2013（6）：8－16.

[5] 陈贵梧．地方政府创新过程中正式与非正式政治耦合研究——以公安微博为例［J］．公共管理学报，2014（2）：60－69，141－142.

[6] 陈雪莲，杨雪冬．地方政府创新的驱动模式——地方政府干部视角的考察［J］．公共管理学报，2009（3）：1－11，121.

[7] 程虹．广东南海政务微博考核办法成全国推广案例［N］．珠江时报，2013－08－01.

[8] 迟方旭．对界定监察委员会法律性质的思考［N］．社会科学报，2018－01－16.

[9]［美］道格拉斯·C.诺斯．经济史中的结构与变迁［M］．陈郁，等译．上海：上海三联书店，上海人民出版社，1994.

[10] 邓小刚．紧密结合党的群众路线教育实践活动　不断深化城镇网格化管理　全力推进平安西藏建设［N］．西藏日报（汉文版），

2013 – 07 – 25.

[11] 邓小平文选（第三卷）[M]. 北京：人民出版社，1993.

[12] 丁晓春. 南通：陆海统筹再创辉煌 [N]. 人民日报（海外版），2014 – 04 – 25.

[13] 董少华. 新疆加快推进"最多跑一次"改革 [N]. 新疆日报，2018 – 05 – 25.

[14] 方盛举，陈然. 现代国家治理视角下的边疆：内涵、特征与地位 [J]. 云南师范大学学报（哲学社会科学版），2019（4）：22 – 30.

[15] 费孝通. 乡土中国 [M]. 北京：北京大学出版社，2012.

[16] 冯小敏，徐建刚，姚海. 口述上海对口援疆 [M]. 上海：上海教育出版社，2017.

[17] [美] 弗朗西斯·贝瑞，威廉·贝瑞. 政策研究中的创新和传播模型 [M]. 彭宗超，钟开斌，等译，北京：三联书店，2004.

[18] 管前程，熊坤新. 边疆民族地区治理刍论 [J]. 贵州民族研究，2017（6）：1 – 4.

[19] 国家统计局城市社会经济调查司. 中国城市统计年鉴 2019 [R]. 北京：中国统计出版社，2019.

[20] 国家统计局城市社会经济调查司. 中国城市统计年鉴 2015 [R]. 北京：中国统计出版社，2015.

[21] 国家统计局城市社会经济调查司. 中国城市统计年鉴 2016 [R]. 北京：中国统计出版社，2016.

[22] 国家统计局城市社会经济调查司. 中国城市统计年鉴 2018 [R]. 北京：中国统计出版社，2018.

[23] 国家统计局城市社会经济调查司. 中国城市统计年鉴 2017 [R]. 北京：中国统计出版社，2017.

[24] 国家统计局城市社会经济调查司. 中国城市统计年鉴 2014 [R]. 北京：中国统计出版社，2014.

[25] 韩博天，石磊. 中国经济腾飞中的分级制政策试验 [J]. 开放时代，2008（5）：31 – 51.

[26] [德] 韩博天. 中国异乎常规的政策制定过程：不确定情况下反复试验 [J]. 开放时代, 2009 (7)：41 - 48, 26.

[27] 韩志明. 基于有效性和可行性的政策方案的类型分析 [J]. 中共浙江省委党校学报, 2008 (1)：60 - 64.

[28] 侯小娟, 周坚. 社会医疗保险城乡统筹：社会经济发展水平与政策选择——基于修正"贝瑞政策创新扩散模型"的实证研究 [J]. 华南师范大学学报 (社会科学版), 2014 (3)：101 - 107.

[29] [美] 加布里埃尔·A. 阿尔蒙德、小 G. 宾厄姆·鲍威尔. 比较政治学：体系、过程和政策 [M]. 曹沛霖, 等译. 上海：上海译文出版社, 1987.

[30] 蒋天民, 胡新平. 政务微信的发展现状、问题分析及展望 [J]. 现代情报, 2014 (0)：88 - 91, 95.

[31] 焦书乾. 我国民族地区区域范围刍议 [J]. 中南民族学院学报 (哲学社会科学版), 1996 (2)：54 - 57.

[32] 李丹丹. 云南推进"放管服"改革"最多跑一次"等六项行动将全面实施 [N]. 昆明日报, 2018 - 05 - 31.

[33] 李健. 公益创投政策扩散的制度逻辑与行动策略——基于我国地方政府政策文本的分析 [J]. 南京社会科学, 2017 (2)：91 - 97.

[34] 李健, 张文婷. 政府购买服务政策扩散研究——基于全国 31 省数据的事件史分析 [J]. 中国软科学, 2019 (5)：60 - 67.

[35] 李景鹏. 关于推进国家治理体系和治理能力现代化——"四个现代化"之后的第五个"现代化" [J]. 天津社会科学, 2014 (2)：57 - 62.

[36] 李瑞昌. 界定"中国特点的对口支援"：一种政治性馈赠解释 [J]. 经济社会体制比较, 2015 (4)：194 - 204.

[37] 李智超. 政策试点推广的多重逻辑——基于我国智慧城市试点的分析 [J]. 公共管理学报, 2019 (3)：145 - 156, 175.

[38] 廖卫华. 从首都到首府：对口援藏力推拉萨社会治理创新 [N]. 法制日报, 2014 - 08 - 31.

［39］林雪霏．政府间组织学习与政策再生产：政策扩散的微观机制——以"城市网格化管理"政策为例［J］．公共管理学报，2015（1）：11－23，153－154．

［40］刘本义．党政领导干部交流的实践与探索［J］．组织人事学研究，1998（3）：8－10．

［41］刘红波，林彬．人工智能政策扩散的机制与路径研究——一个类型学的分析视角［J］．中国行政管理，2019（4）：38－45．

［42］刘琼，职朋，佴玲莉，等．住房限购政策扩散：内部诉求还是外部压力［J］．中国土地科学，2019（2）：57－66．

［43］刘伟．国际公共政策的扩散机制与路径研究［J］．世界经济与政治，2012（4）：40－58，156－157．

［44］刘伟．学习借鉴与跟风模仿——基于政策扩散理论的地方政府行为辨析［J］．国家行政学院学报，2014（1）：34－38．

［45］刘晓亮，侯凯悦，张洺硕．从地方探索到中央推广：政府创新扩散的影响机制——基于36个案例的清晰集定性比较分析［J］．公共管理学报，2019（3）：157－167，176．

［46］刘央央，钟仁耀．基于博弈论视角的支出型贫困救助政策扩散研究［J］．社会保障研究，2017（5）：45－54．

［47］刘耀西．干部交流四大好处［J］．学习月刊，2001（2）：23．

［48］卢慧．惠州政务微博一季度考核出炉@惠城发布领跑［N］．南方日报，2015－05－14．

［49］卢伟．户籍改革几乎遭所有市长反对［N］．大众日报，2013－01－09．

［50］罗布次仁．《寺庙僧尼参加社会保险暂行办法》深受广大僧尼好评［N］．西藏日报（汉文版），2011－12－08．

［51］［美］E·M．罗杰斯．创新的扩散（第五版）［M］．唐兴通，等译．北京：电子工业出版社，2016．

［52］罗科．浦东综合改革试验区：开启新一轮摸着石头过河［N］．第一财经日报，2005－06－24．

［53］马亮. 府际关系与政府创新扩散：一个文献综述［J］. 甘肃行政学院学报，2011（6）：33 – 41，123.

［54］马亮. 公安微博的扩散研究：中国地级市的实证研究［J］. 甘肃行政学院学报，2012（6）：4 – 14，124.

［55］马亮. 公共服务创新的扩散：中国城市公共自行车计划的实证分析［J］. 公共行政评论，2015（3）：51 – 78，203.

［56］马亮. 政府创新扩散视角下的电子政务发展——基于中国省级政府的实证研究［J］. 图书情报工作，2012（7）：117 – 124.

［57］马亮. 政府2.0的扩散及其影响因素——一项跨国实证研究［J］. 公共管理学报，2014（1）：127 – 136，143 – 144.

［58］马亮. 政府信息技术创新的扩散机制研究［J］. 公共行政评论，2012（5）：161 – 177.

［59］马亮. 政务微博的扩散：中国地级市的实证研究［J］. 复旦公共行政评论，2013（2）：169 – 191.

［60］马庆钰，贾西津. 中国社会组织的发展方向与未来趋势［J］. 国家行政学院学报，2015（4）：62 – 67.

［61］［意］尼科洛·马基雅维利. 君主论［M］. 王伟，译. 西安：陕西师范大学出版社，2009.

［62］潘熙宁. 开发区"热"的综合评析［J］. 决策借鉴，1993（3）：20 – 22.

［63］浦美玲，雍明虹. 昆明拟申报建设沿边自贸试验区［N］. 云南日报，2015 – 07 – 08.

［64］曲查. 青岛市第八批援藏工作组精准施策助推打赢脱贫攻坚［N］. 西藏日报（汉文版），2017 – 03 – 30.

［65］荣敬本，等. 从压力型体制向民主合作体制的转变［M］. 北京：中央编译出版社，1998.

［66］孙敏，何美容，邓晖，等. 桂林人才飞地在深圳正式启动运营［N］. 桂林日报，2019 – 10 – 22.

［67］托马斯·R. 戴伊. 理解公共政策（第十版）［M］. 彭勃，等

译．北京：华夏出版社，2004.

[68] 汪仕凯．党和国家机构改革与政治体制能力重塑：制度优势转化为治理效能的中国逻辑 [J]．南京社会科学，2020 (2)：1-9.

[69] 汪永成．中国现代化进程中的政府能力——国内学术界关于政府能力研究的现状与展望 [J]．政治学研究，2001 (4)：79-88.

[70] 王春晓．三明医改：政策试验与卫生治理 [M]．北京：社会科学文献出版社，2018.

[71] 王法硕．制度设计、治理能力与自我更新：地方政府创新扩散效果研究——以城市公共自行车项目为例 [J]．中国行政管理，2016 (6)：109-114.

[72] 王洪涛，陈洪侠．我国智慧城市创新扩散演进机理及启示——基于38个城市的事件史分析 [J]．科技进步与对策，2017 (3)：44-48.

[73] 王洪涛，魏淑艳．地方政府信息公开制度时空演进机理及其启示 [J]．东北大学学报（哲学社会科学版），2015 (6)：600-605，612.

[74] 王家庭．国家综合配套改革试验区制度创新的空间扩散机理分析 [J]．南京社会科学，2007 (7)：39-44.

[75] 王家庭，季凯文．我国开发区制度创新扩散的微观机理与实证分析 [J]．社会科学辑刊，2008 (2)：87-91.

[76] 王骏超．安徽：政务微博微信更新情况将列入绩效考评 [N]．江淮晨报，2018-08-20.

[77] 王浦劬，赖先进．中国公共政策扩散的模式与机制分析 [J]．北京大学学报（哲学社会科学版），2013 (6)：14-23.

[78] 王文．国家治理现代化的中国智慧 [J]．红旗文稿，2020 (2)：16-18.

[79] 王晓鲁，樊纲，余静文．中国分省份市场化指数报告 (2016) [M]．北京：社会科学文献出版社，2017.

[80] 王勇，孙刚，张建龙．功能、特征、问题与对策：我国政务

微信研究述评［J］．昆明理工大学学报（社会科学版），2018（5）：91-100.

［81］吴文庆主编．河长制湖长制实务——太湖流域片河长制湖长制解析［M］．北京：中国水利水电出版社，2019.

［82］吴逊、［澳］饶墨仕、［加］迈克尔·豪利特、［美］斯科特·A.佛里曾．公共政策过程：制定、实施与管理［M］．叶林，等译．上海：格致出版社，上海人民出版社，2016.

［83］武勇，毛海峰，邓华宁．中国西部省份部分开发区大量土地闲置　浪费惊人［N］．经济参考报，2007-03-27.

［84］西藏自治区统计局、国家统计局西藏调查总队．西藏统计年鉴2012［R］．北京：中国统计出版社，2012.

［85］西藏自治区统计局、国家统计局西藏调查总队．西藏统计年鉴2013［R］．北京：中国统计出版社，2013.

［86］习近平．做焦裕禄式的县委书记［N］．学习时报，2015-09-07.

［87］肖芸．政策转移研究的流动性转向——从国家中心到比较城市［J］．社会学研究，2019（3）：219-241，246.

［88］谢香方．中国边疆地理的发展成就［J］．人文地理，1996（1）：89-95.

［89］熊烨．我国地方政策转移中的政策"再建构"研究——基于江苏省一个地级市河长制转移的扎根理论分析［J］．公共管理学报，2019（3）：131-144，174-175.

［90］熊烨．政策转移与政策绩效：一个"结构—过程"的分析框架［J］．华中科技大学学报（社会科学版），2019（3）：105-112.

［91］熊烨．政策转移知识链：知识视角下的我国地方政策转移过程优化［J］．求实，2019（5）：55-67.

［92］熊烨，周建国．政策转移与情境嵌入：一个政策转移有效性的分析框架［J］．中南大学学报（社会科学版），2017（3）：135-142.

［93］熊烨，周建国．政策转移中的政策再生产：影响因素与模式

概化——基于江苏省"河长制"的 QCA 分析 [J].甘肃行政学院学报，2017 (1)：37 - 47，126 - 127.

[94] 徐莹波.《桂林市高层次人才引进和培养暂行办法》出炉九大惠才惠企新政营造引才"强磁场"桂林面向全球发出"招贤令"[N].桂林日报，2017 - 05 - 17.

[95] 许洪位.中国民族间发展的多重差异格局与差别化、协同性政策开发研究——论中国民族关系的新形态与民族政策的新体系 [J].民族学刊，2016 (3)：62 - 72，119 - 120.

[96] 严荣.转型背景下政策创新的扩散与有限理性学习 [J].上海行政学院学报，2008 (3)：35 - 43.

[97] 杨代福.我国城市社区网格化管理创新扩散现状与机理分析 [J].青海社会科学，2013 (6)：77 - 85.

[98] 杨代福.西方政策创新扩散研究的最新进展 [J].国家行政学院学报，2016 (1)：122 - 126.

[99] 杨宏山，李娉.政策创新争先模式的府际学习机制 [J].公共管理学报，2019 (2)：1 - 14，168.

[100] 杨静文.我国政务中心制度创新扩散实证分析 [J].中国行政管理，2006 (6)：41 - 44.

[101] 杨雪冬.压力型体制：一个概念的简明史 [J].社会科学，2012 (11)：4 - 12.

[102] 殷存毅，叶志鹏，杨勇.政府创新扩散视角下的电子政务回应性实证研究——基于全国 923 家县级政府门户网站的在线测评数据 [J].上海行政学院学报，2016 (4)：35 - 45.

[103] 于文轩，许成委.中国智慧城市建设的技术理性与政治理性——基于 147 个城市的实证分析 [J].公共管理学报，2016 (4)：127 - 138，159 - 160.

[104] 于永达，战伟萍.从领导干部流动速率看干部制度建设 [J].中国行政管理，2011 (10)：86 - 89.

[105] 俞可平.中国地方政府创新的可持续性 （2000—

2015）——以"中国地方政府创新奖"获奖项目为例［J］.公共管理学报，2019（1）：1-15，169.

［106］俞可平.中美两国"政府创新"之比较——基于中国与美国"政府创新奖"的分析［J］.学术月刊，2012（3）：5-15.

［107］郁建兴，黄飚.地方政府创新扩散的适用性［J］.经济社会体制比较，2015（1）：171-181.

［108］［美］约瑟夫·熊彼特.经济发展理论——对于利润、资本、信贷、利息和经济周期的考察［M］.何畏，等译.北京：商务印书馆，1990.

［109］岳经纶，王春晓.三明医改经验何以得到全国性推广？基于政策创新扩散的研究［J］.广东社会科学，2017（5）：186-197，256.

［110］曾盛聪，卞思瑶.乡村振兴背景下"田园综合体"的政策扩散分析——基于多个经验性案例的考察［J］.中国行政管理，2019（2）：60-65.

［111］扎西顿珠，陈林.青岛援藏助力日喀则桑珠孜区脱贫攻坚［N］.西藏日报（汉文版），2018-04-18.

［112］张成福.政府治理创新与政府治理的新典范：中国政府改革40年［J］.国家行政学院学报，2018（2）：33-39，135.

［113］张尔升.地方政府创新的区域性扩散——基于皖琼农村改革政策的分析［J］.探索与争鸣，2007（2）：39-41.

［114］张继焦.城市网格化管理模式探讨——拉萨市调研报告［J］.民族论坛，2015（5）：16-21.

［115］张剑娜，唐天伟.我国省级地方政府管理创新能力测度及分析［J］.江西师范大学学报（哲学社会科学版），2013（4）：22-26.

［116］张克.地方主官异地交流与政策扩散：以"多规合一"改革为例［J］.公共行政评论，2015（3）：79-102，203-204.

［117］张克.公共政策创新扩散的中国经验：基于省直管县财政改革的研究［M］.北京：国家行政学院出版社，2018.

［118］张克.西方公共政策创新扩散：理论谱系与方法演进［J］.

国外理论动态，2017（4）：35-44.

[119] 张克. 政策扩散视角下的省直管县财政改革——基于20个省份数据的探索性分析 [J]. 北京行政学院学报，2017（1）：17-26.

[120] 张克. 政策试点何以扩散：基于房产税与增值税改革的比较研究 [J]. 中共浙江省委党校学报，2015（2）：55-62.

[121] 张黎黎. 西藏实现"网格化"管理全覆盖 [N]. 西藏日报（汉文版），2014-11-03.

[122] 张攀，吴建南，王颖迪. 政府创新扩散的动力机制：基于新制度主义理论的阐释——以机关效能建设为例 [J]. 学术论坛，2015（7）：20-24.

[123] 张世洲，姚荣. 复合嵌入性：我国地方教育政策转移的一种解释框架 [J]. 广西社会科学，2014（4）：186-191.

[124] 张玮. 政策创新的地理扩散——基于暂住证制度的地方实践分析 [J]. 南方人口，2011（1）：56，57-64.

[125] 张玮. 中国户籍制度改革地方实践的时空演进模式及其启示 [J]. 人口研究，2011（5）：71-80.

[126] 张洋. 社会政策创新扩散的机理和动因——以流动人口积分制管理政策为例 [J]. 中国公共政策评论，2017（1）：108-129.

[127] 章高荣. 高风险弱激励型政策创新扩散机制研究——以省级政府社会组织双重管理体制改革为例 [J]. 公共管理学报，2017（4）：1-15，153.

[128] 章文光，宋斌斌. 从国家创新型城市试点看中国实验主义治理 [J]. 中国行政管理，2018（12）：89-95.

[129] 赵超. 广西"最多跑一次"事项超80% [N]. 广西日报，2018-11-26.

[130] 赵慧. 社会政策创新与福利理念趋异：基于纵向政府间关系的视角 [J]. 公共行政评论，2018（5）：138-157，189-190.

[131] 赵慧. 中国社会政策创新及扩散：以养老保险政策为例 [J]. 国家行政学院学报，2013（6）：44-48.

［132］赵明刚．中国特色对口支援模式研究［J］．社会主义研究，2011（2）：56－61．

［133］赵诣，王冰．政策试验区政策创新机制及效果研究——以武汉城市圈为例［J］．西南交通大学学报（社会科学版），2013（3）：74－80．

［134］钟时伦．异地调任是反腐治本有力举措［N］．光明日报，2014－08－14．

［135］周飞舟．锦标赛体制［J］．社会学研究，2009（3）：54－77，244．

［136］周黎安．行政发包制［J］．社会，2014（6）：1－38．

［137］周平．国家视阈里的中国边疆观念［J］．政治学研究，2012（2）：62－72．

［138］周平．我国边疆概念的历史演变［J］．云南行政学院学报，2008（4）：86－91．

［139］周平．我国的边疆与边疆治理［J］．政治学研究，2008（2）：67－72．

［140］周望．如何"先试先行"？——央地互动视角下的政策试点启动机制［J］．北京行政学院学报，2013（5）：20－24．

［141］周望．政策扩散理论与中国"政策试验"研究：启示与调适［J］．四川行政学院学报，2012（4）：43－46．

［142］周志忍，李倩．政策扩散中的变异及其发生机理研究——基于北京市东城区和S市J区网格化管理的比较［J］．上海行政学院学报，2014（3）：36－46．

［143］朱必义，李冬妹．洛浦生态农业园：又一个洛浦绿洲［N］．新疆日报，2013－04－06．

［144］朱多刚，胡振吉．中央政府推进政策扩散的方式研究——以廉租房政策为例［J］．东北大学学报（社会科学版），2017（4）：378－384．

［145］朱光磊．当代中国政府过程（第三版）［M］．天津：天津人

民出版社，2008.

[146] 朱光喜，陈景森. 地方官员异地调任何以推动政策创新扩散？——基于议程触发与政策决策的比较案例分析 [J]. 公共行政评论，2019（4）：124-142，192-193.

[147] 朱光喜. 分化型政社关系、社会企业家行动策略与社会组织发展——以广西P市Y协会及其孵化机构为例 [J]. 公共管理学报，2019（2）：67-78，171-172.

[148] 朱光喜，刘梦茹. 体制约束、制度同构与地方高等教育政策创新——基于南方科技大学和上海科技大学的比较分析 [J]. 领导科学论坛，2019（23）：43-62.

[149] 朱光喜. 政策粘嵌：形成、功能与分离：基于中国"大户籍"政策变迁的研究 [M]. 北京：经济科学出版社，2015.

[150] 朱光喜，朱庆. 地方官员更替是否影响政策稳定？——基于G自治区地级市的实证分析 [J]. 广东行政学院学报，2019（1）：5-13.

[151] 朱光喜，朱燕，秦艳辉. 盐业体制改革为何难——基于政策网络的分析 [J]. 领导科学论坛，2017（5）：60-75.

[152] 朱德米. 公共政策扩散、政策转移与政策网络——整合性分析框架的构建 [J]. 国外社会科学，2007（5）：19-23.

[153] 朱旭峰，张友浪. 创新与扩散：新型行政审批制度在中国城市的兴起 [J]. 管理世界，2015（10）：91-105，116.

[154] 朱旭峰，张友浪. 地方政府创新经验推广的难点何在——公共政策创新扩散理论的研究评述 [J]. 人民论坛·学术前沿，2014（17）：63-77.

[155] 朱旭峰，赵慧. 政府间关系视角下的社会政策扩散——以城市低保制度为例（1993—1999）[J]. 中国社会科学，2016（8）：95-116，206.

[156] 朱亚鹏，丁淑娟. 政策属性与中国社会政策创新的扩散研究 [J]. 社会学研究，2016（5）：88-113，243.

[157] 朱亚鹏. 政策创新与政策扩散研究述评 [J]. 武汉大学学报

（哲学社会科学版），2010（4）：565 – 573.

［158］朱燕，朱光喜. 政策补丁：类型与成因——基于多案例的分析［J］. 中国行政管理，2020（9）：49 – 57.

［159］Adam J, Newmark. An Integrated Approach to Policy Transfer and Diffusion［J］. Review of Policy Research，2002，19（2）：151 – 178.

［160］Andrew Karch. Emerging Issues and Future Directions in States Policy Diffusion Research［J］. State Politics and Policy Quarterly，2007，7（1）：54 – 80.

［161］Andrew Karch. National Intervention and the Diffusion of Policy Innovation［J］. American Politics Research，2006，34（4）：403 – 426.

［162］Andrew Karch. Vertical Diffusion and the Policy – Making Process：The Politics of Embryonic Stem Cell Research［J］. Political Research Quarterly，2012，65（1）：48 – 61.

［163］Anelissa Lucas. Public Policy Diffusion Research：Integrating Analytic Paradigm［J］. Knowledge：Creation，Diffusion，Utilization，1983，4（3）：379 – 408.

［164］Barbara Wejnert. Integrating Models of Diffusion of Innovations：A Conceptual Framework［J］. Annual Review of Sociology，2002，28（2）：297 – 326.

［165］Boushey Graeme. Policy diffusion Dynamics in America［M］. Cambridge：Cambridge University Press，2010.

［166］Bryce Ryan, Neal Gross. Acceptance and diffusion of Hybrid Corn Seed in Two Iowa Communities［J］. Research Bulletin（Iowa Agriculture and Home Economics Experiment Station），1950，29（372）：663 – 708.

［167］Bulmer S. , D. Dolowitz, P. Humphreys et al. Policy Transfer in the European Union［M］. London：Routledge，2007.

［168］Carlos Pereira. Political Institutions，Policymaking，and Policy Stability in Latin America［J］. Latin American Politics and Society，2001，

53（1）：59－89.

［169］Caroline J. Tolbert, Karen Mossberger, Ramona McNeal. Institutions, policy Innovations, and E－government in the US［J］. Public Administration Review, 2008, 66（3）：549－563.

［170］Charles R. Shipan, Craig Volden. Bottom－Up Federalism: The Diffusion of Antismoking Policies from U. S Cities to States［J］. American Journal of Political Science, 2006, 50（4）：825－843.

［171］Charles R. Shipan, Craig Volden. Policy Diffusion: Seven Lessons for Scholars and Practioners［J］. Public Administration Review, 2012, 72（6）：788－796.

［172］Charles R. Shipan, Craig Volden. The Mechanism of Policy Diffusion［J］. America Journal of Political Science, 2008, 54（4）：840－857.

［173］Chien Shiuh－Shen. The Isomorphism of Local Development Policy: A Case Study of the Formation and Transformation of National Development Zones in Post－Mao Jiangsu, China［J］. Urban Studies, 2008, 45（2）：273－294.

［174］Chien-wen Kou and Wen－Hsuan Tsai. "Sprinting with Small Steps" Towards Promotion: Solutions for the Age Dilemma in the CCP Cadre Appointment System［J］. The China Journal, 2014, 71（1）：153－172.

［175］Christopher Z. Mooney, Mei－Hsien Lee. Morality Policy Reinventation: State Death Penalities［J］. American Academy of Political and Social Science, 1999, 566（1）：80－92.

［176］Christoph Knill. Introduction: Cross－National Policy Convergence: Concepts, Approaches and Explanatory Factors［J］. Journal of European Public Policy, 2005, 12（5）：764－774.

［177］Christos Kotsogiannisz, Robert Schwagery. Policy Innovation in Federal System［EB/OL］. 2004, http://128.118.178.162/eps/urb/papers/0504/0504001. pdf.

[178] Chung-pin Lee, Kai-ju Chang, Frances Stokes Berry. Testing the Development and Diffusion of E - Government And E - Democracy: A Global Perspective [J]. Public Administration Review, 2011, 71 (3): 444 - 454.

[179] Clark. Policy Diffusion and Program Scope: Research Direction [J]. Publius: The Journal of Federalism, 1985, 15 (4): 61 - 70.

[180] Colin J. Bennett, Michael Howlett. The Lessons of Learning: Reconciling Theories of Policy Learning and Policy Change [J]. Policy Sciences, 1992, 25 (3): 275 - 294.

[181] Colin J. Bennett. What Is Policy Convergence and What Causes It [J]. British Journal of Political Science, 1991, 21 (2): 215 - 233.

[182] Covadonga Meseguer. Policy Learning, Policy Diffusion and The Making of a New Order [J]. Annals of the American Academy of Political and Social Science, 2005, 598 (1): 67 - 82.

[183] Craig Volden, Michael M. Ting, Daniel P. Carpenter. A Formal Model of Learning and Policy Diffusion [J]. American Political Science Review, 2008, 102 (3): 319 - 332.

[184] Craig Volden. States as Policy Laboratories: Emulating Success in the Children's health Insurance Program [J]. American Journal of Political Science, 2006, 50 (2): 294 - 312.

[185] David Dolowitz, David Marsh. Who learns What from Whom: A Review of policy transfer literature [J]. Political Studies, 1996, 44 (2): 343 - 357.

[186] David Marsh, J. C. Sharman. Policy Diffusion and Policy Transfer [J]. Policy Studies, 2009, 30 (3): 269 - 288.

[187] David P. Dolowitz, David Marsh. Learning from Abroad: The Role of Policy Transfer in Contemporary Policy-making [J]. Governance, 2000, 13 (4): 5 - 24.

[188] Diane Stone. Learning Lessons and Transferring Policy across

Time, Space and Disciplines [J]. Politics, 1999, 19 (1): 51 –59.

[189] Diane Stone. Transnational Transfer Agents and Global Networks in the "Internationalisation" of Policy [J]. Journal of Europe Public Policy, 2003, 27 (2): 1 –23.

[190] Dietmar Braun, Fabrizio Gilardi. Taking Galton's Problem Seriously: Toward a Theory of Policy Diffusion [J]. Journal of Theoretical Politics, 2006, 18 (3): 298 –322.

[191] Dorothy M. Daley, James C. Garand. Horizontal Diffusion, Vertical Diffusion, and Inter Pressure in State Environmental Policymaking, 1989 –1998 [J]. American Politics Research, 2005, 33 (5): 615 –644.

[192] Edward. Future Governance and The Literature on Policy Transfer and Lesson Drawing. Prepared for the ESRC Future Governance Programme Workshop on Policy Transfer [M]. London: Britannia House, 2000.

[193] Eleanor D. Glor. Is Innovation a Question of Will or Circumstance: An Exploration of the Innovation Process through the Lens of the Blakeney Government in Saskatchewan [EB/OL]. 2009, http://www.innovation. cc/books/index. htm.

[194] E. M. Rogers. Diffusion of Innovation [M]. New York: Free Press, 1983.

[195] Erin R. Graham, Charles R. Shipan, Craig Volden. Review Article: The Diffusion of Policy Diffusion Research in Political Science [J]. British Journal of Political Science, 2012, 43 (2): 673 –701.

[196] Evans Mark. Policy Transfer in Critical Perspective [J]. Policy Studies, 2009, 30 (3): 243 –268.

[197] Everett M. Rogers. Diffusion of Innovations (Fifth Edition) [M]. New York: The Free Press, 2003.

[198] Fabrizio Gilardi. Empirical Modeling of Policy Diffusion in Federal States: The Dyadic Approach [J]. Swiss Political Science Rwview, 2008, 14 (3): 413 –450.

［199］ Fariborz Damanpour, Marguerite Schneider. Characteristics of Innovation and Innovation adoption in Public Organizations: Assessing the Role of Managers ［J］. Journal of Public Administration Research and Theory, 2009, 19 (3): 495 –522.

［200］ Frances Stokes Berry. Sizing up State Policy Innovation Research ［J］. Policy Studies Journal, 1994, 22 (3): 442 –456.

［201］ Frances Stokes Berry, William D. Berry. Innovation and Diffusion Models in Policy Research. In Paul A Sabatier eds. Theories of the policy process ［M］. Boulder: Westview Press, 1999/2007.

［202］ Frances Stokes Berry, William D. Berry. State Lottery Adoptions as Policy Innovations an Event History Analysis ［J］. The American Political Science Review, 1990, 84 (2): 395 –415.

［203］ Frank Dobbin, Beth Simmons, Geoffrey Garrett. The Global Diffusion of Public Policy: Social Construction, Coercion, Competition or Learning? ［J］. Annual Review of Sociology, 2007, 33 (1): 449 –472.

［204］ Frederick J. Boehmke, Richard Witmer. Disentangling Diffusion: The Effects of Social Learning and Economic Competition on State Policy Innovation and Expansion ［J］. Political Research Quarterly, 2004, 57 (1): 39 –51.

［205］ Herbert A. Shepard. Innovation – Resisting and Innovation Production Organization ［J］. The Journal of Business, 1967, 40 (4): 470 – 477.

［206］ Heywood. Toward a Sound Theory of Innovation ［J］. The Elementary School Journal, 1965, 66 (3): 107 –114.

［207］ H. G. Barnett. Innovation: The Basic Culture Change ［M］. New York: McGraw – Hill publishers, 1953.

［208］ Howard M. Leichter. The Patterns and Origins of Policy Diffusion: The Case of The Commonwealth ［J］. Comparative Politics, 1983, 15 (2): 223 –233.

[209] Hugh Heclo. Modern Social Politics in Britain and Sweden [M]. New Haven: Yale University Press, 1974.

[210] Jack L. Walker. The Diffusion of Innovation among the American States [J]. The American Political Science Review, 1969, 63 (3): 880 – 899.

[211] J. E Anderson. Public Policy – Making [M]. New York: Praeger Publishers, 1976.

[212] Jean Hartley, James Downe. The Shining Lights? Public Service Awards as an Approach to Service Improvement [J]. Public Administration, 2007, 85 (2): 329 – 353.

[213] Jean – Robert Tyran, Rupert Sausgruber. The Diffusion of Policy Innovation: An Experiment Investigation [J]. Journal of Evolutionary Economics, 2005, 15 (1): 423 – 442.

[214] J. L. Pereira, A. L. Delbecq. Organizational Structure, Individual Attitudes, and Innovation [J]. The Academy of Management Review, 1977, 2 (1): 27 – 37.

[215] John W. Kingdon. Agendas, Alternatives and Public Policy (Second Edition) [M]. Glenview: Harper Collins Publishers, 1997.

[216] Karch Andrew. Democratic Laboratories: Policy Diffusion in the American States [M]. Ann Arbor: The University of Michigan Press, 2007.

[217] Katharina Holzinger, Christoph Knill. Causes and Conditions of Cross – National Policy Convergence [J]. Journal of European Public Policy, 2005, 12 (5): 775 – 796.

[218] Kern F, Kivimaa P, Martiskainen M. Policy Packaging or Policy Patching? The Development of Complex Energy Efficiency Policy Mixes [J]. Energy Research and Social Science, 2017, 23 (1): 11 – 25.

[219] Koleman S. Strumpf. Does Government Decentralization Increase Policy Innovation? [J]. Journal of Public Economic Theory, 2002, 4 (4): 207 – 241.

［220］Kurt Weyland. The Diffusion of Innovations: A Theoretical Analysis ［EB/OL］.2002, http://64.122.226.77/one/pro1/pro101/index.php.

［221］Lawrence A. Brown, Kevin R. Cox. Empirical Regularities in the Diffusion of Innovation ［J］. Annals of the Association of American Geographers, 1971, 61 (3): 551 – 559.

［222］Lawrence B. Mohr. Determinants of Innovation in Organizations ［J］. American Political Science Review, 1969, 63 (1): 111 – 126.

［223］Lee Celia, Ma Liang. The Role of Policy Labs in Policy Experiment and Knowledge Transfer: A Comparison across the United Kingdom, Denmark, and Singapore ［J］. Journal of Comparative Policy Analysis, 2020, 22 (4): 281 – 297.

［224］Lei Guo, Yuhao Ba. Adopt or Not and Innovation Variation: A Dynamic Comparison Study of Policy Innovation and Diffusion Mechanisms ［J］. Journal of Comparative Policy Analysis: Research and Practice, 2020, 22 (4): 298 – 319.

［225］Liang Ma. Diffusion and Assimilation of Government Microblogging: Evidence from Chinese cities ［J］. Public Management Review, 2012, 16 (2): 274 – 295.

［226］Manuel P. Teodoro. Bureaucratic Job Mobility and the Diffusion of Innovations ［J］. American Journal of Political Science, 2009, 53 (1): 175 – 189.

［227］Manuel P. Teodoro. Contingent Professionalism: Bureaucratic Mobility and the Adoption of Water Conservation Rates ［J］. The Journal of Public Administration Research and Theory, 2010, 20 (2): 437 – 459.

［228］Mark Evans. Policy Transfer in Critical Perspective ［J］. Policy Studies, 2009, 30 (3): 243 – 268.

［229］Mary M. Crossan, Marina Apaydin. A Multi – Dimensional Framework of Organizational Innovation: A Systematic Review of the Literature [J]. Journal of Management Studies, 2010, 47 (6): 1154 – 1191.

[230] Matti Mälkä, Reijo Savolainen. eTransformation in Government, Politics and Society: Conceptual Framework and Introduction. In eTransformation in Governance: New Directions in Government and Politics, edited by Matti Mälkä, Ari – Veikko Anttiroikoand, and Reijo Savolainen [M]. Hershey, PA: Idea Group, 2004.

[231] Michael Howlett, Jeremy Rayner. Assessing Third Generation Policy Diffusion Studies and the Analysis of Policy Mixes: Two Steps Forward and One Step Back? [J]. Journal of Comparative Policy Analysis, 2006, 10 (4): 385 –402.

[232] Michael Howlett, Jeremy Rayner. Design Principles for Policy Mixes: Cohesion and Coherence in "New Governance Arrangements" [J]. Policy and Society, 2007, 26 (4): 1 –18.

[233] Michael J. Ahn. Adoption of E – Communication Applications in U. S. Municipaties [J]. The American Review of Public Administration, 2011, 41 (4): 428 –452.

[234] Michael Mintrom. Policy Entrepreneurs and Policy Diffusion [J]. American Journal of Political Science, 1997, 41 (3): 738 –770.

[235] Michael Mintrom, Sandra Vergari. Policy Networks and Innovation Diffusion: The Case of State Education Reforms [J]. The Journal of Politics, 1998, 60 (1): 126 –128.

[236] Paul A. Sabatier. Policy Change and Policy – Oriented Learning: Exploring an Advocacy Coalition Framework: an Advocacy Coalition Framework of Policy Change and The Role of Policy – Oriented Learning Therein [J]. Policy Sciences, 1988, 21 (2 –3): 129 –168.

[237] Paul A. Sabatier. The Advocacy Coalition Framework: Revision and Relevance for Europe [J]. Journal of European Public Policy, 1998, 5 (1): 98 –130.

[238] Richard L. Daft. A Dual – Core Model of Organizational Innova-

tion [J]. Academy of Management, 1976, 21 (2): 193 – 210.

[239] Richard M. Walker, Claudia N. Avellaneda, Frances S. Berry. Exploring the Diffusion of Innovation Among High and Low Innovative Localities: A Test of The Berry and Berry Model [J]. Public Management Review, 2011, 13 (1): 95 – 125.

[240] Richard M. Walker. Innovation Type and Diffusion: An Empirical Analysis of Local Government [J]. Public Administration, 2006, 84 (2): 311 – 335.

[241] Richard Rose. What is Lesson – Drawing? [J]. Journal of Public Policy, 1991, 11 (1): 3 – 30.

[242] Sean Nicholson – Crotty. The Politics of Diffusion: Public Policy in the American States [J]. The Journal of Politics, 2009, 71 (1): 192 – 205.

[243] Stanford Borins. Public Service Awards Programs: An Exploratory Analysis [J]. Canadian Public Administration, 2000, 43 (3): 321 – 342.

[244] Steven J. Balla. Interstate Professional Associations and the Diffusion of Policy Innovations [J]. American Politics Research, 2001, 29 (3): 221 – 245.

[245] Torben Heinze. Mechanism – Based Thinking on Policy Diffusion: A Review of Current Approaches in Political Science [J]. KFG Working Paper, 200 (34): 2 – 33.

[246] Torsten Hägerstrand T. Innovation Diffusion as a Spatial Process [M]. Chicago: University of Chicago Press, 1968.

[247] T. W. Schultz. Investment in Human Capital [J]. The American Economic Review, 1961, 51 (1): 1 – 17.

[248] Virginia Gray. Expenditure and Innovation as Dimension of Progressivism: A Note on the American State. American Journal of Political Science [J]. American Journal of Political Science, 1974, 18 (4):

693 – 699.

[249] Virginia Gray. Innovation in the States: A Diffusion Study [J]. The American Political Science Review, 1973, 67 (4): 1174 – 1185.

[250] William D. Berry, Brady Baybeck. Using Geo graphic Information Systems to Study Interstate Competition [J]. American Political Science Review, 2005, 99 (4): 505 – 519.

[251] Wu Jinan, Ma Liang, Yang Yuqian. Innovation in the Chinese Public Sector: Typology and Distribution [J]. Public Administration, 2013, 91 (2): 347 – 365.

[252] Xufeng Zhu. Executive Entrepreneurship, Career Mobility and the Transfer of Policy Paradigms [J]. Journal of Comparative Policy Analysis: Research and Practice, 2018, 20 (4): 354 – 369.

[253] Xufeng Zhu. Mandate Versus Championship: Vertical Government Intervention And Diffusion of innovation in public services in Authoritarian China [J]. Public Management Review, 2014, 16 (1): 117 – 139.

[254] Yanlong Zhang. Institutional Sources of Reform: The Diffusion of Land Banking Systems in China [J]. Management and Organization Review, 2012, 8 (3): 507 – 533.

[255] Youlang Zhang, Xufeng Zhu. Multiple mechanisms of policy diffusion in China [J]. Public Management Review, 2018, 19 (2): 495 – 514.

[256] Youlang Zhang, Xufeng Zhu. The Moderating Role of Top – Down Supports in Horizontal Innovation Diffusion [J]. Public Administration Review, 2020, 80 (1): 209 – 221.

后　记

党的十八届三中全会提出"推进国家治理体系和治理能力现代化"后，十九届四中全会通过的《中共中央关于坚持和完善中国特色社会主义制度、推进国家治理体系和治理能力现代化若干重大问题的决定》对如何推进中国特色社会主义国家治理体系和治理能力现代化进行了全面谋划。

我国是一个大国，大国治理极为复杂。因此我国国家治理体系和治理能力现代化是系统工程，不仅包括横向上国家权力和机构职能的优化配置，还包括纵向上各级地方政府公共事务治理能力的有效提升。但是从改革开放以来的实践来看，我国不同地区地方政府之间的治理能力存在较为明显的"差序格局"：政府治理众多领域的改革创新主要产生于东部地区尤其是沿海发达地区，而中西部地区尤其是边疆民族地区因历史和现实的原因相对处于比较落后的位置。

在学术生涯中，我分别在东部地区、中部地区、西部地区以及西部边疆民族地区学习和生活过若干年时间，对于大国之中不同地区之间的政府治理和政策创新能力差异有较为长时间的观察与感受。尤其是近年来我一直在西部边疆民族地区工作生活，个人的体会感受与专业兴趣交融使我自然产生了研究东部地区与边疆民族地区政府治理和政策创新能力差异对比问题的兴趣。与此同时，我还观察发现尽管很多政策创新都是在东部地区率先探索实践，但事实上有不少政策创新存在外溢效应，在逐步向包括边疆民族地区在内的其他地区推广，这对中西部地区尤其是边疆民族地区政府的治理行为和能力必然产生影响。于是，我就将东部地区政策创新向边疆民族地区扩散问题列上研究日程，以期有所思考。

　　本书是团队合作成果，除我外还有 3 名作者，按贡献程度顺序依次为朱燕、董明明、杨海禄，其中朱燕为桂林理工大学公共管理与传媒学院副教授，董明明和杨海禄为桂林理工大学公共管理与传媒学院在读硕士研究生。本书由我提出思路框架，各章均由团队成员共同协作完成，最后由我统稿审定。另外我指导的已经毕业的硕士研究生陈景森、庞基展、朱庆、彭冲、刘梦茹、胡月协助搜集或处理了部分研究资料和数据，在读硕士研究生王一如、李暖、朱媛媛协助对书稿进行了校对。

　　感谢广西研究生教育创新计划项目（学位与研究生教育改革课题）"民族地区院校研究生《公共政策研究》课程本土化改革与实践"课题的支持和桂林理工大学公共管理一流学科（特色培育）建设项目的出版资助；同时还要感谢经济科学出版社李晓杰女士对本书出版所做的大量细致的审核和编辑工作。

　　本书尽管历时 5 年完成，力求有所贡献，但限于作者水平有限，初浅和谬误之处敬请学界同仁批评指正。

桂林理工大学　朱光喜

2021 年 12 月